朱謙之 '文化哲學' 研究

-現代 '문명패러다임' 克服을 위한

東洋의 '文化哲學'的 摸索-

朱謙之 '文化哲學' 研究

－現代 '문명패러다임' 克服을 위한
東洋의 '文化哲學'的 摸索－

전홍석 著

 한국학술정보㈜

　나의 박사학위 지도교수이신 양재혁 선생님을 비롯하여 심사를 맡아주신 최영진, 김교빈, 이준식, 권인호 다섯 선생님의 따뜻한 인연과 관심이 없었다면 이 글은 결코 이루어질 수 없었을 것입니다. 이 자리를 통해 거듭 감사의 마음 올립니다.

목 차

제1장 서 론

1. 문제제기 - 현대 문명패러다임 비판

서구와 일본의 제국주의적 세계 지배 야욕의 시대가 끝난 제2차 세계대전 이후에도 인류 사회는 군사 및 경제 강대국을 중심으로 하는 동서 이념적 대립과 산업과 기술을 기준으로 선진국과 후진국으로 구분되어 대립과 갈등을 겪어왔다. 현재는 냉전 종식 후 미국의 유일 지배 체제 속에서 다양한 국가론적 문명론적 대응과 모색이 이루어지고 있다. 또한, 정보화시대(J. Naisbitts: 1982), 기술전자공학시대(Z. Brzezinski:1980), 후기산업사회(D. Bell: 1980), 탈근대사회(Kurth: 1992), 초산업사회(A. Toffler: 1980), 후기자본주의 사회(P. Drucker: 1992) 등 인류는 급변하는 시대에 그 변화의 본질과 원동력을 탐구하려는 많은 노력을 기울여왔다.[1] 우리가 처해 있는 현시점은 10여 년 전부터 일기 시작한 정보혁명[2]의 와중에 있다는 사실 말고도, 경제, 정치, 사회, 문화 각 방면에 걸쳐서 혁명

---

1) 유승남, 「신국제질서의 갈등구조를 조명하는 문명패러다임에 대한 비판적 고찰」, 『사회과학연구』 10, 1997, 9쪽.

2) 정보혁명은 인류가 겪는 세 번째 혁명이다. 첫 번째는 농업혁명인데, 대략 일만 년 전에 이루어진 농업혁명에서부터 토지 경작과 인류의 정착이 시작되었다. 두 번째는 200여 년 전쯤 일어난 산업혁명인데, 증기 기관의 발명과 더불어 시작된 산업혁명으로 인해 농경 사회는 산업사회로 이행했던 것이다. 정보혁명은 정보 기술의 발달에 의해 시작된 혁명이다. 이에 따라 산업사회는 현재 정보사회로 전환되고 있다.(이한구, 「문명의 공존과 그 조건」, 『인문과학』 31, 2001, 32쪽.)

적인 변화를 겪고 있는 그야말로 시대의 전환기임에 틀림없다. 앨빈 토플러는 정치 제도, 생활양식, 문화적 욕구, 사회의 조직 원리, 생활양식, 국가 간의 관계 등에도 혁명적인 변화가 오고 있다고 주장한다.[3] 이와 같이 각 분야에서 전반적으로 재구성을 요하는 새천년 21세기는 대변혁을 예고하고 있음은 물론 이미 실현되어가는 과정이다.

이러한 시대적인 대변혁은 탈냉전기 국제정치질서에도 예외 없이 나타나고 있다. 최근의 국제정치는 과거의 냉전적 세계정치질서가 와해되고 동서이데올로기의 대립과 그에 기인된 군사적 대립이 종식된 상황으로 전개되었다. 그리고 이에 따라서 학계에서는 21세기의 국제 질서와 세계 체제는 무엇에 기초하여 형성될 것인가의 논의와 모색이 한창 시도되고 있다. 특히나 기존의 국제관계이론인 '현실주의'나 '다원주의' 이론[4]에 대한 대안으로 문명패러다임이 등장하여 문명이라는 새로운 분석 단위가 제시되고 있다. 문명패러다임의 문제를 제기한 학자는 미국의 석학 헌팅턴(Samuel P. Huntington)이 그 대표이다. 특정한 시대에 공유하는 패러다임으로는 사회현상을 설명할 수 없을 때 이를 해결하기 위해서 새로운 패러다임이 출현할 수밖에 없다는 쿤의 주장처럼, 헌팅턴의 문명패러다임은 도적처럼 도래한 냉전의 종언을 예측하지 못했던 국제정치

---

3) 토플러는 정보혁명을 산업혁명(제2의 파도)에 뒤이은 제3의 파도라 명명하면서, 산업사회에서의 과학 기술의 특징이 육체적 힘의 확대와 강화에 있었다면, 정보사회에서의 과학 기술의 특징은 정신적 힘의 확대와 강화에 있다고 결론짓는다. 또한 산업사회의 지배적 6원칙인 표준화, 분업화, 동시화, 집중화, 극대화, 중앙집권화는 모두 탈표준화, 탈분업화, 탈동시화, 탈집중화, 탈극대화, 탈중앙집권화될 것으로 예측한다.(앞의 책, 33쪽.)

4) 기존의 국제관계이론인 '현실주의'와 '다원주의'에 대한 설명은 박상섭의 「현실주의」와 김병국의 「자유주의」(『현대국제정치학』, 나남출판, 1992)를 각각 참고하기 바란다.

학상의 방법론적 반성에 뿌리를 두고 있다. 헌팅턴은 "1980년대 말 공산 세계가 무너지면서 냉전 체제는 역사의 뒤꼍으로 사라졌다. 탈냉전 세계에서 사람과 사람을 가르는 가장 중요한 기준은 이념이나, 정치, 경제가 아니다. 바로 문화이다."[5] …… "세계 정치는 문화와 문명의 괘선을 따라 재편되고 있다. 여기서 가장 전파력이 크며 가장 중요하고 위험한 갈등은 사회적 계급, 빈부, 경제적으로 정의되는 집단 사이에 나타나지 않고 상이한 문화적 배경에 속하는 사람들 사이에서 나타날 것이다."[6]라고 미래 세계를 예측했던 것이다. 이 같은 문명충돌론은 2001년 9·11뉴욕 테러 사건의 발발 당시 정작 헌팅턴 자신은 언론과의 인터뷰에서 이번 테러는 '문명 대 야만'의 충돌이지 문명 사이의 충돌로 보아서는 안 된다고 부인하고 있지만, 이 테러 사건으로 인해서 그의 이론은 국내외 대중 매체에 회자되면서 더욱 관심이 증폭된 듯하다.

한편 김명섭은 "문명패러다임은 당구대 위에서 당구공과 같은 국가들이 연출해내는 기하학적 무늬에 집착했던 기존의 국제정치학에 신선한 충격을 주었다. 문명은 '특정한 표준을 중심으로 정신적, 물질적 유산이 시공간적으로 축적되는 나선형적 구조'로 정의할 수 있다. 국제정치학에서의 문명패러다임은 이러한 나선형적 구조가 현대와 미래의 국제 관계에 있어서 개인과 국가의 '선택의 깔때기'를 만들어낸다고 본다. …… 탈냉전기의 상황에서 '국가는 생활의 큰 문제를 다루기에 너무 작아져 가고, 한편으로 작은 문제를 다루기에는 너무 커져 가고 있다.' 이에 비해 문명이라는 분석 단위는 국가라는 분석 단위가 포괄하기에 너무 큰 문제를 다루는 데 적합

---

5) 헌팅턴 지음, 이희재 옮김, 『문명의 충돌』, 김영사, 1997, 20쪽.
6) 앞의 책, 21쪽.

하고, 국가라는 단위로 분석하기에 너무 작은 문화적 문제를 다루는 데도 유용하다."라고 평가하면서, 탈냉전 국제정치학에서 문명패러다임이 등장했던 시대적 배경을 다음과 같이 분석하고 있다.

"첫째, 냉전 체제의 주요한 구성 부분이었던 이데올로기적 갈등 구조가 와해된 이후 보다 긴 역사성을 가진 과거의 갈등 구조가 새로운 주목을 받기 시작했다. 둘째, 냉전 종식 이후 전통적인 세력권의 경계를 둘러싼 갈등은 더욱 첨예해졌다. 이것은 냉전시대를 통해 과거 삼국동맹(Triple Alliance)과 삼국협상(Triple Entente)의 경쟁적 구도하에서 강압적 흡수의 대상이었던 비서구적 공간들이 없어진 것과 깊은 관련이 있다. …… 셋째, 비록 냉전 체제가 무너졌다고 하더라도 이미 냉전 구조에 의한 국제 체제로의 편입이 진행된 비서구적 지역들에게 있어서 과거의 전통적이고, 자기완결적인 지역공간으로의 회귀는 불가능했다. 넷째, 냉전 시기 서유럽에서는 이미 베스트팔렌적 관점의 영토 개념 자체에 대한 문제가 제기되기 시작했다. 유럽석탄철강공동체(1951), 유럽경제공동체(EEC), 유럽공동체, 유럽연합 등이 구현되면서 공통된 문명적 토대를 기반으로 한 새로운 초국가적 주체가 출현했다. 다섯째, 냉전체제하에서 어쩌면 냉전체제를 이용해서 동아시아는 눈부신 경제적 발전을 이룩했고, 동아시아에 대한 활발한 담론이 전개되었다."7)

이처럼 냉전 시대의 체제 속에서 복류하고 있다가 급기야 시대적 필요성에 부응하여 등장하게 된 문명패러다임은, 여러 국내외 학자들의 지적대로 기존의 국가패러다임을 대체할 수는 없을지라도 적어도 보완적 패러다임으로서의 적실성과 유용성은 갖추었다고 볼 수 있다. 본 절에서는 탈냉전기 국제정치를 문명패러다임으로 설명하고자 한

---

7) 김명섭, 「탈냉전기 국제정치학의 문명패러다임」, 『한국정치학회보』 제37집 3호, 2003, 433쪽.

대표적인 학자 후쿠야마(Francis Fukuyama)와 헌팅턴을 단일
(singular) 문명론과 복수(plural) 문명론이라는 관점에서 살펴보고자
한다. 그리고 그것이 다름 아닌 탈냉전시대의 서구중심적 신제국주의
내지는 오리엔탈리즘[8]으로 무장한 새로운 냉전 질서의 구상이라는
이데올로기적 축조물에 불과하다는 사실을 밝혀내고자 한다.[9]

[단수·복수 문명의 개념]: 문화와 문명의 개념은 본래 동양의
고유한 용어가 아니고 서구어의 번역어로 성립한 것이며, 서양에서
도 문화와 문명을 비대칭적인 대립 개념으로 사용하는 것은 독일
(독일의 문화이데올로기로서 나치즘에 의해 악용된 개념)에서만이
다.[10] 문화와 문명은 규범적으로 대립되는 개념이기보다는 그 내포
와 뉘앙스를 달리하면서 상보적인 관계를 갖는 개념들이다.[11] 다시
말해서 문화는 문명의 기초가 됨으로써 문명의 진보는 문화의 발전

---

8) 1978년 사이드는 『오리엔탈리즘』이라는 독창적인 저서를 써서 자신의 탈제
   국주의적 이론의 한 구체적인 예를 보여주었다. 오리엔탈리즘이라는 용어는
   우선 영국과 프랑스에서 18세기 말과 19세기 초에 시작된 학문 분야로서
   동양을 해석하고 연구하는 방법론을 의미한다. 오리엔탈리즘은 또한 '동양
   과 서양의 본체론적, 인식론적 차이에 근거한 사고 체계'를 함축하고 있다.
   그러나 사이드가 의도하는 오리엔탈리즘은 위 두 가지 것이 혼합되어 동양
   을 바라보고 다루기 위해 만들어낸 서구인들의 편견을 의미한다. 즉 '동양
   을 지배하고 재구성하며 권위를 갖고 군림하기 위해 제도화시킨 서구식의
   사고 체계'가 바로 오리엔탈리즘이라는 것이다.(에드워드 사이드 저, 박홍규
   역, 『오리엔탈리즘』, 교보문고, 1998: 김성곤, 「동양을 보는 서구인들의 편
   견에 대한 비판」, 『문학사상』 235, 1992, 각각 참조.)
9) 강정인, 「문명충돌론」, 『사상』 제15권 제1호, 2003, 참조: 심지어 헌팅턴의
   문명충돌론을 두고 "미국 패권주의와 백인 우월주의를 위한 음모"라고까지
   규정하는 논의가 있을 정도이다.(강준만, 「사무엘 헌팅턴의 '문명충돌론' 비
   판」, 『인물과 사상』 제3호, 서울: 개마고원, 1997, 참조.)
10) 김의수, 「문화 다원주의와 21세기 인류의 철학적 지향」, 『시대와 철학』 18,
    1999, 161쪽.
11) 앞의 책, 162쪽.

에 의지하고 문화의 발전은 필연적으로 문명의 진보를 촉진시킨다
는 이해 방식이 그것이다.[12] 한편, 헌팅턴은 문명과 문화를 엄격하
게 구분하지 않으며 문명을 '문화적 실체', '크게 쓰인 문화'로 파악
한다. 따라서 헌팅턴은 문명과 문화를 모두 '사람들의 총체적 생활
방식'을 가리키는 개념으로, '주어진 사회에서 면면히 이어져 온 세
대들이 우선적으로 중요성을 부여한 가치, 기준, 제도, 사고방식을
담고' 있는 실체로 파악한다. 또한 문명은 언어, 역사, 종교, 관습,
제도 같은 공통된 객관적 요소와 사람들의 주관적 귀속감 모두에
의해 정의된다. 헌팅턴에 따르면 문명은 가장 광범위한 문화적 실
체를 포괄하는 가장 상위 수준에 있는 사람들의 문화적 결집체이
며, 인간 정체성이 가장 커다란 외연을 구성한다.[13]

이러한 문명은 두 가지의 서로 다른 의미를 지니는데, 하나는 단
일(단수)적 의미의 문명이고, 또 다른 하나는 복수적 의미의 문명
이 그것이다. 단일적 의미의 문명은 보편적 세계문명론과도 맞닿아
있으며, 인간을 덜 동물스럽고 덜 야만적이며 따라서 보다 시민사

---

12) 이러한 의미에서 馮波가 문화와 문명을 두 측면에서 구별하고 있는 점이
주목된다. 그의 견해를 보면, "하나는 성질상 말해서 문화 현상은 中性的
개념으로서 그 함의 속에는 가치판단이 포함되어 있지 않다. 우리는 한 문
화를 말할 때 흔히 진보적 문화라고도 반동적 문화라고도 할 수 있다. 문
명은 긍정적 개념으로서 인류 사회의 진보 상태를 가리킨다. 그것은 진보
를 대표하여 항상 사람들에게 사회의 진보 정도를 연상케 한다. 또, 시간상
보자면 문화와 인류 사회는 함께 존재하여 역사적으로 비교적 길다고 하겠
지만, 문명은 인류 사회의 발전이 비교적 높은 단계에 도달해야만 출현하는
것이다."(馮波, 『中西哲學文化比較硏究』, 北京廣播學院出版社, 2003, 4쪽.)

13) 강정인, 「문명충돌론」, 『사상』 제15권 제1호, 2003, 223쪽: 馮波는 문명의
정의상 문명은 사회적 진보 상태를 가리킨다고 하겠지만, 헌팅턴이 '문명
의 충돌'을 이야기할 때 사용하는 문명 개념은 '역사문화공통체'(인류공동
체)로서의 문명이라는 또 다른 함의를 지닌다고 했다.(馮波, 『中西哲學文
化比較硏究』, 北京廣播學院出版社, 2003, 4쪽.)

회적이고 예의가 있는(Civil) 존재로 만들어가는 일련의 과정이나 그 결과를 뜻한다.[14] 이러한 문명의 개념은 사회를 평가하는 판단 기준을 제공하였으며, 19세기 내내 유럽인은 비유럽 사회가 유럽이 주도하는 국제 질서의 일원으로 충분히 받아들여질 수 있을 만큼 문명화되었는지의 여부를 판가름하는 잣대를 정교하게 구축하는데 상당한 지적, 외교적, 정치적 노력을 기울여왔다.[15] 다시 말해서, 문명은 유럽 국가들이 세계를 지배한 제국주의 시대에 이르기까지 단수로 사용되었다. 오직 하나의 세계 문명이 있고, 그것은 유럽의 기독교 문명이었다. 그들이 보기에 여타의 민족과 국가들은 문명이 없는 야만 상태였고, 그래서 자신들의 문명을 심어주기 위해 전진해야만 했었다.[16] 이러한 단일 문명의 관념은 소련 공산주의의 몰락이 역사의 종언과 전 세계에서 자유민주주의의 보편적 승리를 의미한다는 후쿠야마의 단일중심적 문명전파론으로 이어진다.

또 다른 의미의 문명은 복수적 의미의 문명으로서 이것은 하나의 역사적 통일체를 만들어내는 일련의 특수한 세계관, 풍습, 구조, 그리고 문화(물질적 혹은 정신적)를 가리킨다.[17] 어떤 이상, 아니 유일무이의 이상으로 정의되는 문명을 폐기하고 소수의 특권적 개인이나 집단, 인류의 엘리트에게만 국한된 문명화의 단일한 기준이 있다는 전제와 결별하는 것을 의미한다. 문명은 여러 개이며 각각의 문명은 독자적 방식으로 문명화되었다[18]는 것이다. 사실 낙관적

---

14) 김명섭, 「탈냉전기 국제정치학의 문명패러다임」, 『한국정치학회보』 제37집 3호, 2003, 437쪽.
15) 헌팅턴 지음, 이희재 옮김, 『문명의 충돌』, 김영사, 1997, 46쪽.
16) 김의수, 「문화 다원주의와 21세기 인류의 철학적 지향」, 『시대와 철학』 18, 1999, 160쪽.
17) 김명섭, 「탈냉전기 국제정치학의 문명패러다임」, 『한국정치학회보』 제37집 3호, 2003, 437쪽.

이고 계몽주의적인 단일적 진보의 문명관이 복수적 의미의 문명관
으로 바뀌기 시작한 것은 두 가지 경향에서이다. 하나는 인류학자
및 민속학자들의 원시 문화 연구이고, 다른 하나는 순환적 문명론
이다. 서구의 제국주의적 세계 지배 과정에서 파생된 인류학자들의
연구는 비서구 사회, 특히 원시 사회에도 문화가 있었다는 것을 발
견한다. 이때부터 문화는 중립적 개념이 되고 복수의 문화론이 발
전하게 되었다.19) 헌팅턴은 지구상에 존재하는 복수 문명들의 관계
가 세계 질서에 어떤 영향을 미칠 것인가를 논하고 있다.

[후쿠야마의 단일중심적 문명전파론 비판]: 복수적 의미의 문명
은 단일적 의미의 문명의 입장에서는 대단히 비문명적으로 보일 것

---

18) 헌팅턴 지음, 이희재 옮김, 『문명의 충돌』, 김영사, 1997, 46쪽.
19) 김의수, 「문화 다원주의와 21세기 인류의 철학적 지향」, 『시대와 철학』 18,
   1999, 160쪽: 또한 김의수는 모두 종교를 기준으로 삼아서 토인비(A.
   Toynbee)는 역사상의 문명을 21개의 문명권으로, 헌팅턴은 8개의 문명권
   으로 각각 분류했다고 했다. 그리고 이들의 문명론은 서구의 단일 문명론
   을 무력화시키고 복수의 문화·문명 개념을 인정한 것 외에도 각각의 문
   명·문화가 흥망의 과정을 밟아간다는 사실을 주장했으며 이로써 제국주
   의적 문명관은 힘을 잃었다고 기술하고 있다.
   또한, 단수로서의 문명 개념에 대신해서 복수로서의 문명 개념의 수립에
   이바지한 학자로서 슈펭글러(Oswald Spengler)를 꼽을 수가 있을 것이다.
   슈펭글러가 활동하던 시기 많은 서구인들은 단수로서의 문명은 문명화 과
   정과 동일한 의미로 받아들였다. 그것은 흔히 서구의 몇몇 도시들을 '문명
   의 배꼽'으로 상정한 동심원적 확장성을 전제한 개념이었다. 슈펭글러에게
   있어서 단수의 문명 개념(서구 문명)은 die Welt als Geschichte라고 명명
   된 보편사의 일부에 불과하고 그 실체는 다른 문명권과의 비교를 통해서
   만 포착될 수 있는 것이었다. 서구의 역사를 세계사 그 자체로 이해하고
   있는 서구의 지성계에 있어서는 가히 혁명적 인식의 전환을 촉구하는 것
   이었다. 새로운 인식론적 토대 위에서 슈펭글러가 주장하고자 했던 서구의
   행동 양식은 "팽창하거나 소멸할 뿐, 제3의 가능성이란 없다"는 것이었
   다.(김명섭, 「탈냉전기 국제정치학의 문명패러다임」, 『한국정치학회보』 제
   37집 3호, 2003, 442쪽.)

이다. 복수적 의미의 개별문명관 반대편에는 단수적 의미의 보편문
명관에 기초한 단일중심적 문명전파론자들이 존재한다.[20] 후쿠야마
가 바로 그 대표적인 학자라고 할 수 있다. 1989년 여름, 후쿠야마
는 "역사는 끝났는가?"라는 글로 세계적인 관심을 모았다. 그 후
그는 『역사의 종언과 최후의 인간』(*The End of History and the
Last Man*)이란 저작으로 그의 이론을 발전시켰다.[21] 냉전 종식과
더불어 미국 사회에서는 역사적 사명을 완수했다는 환상과 승리주
의(triumphalism)가 창궐했다. 1989년 『월스트리트 저널』(*Wall
Street Journal*)지가 미소 냉전과 관련하여 "우리는 이겼다!"(We
Won)라고 선언하였을 때 그것은 1789년 이후 지속되던 '프랑
스대혁명의 시대'에 대해 종지부를 찍고, 미국 중심의 '세계화'
(globalization)와 '동일화'(synchronization)에 대한 기대감을 담고
있었다.[22] 후쿠야마는 그야말로 냉전 체제의 황혼기에 등장하여 미

---

20) 이러한 논쟁의 구도는 사실상 전파주의자(diffusionist)와 진화주의자
   (evolutionist) 간의 오랜 문명론적 논의의 연장선 위에 있다. 1950년대 고
   고학 분야에서 탄소연대측정법이 개발되기 이전까지, 인류문명의 단일중심
   지를 '비옥한 초생달' 지역이라고 간주하고, 이 문명의 단일중심으로부터
   세계 각처로 문명이 전파되었다는 이른바 전파주의자들의 주장이 개별문
   명들의 독자적인 발전을 강조하는 진화주의자들의 주장을 압도했다. 그러
   나 탄소연대측정법에 의해서 유럽의 신석기 후기의 여러 고고학적인 증거
   들이 전파의 중심으로 생각하여 왔던 지역의 그것들보다 연대가 앞서는
   것이 밝혀졌고, 마찬가지로 아프리카와 동아시아의 문명의 기원에 대해서
   도 진화론적 관점, 즉 복수 문명적 관점이 보다 많은 주목을 받게 되었다
   (가우레트, 존 A. J. 배기동 역, 『문명의 여명: 옛 인류의 고고학』, 범양사,
   1988, 195쪽: 김명섭, 「탈냉전기 국제정치학의 문명패러다임」, 『한국정치학
   회보』 제37집 3호, 2003, 438~439쪽, 각각 참조.)
21) 프랜시스 후쿠야마 지음, 이상훈 옮김, 『역사의 종말』, 한마음사, 1997, 한
   글본 참조.
22) 김명섭, 「탈냉전기 국제정치학의 문명패러다임」, 『한국정치학회보』 제37집
   3호, 2003, 438쪽.

국의 자존심을 회복시켜주었음은 물론 중요한 철학적 기초를 제공해 주었던 인물이다. 그는 1989년 이후 인류에게 펼쳐진 일련의 현상들을 단순한 '냉전의 종식'이거나 '전후 역사의 특수한 시기가 끝났다'라는 의미가 아닌 '역사의 종언'이라고 단정한다. 현시점은 인류의 이데올로기적 진화 단계에서 종착역이며, 인류가 꿈꿀 수 있는 마지막 정부 형태가 다름 아닌 '서구 자유민주주의'라는 것이다. 더 정확하게 말해서, 그는 민주주의와 시장경제가 공산주의와 계획경제를 물리치고 인류의 보편적인 정치·경제 체제가 됨으로써 이데올로기 대립의 역사는 끝났다고 보았던 것이다.

정·반·합의 변증법적인 시각에서 파악되고 있는 '역사'의 모습은 헤겔과 마르크스 양자 모두에게 궁극적인 종언이 존재하는 것으로 상정되고 있다. 헤겔의 경우는 '절대 정신'(자유주의국가)의 구현을 통하여 마르크스는 '공산주의'의 달성을 통하여 역사의 종언이 예시되고 있다.[23] 결국 인간 사회의 진화는 헤겔의 예측대로 자유민주주의에 의한 역사의 종말로 귀결되고 있다는 것이 후쿠야마의 생각이다.[24] 그러나 헤겔이 1806년 나폴레옹의 프러시아 군주와의 예나 전투에서 승리함으로써 프랑스 혁명의 정신인 '자유와 평등의

---

23) 유석진, 「21세기 질서를 보는 세 시각」, 『사상』 25, 1995, 276쪽.
24) 후쿠야마는 헤겔의 '인정받으려는 욕구'에서 자유민주주의의 근원을 찾고 있다. 즉 지배자와 노예의 관계를 무너뜨리고 동등한 인정을 받으려는 욕구는 인간 모두가 가지고 있는 보편적 성향이고, 그 성향이 충족될 만한 정치 체제가 등장하기까지 국제정치에 끊임없는 변화가 일어날 수밖에 없다. 군주제, 귀족 정치, 독재 정치 등의 체제가 몰락한 이유는 인간이 동등하게 인정받으려는 욕구를 만족시켜 주지 못하는 정치 체제였기 때문이다. 고대의 임금이나 귀족들은 인간이 평등하다는 주장을 인정할 필요가 없었으나, 지금의 국제정치에서는 독재자들조차도 인민과 평등을 외쳐야만 한다는 사실이야말로, 자유민주주의 체제가 인간 의식 발전의 종착점임을 증명하는 것이라고 했다.(양준희, 「냉전체제의 종식과 국제정치」, 『사회과학논총』 17, 1999, 125쪽.)

원칙'이 보편적인 가치로 자리잡게 되었고, 이 '자유와 평등의 원칙'
은 절대 정신으로서 '역사의 종언'을 고하게 되었다고 선언한 반면,
후쿠야마는 20세기 말 즉 1989년을 기점으로 이루어졌다고 주장한
다. 왜냐하면 그에게서 역사의 종언은 지배 체제 혹은 정치 체제에
대한 아이디어 혹은 이념의 갈등이, 혹은 다른 선택이 존재하지 않
는다는 점이 보다 중요시되었기 때문이다. 1806년 이후 자유민주주
의에 대한 중요한 대항 정치 체제 혹은 아이디어로 존재하여온 마
르크스주의, 파시즘 등으로 인하여 이 사이의 시기를 후쿠야마는
진정한 의미에서의 역사의 종언과는 거리가 먼 시기로 보았던 것이
다.[25]

이처럼 아이디어와 이념의 차원에서 국제 질서를 조망하여 자유
민주주의에 의한 역사의 종언이라고 결론짓는 후쿠야마 식의 견해
는, 궁극적으로 단일적 의미의 문명이 복수적 의미의 문명들을 종
식시킬 것이라고 믿는 단일중심적 문명전파론의 연속에 지나지 않
는다. 이러한 단일중심적 문명전파론은 한 국가가 인권과 같은 보
편적 가치를 실현하기 위해 다른 국가의 주권을 무시하고 개입할
수 있다고 보는 탈냉전시대 신국제주의(new internationalism) 인식
적 기초[26]로 작용하고 있다는 데 무엇보다도 경각심을 갖지 않을
수 없다. 이것은 현재 미국에서 추진 중에 있는 독재국 민주화 개
입을 공식화한다는 '민주주의 증진법'[27]도 이와 같은 맥락에서 파악

---

25) 유석진, 「21세기 질서를 보는 세 시각」, 『사상』 25, 1995, 276~277쪽.
26) 김명섭, 「탈냉전기 국제정치학의 문명패러다임」, 『한국정치학회보』 제37집
　　3호, 2003, 439쪽.
27) '민주주의 증진법안'의 핵심 내용은 미 국무부와 재외공관들이 민주주의
　　확산의 본부와 전초기지가 돼 비민주국가들의 민주화에 적극 개입하도록
　　하는 것이다. 국무부에 세계문제담당 차관을 총책임자로 한 '민주화운동·
　　이행국'을 신설하고, 전 세계 미국 공관에 '민주주의 증진 담당관'을 두어

할 수가 있겠다. 이렇듯이 후쿠야마 식 이론이 '서구중심적 패권주의'라는 사실을 김명섭은 다음과 같이 폭로하고 있다.

"후쿠야마 류의 단일중심적 문명전파론은 9·11 이후 미국의 외교 정책을 지배하고 있는 신보수주의자(neocons)들과도 맞닿아 있다. 단일중심적 문명전파론은 마치 모든 물이 결국 바다로 흘러갈 것이기 때문에 호수나 저수지는 필요가 없다고 보는 것과도 같다. 같은 맥락에서 인류는 현재 대서양세계에 의해 만들어진 공동의 집 안에서 대서양세계의 진화에 따라 만들어진 보편적 표준에 복종하면서 살아가고 있을 뿐이라는 시각도 존재한다."[28]

[헌팅턴의 복수중심적 문명충돌론 비판]: 이에 헌팅턴은 브로델의 다음과 같은 지적을 인용함으로써 후쿠야마 식 사고에 첨예한 반대의 입장을 표명한다. 즉, "근대화 혹은 '단일 문명의 승리'가 세계의 거대 문명들에서 유구한 역사와 함께 형성된 문화의 다양성을 종식시키리라고 믿는 것은 '순진한 발상'이 아닐 수 없다."[29] 그런가 하면, "서구에게는 보편주의인 것이 비서구에게는 제국주의"라고 비판을 가하기도 한다. 이렇듯이 헌팅턴의 문명충돌론은 냉전 이후 전 세계를 석권했던 이 같은 후쿠야마 식의 단일중심적 문명

민주주의 증진 대상국들의 민주화 운동을 촉진한다는 내용이다. 법안은 북한 등 특정 국가를 지목하진 않았으나, 콘돌리자 라이스 미 국무장관이 상원 인준청문회에서 '폭정의 전초기지'라고 지목한 북한·이란·쿠바·미얀마·벨로루시·짐바브웨 등을 주로 겨냥한 것으로 보인다. 따라서 이들 국가들을 중심으로 한 비민주적 국가들의 공관을 중심으로 자유 민주주의 이념 전파 작업이 이뤄질 경우, 해당 당사국의 내정간섭논란 등 외교적 갈등을 촉발시킬 가능성이 높다.(조선일보, 3월 4일자, 30면, 참조.)

28) 김명섭, 「탈냉전기 국제정치학의 문명패러다임」, 『한국정치학회보』 제37집 3호, 2003, 439쪽.

29) 헌팅턴 지음, 이희재 옮김, 『문명의 충돌』, 김영사, 1997, 100쪽.

전파론에 대한 강력한 비판과 제어의 의미를 지닌다고 하겠다. 하지만, 서구중심적 패권주의라는 차원에서는 후쿠야마와 별반 다를 바가 없다. 헌팅턴의 문명충돌론은 학계에서 여러 각도로 비판되고 있지만, 여기서는 '서구중심적 오리엔탈리즘'이라는 차원에서 몇 가지 되짚어보고자 한다.

1996년에 단행본으로 출판된 그의 저서 『문명의 충돌』(이 책의 원래 제목은 『문명의 충돌과 세계 질서의 재편성 *The Clash of Civilizations and The Remaking of World Order*』이다)은 1993년 여름호의 『포린 어페어스』(*Foreign Affairs*)지에 실린 논문을 발전시킨 것이다. 헌팅턴은 여기서 세계 정치의 문명적 패러다임의 윤곽을 그려내고 있는데, 서유석은 이를 다음과 같이 정리하고 있다.

"헌팅턴은 『문명의 충돌』 서문에서 향후 '문명과 문명의 충돌이 세계 평화의 가장 큰 위협이며, (따라서) 문명에 바탕을 둔 국제 질서만이 세계대전을 막는 가장 확실한 방어 수단'임을 주장한다. 그는 기본적으로 21세기의 세계 정치는 두 가지 면에서 냉전 시대와 다르다고 본다. 첫째로 냉전 시대의 세계는 이데올로기에 의해 나뉘어졌지만 오늘날은 이데올로기나 경제, 정치보다 문화 내지 문명을 기준으로 대립하게 되었다. 둘째, 냉전 시대는 미소 양극 체제였지만 오늘날은 세계 정치가 다극화, 다문명화되었다. 경제와 정치의 현대화는 의미 있는 보편 문명을 낳지 못했으며, 비서구 사회의 서구화도 실패하였다. 대신에 각 문명의 주도국을 중심으로 한 아시아 문명, 이슬람 문명이 커지면서 서구와 갈등을 빚고 있다. 결국 서구의 생존은 비서구 사회로부터 오는 위협에 맞서 자신의 문명을 혁신하고 수호할 수 있느냐에 달려 있다는 것이 헌팅턴의 주장이다."[30]

---

30) 서유석, 「'문명의 충돌'과 인정투쟁」, 『대동철학』 제21집, 2003, 참조.

이처럼 헌팅턴은 냉전 종언 이후 미래의 세계 정치를 전망하면서 그 중요한 축은 이데올로기나 경제적 요소가 아니라 상이한 문명들 간의 충돌에서 비롯되는 문화적 갈등, 즉 거시적으로는 하나의 서구(기독교 문명)와 다수의 비서구(비기독교 문명) 사이의 갈등으로 보았다. 그는 갈등의 근원이 되는 문명권을 모두 여덟 개의 주요 문명권으로 나누고 있는데, 중화, 일본, 힌두, 이슬람, 러시아 정교, 서구, 라틴아메리카, 아프리카가 그것이다. 바로 이 문명권을 중심으로 한 충돌을 그는 미래의 전선으로 내다보고 있는 것이다. 하지만, 표면적으로 세계 문명을 여덟 개로 나누어 놓고 여러 자료들을 나열함으로써 세계의 다양한 사태들을 객관적으로 묘사하는 것처럼 전개하고 있지만, 그가 강조하고자 하는 바는 결국 미래의 세계는 '서구'와 '그 나머지 세계'(The West and the Rest), 즉 비서구의 대립·충돌에 있다고 하겠다. 이 점에서 "헌팅턴의 이러한 예견과 경고는 미소 냉전의 종언 이후에 서구 문명이 새로운 정체성을 찾기 위해 가상의 적을 설정하고 나아가 그 적과의 대립 및 대결 의식을 고취한다는 점에서 새로운 냉전 질서의 구상에 다름 아니다."[31]라고 한 강정인의 비판에 공감하지 않을 수 없다.

한편 『문명의 충돌』의 전체 구도를 보더라도 아시아 문명(중화 문명과 이슬람 문명)의 부상에 대한 경고, 서구의 쇠퇴에 대한 우려, 그리고 서구 문명(미국과 유럽)의 결속 필요성에 대한 강조로 구성되어 있다.[32] 그의 이 일련의 생각 이면에는 서구의 입장에서 비서구를 위협의 존재로 보고 접근하는 다분히 제국주의와 식민주의적 지배 체제의 유지라는 발상이 적잖이 담겨져 있는 것이다.[33]

31) 강정인, 「문명충돌론」, 『사상』 제15권 제1호, 2003, 234쪽.
32) 앞의 책.
33) 박창호, 「근대성의 극복과 문명 공존」, 『현상과 인식』 제26권 제3호, 2002,

특히나, 여러 문명들 중에서도 헌팅턴은 중국(유교 문화권)의 부상에 주목한다.

"분석가들은 중국의 등장을 19세기 후반 유럽의 패권국으로 부상한 빌헬름 치하의 독일에 비유한다. 새로운 패권국의 출현은 고도의 불안을 야기하지만, 중국이 패권국으로 떠오를 경우 그것은 1500년 이후 세계 역사에 등장한 모든 패권국들을 초라하게 만들 것이다. …… 중국의 경제 발전이 10년 만 더 계속되고(그럴 가능성이 있다) 후계자 문제를 둘러싼 갈등을 겪으면서도 정치적 통합성이 유지된다면(그럴 가능성이 높다) 동아시아 국가들과 전 세계는 이 인류 역사상 가장 큰 주역의 점증하는 자기주장에 어떤 식으로든 대응하지 않을 수 없을 것이다."[34]

헌팅턴은 이처럼 중국이 기존의 패자인 서구 문명, 더구나 미국의 패권에 도전할 가능성에 대해 강하게 우려함과 동시에, 나아가 유교-이슬람의 군사적 유대가 강화되는 것을 경계하고 있다. 다시 말해서, 서구와 나머지라는 도식 속에서 '나머지'가 유교-이슬람 커넥션 등을 통해 반미 연대를 구축할 수 있는 그 가능성을 우려했던 것이다. 이와 같은 발상에서 축조된 동서양문명충돌론은 냉전의 종언이라는 새로운 상황의 변화에 적응하면서 서구의 오리엔탈리즘을 정치학적으로, 과거의 냉전을 문화적으로 재생산하고 있다[35]는

51쪽: 이와 관련하여 헌팅턴의 다음 말에 주목할 필요가 있다. 즉, "서구의 생존은 미국이 자신의 서구적 정체성을 재인식하고 자기 문명을 보편이 아닌 특수한 것으로 받아들이면서 비서구 사회로부터 오는 위협에 맞서 힘을 합쳐 자신의 문명을 혁신하고 수호할 수 있느냐 없느냐에 달려있다."(헌팅턴 지음, 이희재 옮김, 『문명의 충돌』, 김영사, 1997, 19쪽.)

34) 헌팅턴 지음, 이희재 옮김, 『문명의 충돌』, 김영사, 1997, 310쪽.

35) 강정인, 「문명충돌론」, 『사상』 제15권 제1호, 2003, 233쪽: 여기서 강정인은 "헌팅턴의 문명충돌론을 현재의 세계 정치를 설명하는 이론틀이라기보

의심을 받기에 충분하다. 더 나아가서 헌팅턴의 주장은 어떻게 보면 이슬람권과 중화권의 부상을 서구적 가치, 곧 미국의 이익을 지키기 위한 학문적 의도의 산물36)이라는 인상을 짙게 만든다. 즉, 이것은 거시적으로 시대 문명을 다루는 듯이 보이지만, 사실은 지극히 폐쇄적이며 배타적인 서구 문화 쇼비니즘(chauvinism)임과 동시에 미국의 국익을 강조하는 하나의 전략에 지나지 않는다. 이러한 점에서 헌팅턴은 다름 아닌 오리엔탈리즘의 전형이라는 사이드(Edward W. Said)의 비판을 면치 못하는 것이다.37)

다는 냉전 이후 새로운 적을 찾아 미국의 패권적인 대외 정책을 정당화하고자 하는 미국 내 강경보수파들의 입장을 대변하는 이데올로기적 고안물로 파악하고자 한다."고 항변하고 있다.

36) 박창호, 「근대성의 극복과 문명 공존」, 『현상과 인식』 제26권 제3호, 2002, 52쪽.

37) 에드워드 사이드, 성일권 편역, 『도전받는 오리엔탈리즘』, 김영사, 2001, 2장·4장, 참조; 반 헌팅턴 구상으로서 『문명의 공존』을 집필한 뮐러(Harald Müller) 역시 문명패러다임의 틀을 받아들이는 입장이다. 그러나 헌팅턴과의 분명한 차이점은 복수론적 입장에서 서구 문명과 비서구 문명의 독자성을 인정하되, 그 관계를 대결보다는 문명의 공존에 더 초점을 맞추었다는 데 있다. 즉 비서구권의 반서구적 결탁은 없다는 것이다. 그의 입장에서는 헌팅턴의 문명충돌론은 냉전 이후 적(공산주의)을 잃어버린 서구 사회가 새로운 적을 통해 정체성을 확보하려는 욕구에서 나온 냉전 이론의 변형, 새로운 황화론, 백인우월주의에 불과할 따름이다.(하랄트 뮐러, 이영희 옮김, 『문명의 공존』, 푸른숲, 2002, 참조.); 양준희는 현실주의적 시각에서 다음과 같이 지적하고 있다. "헌팅턴의 문명충돌 분석과 정책 추천을 따르다 보면 문명 간의 충돌은 자기실현적 예언으로 다가올 수밖에 없다. …… 헌팅턴이 제시하는 국제 분쟁의 원인과 해결 방안은 현실주의의 주장과 일치한다. 그것은 그리 놀라운 사실이 아니다. 헌팅턴은 바로 문명의 가면을 쓴 현실주의자에 불과하기 때문이다."(양준희, 「비판적 시각에서 본 헌팅턴의 문명충돌론」, 『국제정치논총』 제42집 1호, 2002, 47쪽.)

2. 연구의 목적과 방법

앞에서 이미 본 연구의 문제제기 차원에서 문명(문화)의 단수론과 복수론적 관점으로서의 현대 '문명패러다임', 즉 후쿠야마의 단일중심적 문명전파론과 헌팅턴의 복수중심적 문명충돌론의 내용과 그 논리 구조를 파헤쳐 보았다. 그 결과 그것의 실체는 탈냉전시대의 새로운 '서구중심적 제국주의' 성향이 강하다는 사실이 드러났다. 그러나 이러한 서구중심주의를 일방적으로 서구의 팽창과 정복, 그리고 침탈과 착취의 결과물로만 보기에 앞서 우리에게도 철저한 반성이 뒤따라야 할 것으로 생각된다. 이런 의미에서 김명섭의 다음 말이 특히 주목을 끈다.

"공간의 정복이 앎의 정복을 낳은 것도 사실이지만, 거꾸로 앎의 정복이 공간의 정복으로 이어졌다는 점을 인정해야 한다. 세계에 있어서 유럽이 아닌 곳은 오랫동안 '동양'으로 간주되었고, 동양은 유럽이 자기의 정체성을 확립하기 위해 설정한 타자였다. 이처럼 서양의 동양읽기에서 파생되었던 것이 유럽중심주의와 오리엔탈리즘이었다고 한다면, 거꾸로 동양은 '자기'의 정체성을 확립하는 과정에서 얼마나 타자를 읽어내기 위한 노력을 기울였고, 그러한 노력을 뒷받침하는 지식구조를 만들어냈는가를 비교 문명적 시각에서 바라볼 필요가 있을 것이다."[38]

인간은 누구나 자신의 세계관으로 세상을 바라보기 마련이다. 문명 역시 자신을 세계의 중심으로 보며 자신의 역사를 인류사의 주

---

38) 김명섭, 「탈냉전기 국제정치학의 문명패러다임」, 『한국정치학회보』 제37집 3호, 2003, 446쪽.

역으로 기술한다. 비근한 예로, 유태인들은 당시 최고의 문명 사회였던 메소포타미아 땅에서 일어났던 일들을 자신의 세계관과 역사관에 의거해 인류의 보편적 역사로 구성하여 『구약』이란 작품을 남겼다. 그들은 그들과 같이 여호와를 믿는 사람들을 유태인(Jew)이라 불렀고, 그렇지 않는 사람들을 이교도(Gentiles)라고 하여 구별하였다. 또한 그리스인들도 그리스 도시국가 시민들을 헬라인(Hellas)이라 하고, 그렇지 않는 나머지 사람들을 이방인(Barbarians)이라 불렀다. 고대 중국에서도 華와 夷로 구분하는 이분법으로 세상을 바라보았다. 이러한 역사 사실에 비추어볼 때, "서양의 동양읽기에서 파생되었던 것이 유럽중심주의와 오리엔탈리즘이었다고 한다면, 거꾸로 동양은 '자기'의 정체성을 확립하는 과정에서 얼마나 타자를 읽어내기 위한 노력을 기울였고, 그러한 노력을 뒷받침하는 지식구조를 만들어냈는가?"라는 자성의 목소리는, 본 연구가 '서구중심적 현대 문명패러다임의 극복을 위한 동양의 문화철학적 모색'[39]을 그 테제로 한다는 점에서 그것은 귀중한 지침 — 물론 동서

---

39) 내가 여기서 사용하는 동방·동양(East) 또는 오리엔트(Orient)란 용어는 '동양에 대한 서양의 지배와 권력 행사를 위한 담론'이라는 단선적 논리의 사이드식 오리엔탈리즘, 그리고 아더 버스루이스(Arthur Versluis)가 말하는 '긍정적 오리엔탈리즘'(positive Orientalism: 아시아의 종교나 문화를 가치 있고 영원한 진리를 반영하는 것으로 보는 태도)에 반하는 '부정적 오리엔탈리즘'(negative Orientalism: 아시아의 종교나 문화나 국민들을 경시하는 태도)의 범주에서 벗어나 있다. 이것은 오히려 정진농이 제시한 '혼성적 오리엔탈리즘'에 가깝고 궁극적으로는 '포스트오리엔탈리즘'을 지향한다. 정진농은 '혼성적 오리엔탈리즘'을 '세속적 오리엔탈리즘 — 사이드식 오리엔탈리즘 및 버스루이스의 부정적 오리엔탈리즘', '구도적 오리엔탈리즘 — 버스루이스의 긍정적 오리엔탈리즘'과 구분하여 다음과 같이 설명하고 있다. 이를테면, "혼성적 오리엔탈리즘은 서양이 동양을 구성하고 지배하는 데 오리엔탈리즘을 이용했다고 보는 시각, 즉 서구 제국주의의 거대 담론으로 보았던 사이드의 오리엔탈리즘에서 더 나아가 서양과 동양을 보다 상호적인 관점에서 보고, 오리엔탈리즘을 더욱 창의적이고 보다 열린

의 균형 잡힌 시각을 잃지 않는다는 전제하에서 - 이 아닐 수 없다. 동시에, 진정한 문명의 공존이 이루어지는 '방향 전환'(Re- Orient) 을 위해서라도 아시아가 차지해왔던 자리를 전체론적으로 재평가하는 시도가 필요하다[40]고 보았던 프랑크의 이론 역시 시사해주는 바가 크다고 하겠다.

그렇다면, 우리는 21세기의 국제 질서 및 세계 체제를 무엇에 기초하여 구축해내야 하는 것일까? 그리고 인류 공영을 위한 가장 바람직한 국제 질서 형태는 무엇일까? 이 문제에 대해서는 보다 공의적이고 창조적인 시각으로 더욱 논의되어야 하겠지만, 현 학계의 논의를 종합해볼 때 '문화(문명) 다원주의를 그 전제로 한 보편 문명에의 지향'으로 정리할 수가 있겠다.[41] - 물론 여기서의 보편 문명

관점에서 보는 견해이다."(정진농, 『오리엔탈리즘의 역사』, 살림, 2004, 36 쪽.)

40) 김명섭, 「탈냉전기 국제정치학의 문명패러다임」, 『한국정치학회보』 제37집 3호, 2003, 446쪽: 프랑크의 유럽중심주의에 대한 비판은 후쿠야마 식의 단일중심적 문명전파론은 물론 유럽중심주의를 비판했던 헌팅턴의 문명충돌론을 넘어 아시아중심주의라고 할 수 있는 문명적 역진에 대한 모색으로까지 발전한다. 프랑크는 유럽중심주의에 함몰된 '세계의 시각'을 궤도 수정해야 한다고 주장한다. 서양은 아시아를 중심으로 돌아가던 세계에서 반짝 부상했을 뿐이고, 이제 세계는 다시 아시아 중심으로 복귀하고 있다는 것이다. 그러나 프랑크가 서양지배의 역사를 대신하는 아시아지배의 역사를 예언하고 있는 것은 아니다. 그가 말한 '리오리엔트'란 유럽중심주의가 아시아중심주의 내지는 중국 중심주의로 대체된다는 의미가 아닌, 그것은 단지 진정한 문명 공존의 실현을 위해서 동양과 서양이 차지하고 있는 시공간상의 위치와 관련하여 새로운 방향성을 설정해보고자 의도한 '방향 전환'일 따름이다.(안드레 군더 프랑크 지음, 이희재 옮김, 『리오리엔트』, 이산, 2003, 참조.)

41) 이에 대해서 강정인은, "현재의 세계 질서를 한편으로는 보편적인 문명의 형성과정으로 파악하고, 다른 한편으로는 이를 구성하는 개별 문명들이 상호 협력과 갈등을 통해 보편 문명의 형성에 참가하는 것으로 보는 중층적 구도가 세계 정치를 훨씬 더 유연하고 개방적으로 설명할 수 있는 틀이라고 생각된다. 다시 말해 전 세계적인 자본주의(자유민주주의) 보편 문명의

이 어떠한 형태가 되어야 하는지는 추후 계속적인 논의가 뒤따라야 할 것이다. 그러나 이러한 중층적 규정 속에는 사실 국제 질서와 세계 체제에 대한 상반된 주장이 담지되어 있다. 즉, 이것은 '문화 다원주의'와 '보편 문명'이라는 상충된 문제와 관련되어 있는 것이다. 이 문제를 논의하고자 한다면 다시 후쿠야마의 단일중심적 문명 전파론과 헌팅턴의 복수중심적 문명충돌론으로 되돌아가야 한다.

보편 문명이란 인류의 문화적 융합, 세계 곳곳의 사람들이 공통된 가치관, 믿음, 지향점, 관습, 제도를 받아들인다는 것을 의미한다.[42] 예컨대, 보편 문명으로서의 민주주의와 인권, 평화와 자유는

형성을 일단 전제로 하고, 그 안에서 이제는 자율성과 자족성을 상실한 개별 문명들이 협력과 갈등을 겪으면서 그 형성에 참여하는 것으로 보는 것이 적절하다. 아울러 개별 문명 또는 개별 국가들이 이렇게 형성되는 보편 문명을 커다란 틀로 삼아 자신들에게 적합한 최선의 정치, 경제, 문화적 틀을 만들어 내는 작업은, 과거에도 그랬던 것처럼, 그들이 당면한 과제가 될 것이다."(강정인, 「문명충돌론」, 『사상』 제15권 제1호, 2003, 227~228쪽.); 양준희는 "인류가 보편적으로 받아들일 수 있는 가치 내지는 문명이 없다는 것은 아니다. 민주주의와 인권은 특정 문명이 강제하지 않더라도 시간이 지남에 따라 모든 국가/문명들이 보편적으로 받아들일 수 있는 가치가 될 것이다."(양준희, 「비판적 시각에서 본 헌팅턴의 문명충돌론」, 『국제정치논총』 제42집 1호, 2002, 38쪽.); 윌킨슨(Wilkinson) 역시 토인비가 미래에 존재하게 될 것으로 예상한 '보편 문명'(oecumenical civilization)이 이미 현존하고 있다고 주장한다. 그리고 이 보편 문명은 이전의 몰락한 문명들로부터 군사적, 정치적, 경제적, 종교적, 예술적, 인구학적 기여 등을 합성하여 융합해내고 있다고 했다.(Wilkinson, 1995, 52쪽./강정인, 「문명충돌론」, 『사상』 제15권 제1호, 2003, 226쪽, 재인용)

42) 헌팅턴 지음, 이희재 옮김, 『문명의 충돌』, 김영사, 1997, 69쪽: 보편 문명에 대한 주장은 사실 근대 산업사회의 확산과 더불어 제기되었던 것이다. 18세기 산업혁명 이후 대다수의 사회가 시차를 두고 산업화하면서 산업사회에서의 사람들의 태도, 가치관, 지식, 문화들이 전통 사회의 그것들과 매우 다르며, 산업화된 사회들은 산업 구조에서 매우 유사하다는 것이 확인되자, 산업사회에서의 이런 공통성을 근거로 보편 문명의 출현이라는 명제가 성립되었다.(이한구, 「문명의 공존과 그 조건」, 『인문과학』 31, 2001, 35쪽.)

특정 문명이 강요하지 않더라도 보편적으로 받아들일 수 있는 가치임에 틀림없다. 보편문명관에는 중심부 사회가 있기 마련이다. 근대 이후 서구 문명이 지배적인 문명의 패러다임이 되면서 서구가 보편사의 중심으로 해석되었기 때문에 이것은 서구중심주의와 밀접하게 연결되어 있다. 서구가 많은 보편적 가치를 가지고 있는 것은 사실이지만, 그것을 전파하는 방법에 있어서 일방주의적이고 심지어 무력을 사용한다면 타 문명권에서는 서구의 제국주의로 받아들일 수밖에 없다. 또한, 보편문명론에는 일원적 역사관이 깔려 있는데, 이 일원적 역사관은 인류의 역사를 작은 지류들은 있을지언정 큰 중심 물줄기는 하나인 강물로 보는 것과 흡사하다.[43] 이것은 자유민주주의 체제가 사회주의 체제를 패퇴시킴으로써 이제 자유민주주의 체제가 보편적인 체제가 되었다는 후쿠야마의 주장과 상통한다. 다시 말해서, 단일의 보편 문명이 고유한 특징을 지닌 복수의 개별 문명들을 종국에 가서는 종식시킬 것이라는 믿음은 탈냉전시대의 신제국주의 인식적 기초로 확대될 위험성이 있다.

문화 다원주의란 모든 인류에게 상식적으로 받아들여지는 전제로서 상대주의를 전제로 한다. 그것은 자기문화중심주의에 반대하고 다양한 문화들의 가치를 인정하며 그 각각을 존중하는 것이다. 여기에는 개방성이라는 기본 태도와 관용이라는 가치가 요구된다.[44] 아울러, 그 공통된 특징은 서구 중심의 역사관과 직선적 진보사관에 대한 거부로 나타난다. 인류의 역사는 같은 가치를 지닌 여러 문명들의 다원적인 변화 과정이며, 각각의 문명들은 하나의 독립적인 생명체와 마찬가지로 독자적인 성장의 과정을 밟는다[45]는 입장

---

43) 이한구, 「문명의 공존과 그 조건」, 『인문과학』 31, 2001, 37쪽.
44) 김의수, 「문화 다원주의와 21세기 인류의 철학적 지향」, 『시대와 철학』 18, 1999, 164쪽.

이다. 결국, 문화 다원주의는 개별 문화의 고유성이 유지된다는 전제 아래 고유한 문화들이 조화를 이루고 고유성을 인정한 선에서 교류하는 경우를 말한다.[46] 이 일련의 논리는 헌팅턴이 문화 다원주의가 오늘을 지배한다고 말했던 것에 비추어볼 때, 어느 정도는 그와 상통하는 면이 있다고 보인다. 하지만, 앞에서도 지적했듯이 그의 입장은 개방적 다원주의가 아닌 미국이 유럽과 함께 세계를 선도하고 지배해야 한다는 서구문화 쇼비니즘인 것이다.[47] 특히, 문명이란 견고한 구조적 실체라기보다는 '열린 과정'으로 보아야 하는데도 불구하고, 헌팅턴은 형성 중인 상위의 보편 문명을 인정하지 않은 상태에서 개별 문명들 간의 충돌 또는 갈등에만 주목하는 근시안적 시각을 견지함으로써, 개별 문명들 간의 상호 협력과 교류 및 그것의 긍정적 잠재력을 간과하는 오류를 범하고 말았다.[48]

요컨대, 냉전 시대의 체제 속에서 복류하고 있다가 급기야 시대적 필요에 부응하여 등장하게 된 문명패러다임! 그 적실성과 유용성, 그리고 그것에 내포된 제국주의적 성향에 대한 국내외의 수많은 비판에도 불구하고, 이것은 어느덧 국제관계이론 내지는 세계체제이론으로서 이제 우리의 의식 속에 견고하게 안착한 느낌이다. 그러나 그것이 이미 여러 면에서 심대한 문제점을 안고 있다는 사실을 감지한 이상, 우리는 그 극복 방안을 생각해보지 않을 수 없

---

45) 이한구, 「문명의 공존과 그 조건」, 『인문과학』 31, 2001, 41쪽.

46) 김의수, 「문화 다원주의와 21세기 인류의 철학적 지향」, 『시대와 철학』 18, 1999, 163쪽: 김의수는 여기서 문화 다원주의(Kulturpluralismus)를 다문화주의(Multikulturalismus)와 구분하고 있다. 다문화주의는 다수의 민족이 국가의 성원을 구성하고 있는 사회의 문제이거나, 또는 지구화를 전제로 민족 국가나 국민 국가의 경계를 허물고 모든 인류가 혼합해서 살아가는 사회를 상정할 때 예상되는 현상이라고 했다.

47) 앞의 책, 165쪽.

48) 강정인, 「문명충돌론」, 『사상』 제15권 제1호, 2003, 225쪽.

다. 앞에서도 언급했다시피 현재와 미래의 세계는 단일의 보편 문명과 고유한 특징을 지닌 복수의 개별 문명들이 중층적으로 공존한다고 보고, 인류 공영을 위한 가장 바람직한 국제 질서와 세계 체제를 일단 '문화(문명) 다원주의'를 그 전제로 한 보편 문명에의 지향'으로 규정하고자 한다. 그러나 이 중층적 규정은 '문화 다원주의'와 '보편 문명'이라는 상충된 문제와 결부되어 있음을 감안해볼 때, '보편 문명'과 '문화 다원주의'의 긍정적인 면을 동시에 구현시킬 수 있는 논리 구조의 새로운 문명관을 모색해야 한다. 나는 그 작업을 본 연구의 테마인 朱謙之(1899~1972)의 '문화철학'에서 시도해보고자 한다. 이를 위해 그의 문화철학에 대한 전모를 밝혀봄으로써 그 합당성 여부의 윤곽을 그려보고자 한다. 그리고 이를 통하여 현대 문명패러다임의 문제점에 대한 극복 방안을 모색해보고 새로운 문명관적 대안을 확립하고자 한다.

거듭 말해서 본 연구는 주겸지의 '문화철학'이 21세기 초 현대의 여러 가지 국제 상황에 적실하다고 판단, 그것을 세계체제이론 내지는 국제정치학적으로 다루어보고자 한 시도이다. 내가 무엇보다도 주겸지를 주목하는 까닭은 그가 투철한 현실 인식, 즉 1930 · 40년대의 국제정치 상황 등을 바탕으로 시대적 이상을 심오하고도 광범위한 자신의 학문 세계에 충실히 담아내고 있기 때문이다.[49] 그의 '문화철학' 역시 예외일 수는 없다. 본 연구는 현대 문명패러다임 속에 잠복해 있는 '서구중심주의'(유럽중심주의)와 '오리엔탈리즘'의 극복을 위한 동방의 문화철학적 모색이라는 차원에서 진행될

---

49) 저명한 학자 王亞南은 "朱선생은 시대감각이 매우 강렬할 뿐만 아니라, 또한 풍부하게 수집하고 정밀하게 연구하고 폭넓게 섭렵한다. 그의 책을 읽거나 그의 삶을 아는 사람이면 모두 입을 모아 칭송한다."라고 주겸지의 학문적 성취를 평가한 바 있다.(黃夏年 編, 「前言 - 朱謙之先生的學術成就與風範」, 『朱謙之選集』, 吉林人民出版社, 2005, 2쪽.)

것이다. 아울러, 현대 문명패러다임의 상충점인 '문화 다원주의'와 '보편문명론'이, 주겸지의 문화철학에 깃들어 있는 문화의 '근본 유형'과 '분기 원리'하에서 어떻게 회통되는지, 또 미래의 문화 이상향으로 제시되고 있는 그의 '예술 문화'가 갖는 그 자유와 평화의 의미를 체계화할 것이다. 이러한 일련의 논의를 거침으로써 1930·40년대 중국의 대표적인 문화 논의 중 하나인 주겸지의 '문화철학'은 21세기의 현대적 가치로 다시 정립될 것이다.

본고의 硏究 전개는 제2장에서는 주겸지의 '학문 세계'를 전 생애에 걸친 학문 활동과 저작을 토대로 한두 시기, 즉 마르크스·레닌주의의 수용 논의 과정에서 세계관이 전환된 것으로 보아, 크게 전기(마르크스·레닌주의 비수용 시기)와 후기(마르크스·레닌주의 수용 시기)의 사상으로 나누어서 살펴보고자 한다. 이 과정에서 『문화철학』의 체계는 마르크스·레닌주의 비수용 시기의 최종 성과물임을 이해하게 될 것이다. 또한, 『문화철학』이 체계화된 배경을 20세기 초 제국주의 열강에 의한 중국의 위기, 그리고 그 과정에서 파생된 중국 내의 '문화논쟁'이라고 하는 역사 상황과 관련해서 다룰 것이다. 『문화철학』의 발로는 애국·애족적 차원의 救亡에 있었지만, '문화 계획'하에 이루어진 『문화철학』과 이후 일련의 문화 거작들이 뿜어내는 사상들은 인류의 이상과 맞닿아 있는 인류애적 프로젝트였음이 확인될 것이다.

제3장에서는 주겸지가 정립한 '문화'와 '문화철학'의 개념, 그리고 '문화의 진화'에 대한 논증이다. 그는 '문화'를 인류 생활 각 방면의 표현으로 이해했다. 여기서 그가 문화(Kultur)를 문명(Civilization)과 분명히 구별하고 있음을 확인할 것이다. 즉, 지식 생활상 네 근본 유형(종교, 철학, 과학, 예술)은 '문화' 개념에 기초한 것으로 '문

화철학' 연구의 범위에 속하고, 사회생활상 네 근본 유형(정치, 법률, 경제, 교육)은 '문명' 개념에 기초한 것으로 '문화사회학' 연구의 범위에 속한다. 그는 이 문화 개념을 '문화철학'의 개념 규정으로 확장시킴으로써 새로운 문화철학을 구축해내고자 했다. 말하자면, 그것을 영원한 창조와 진화인 '생명의 부류'에 정초코자 했던 것이다. 그는 '현재성'과 '생명성'을 근거로 참된 문화와 거짓 문화를 구별코자 했다. 이러한 논리는 조국의 위기 상황에서의 시대적 소명, 즉 문화 부흥을 통한 민족의 부흥을 꿈꾸었던 그의 철학체계와 연결되어 있다. 그리고 문화의 진화 차원에서 베르그송의 '持續'(duration)과 헤겔의 '止揚'(Aufheben)의 개념이 주겸지에게서 어떻게 응용되고 있는지, 아울러 그가 설명하고 있는 문화 진화에 대한 여러 가지의 기초 이론 구성의 토대를 확인하게 될 것이다. 특히, 그의 문화 근본 유형의 철학적 기초가 되는 콩트의 '3단계의 법칙'이 그에 의해서 '發生式'의 법칙으로 대체되고 있는 점도 이해할 것이다.

제4장에서는 역사진화의 연구법을 통해서 종합지식문화학·종합예술사로서의 문화철학을 구축하고자 했던 주겸지의 구상에 대해 분석해보고자 한다. 그는 헤겔의 논리주의와 콩트의 심리주의를 종합하여 문화의 근본 유형을 지식 생활상 네 유형, 즉 종교, 철학, 과학, 예술, 그리고 여기에 그것과 의존적 관계에 있는 사회생활상 군사, 법률, 경제, 교육을 첨가하여 문화의 여덟 가지 유형을 완성한다. 그는 여기서 문화의 유형과 작용에 대한 독특한 견해를 피력하고 있다. 말하자면, 그 본질상에서 보면 각 문화의 유형은 독립적인 일종의 특수한 문화학으로 다른 것과는 상이하며, 형식상에서 보면 그것은 시간의 변화에 의거함은 물론 순서에 따라서 기타 문

화 생명을 취함으로써 그 표현의 형식을 삼는다. 논리주의와 심리주의적 해석 방법으로서 헤겔의 '3분 변증법'과 콩트의 '3단계 법칙'이 주겸지에게 와서 어떻게 '4분 변증법'과 '4단계의 법칙'으로 변형·발전되고 있는지, 또 막스 쉘러의 '지식사회학'이 그의 문화철학에서 어떻게 융합되는지를 확인할 것이다. 한편으로 '문화유형학'과 '문화의 분기 원리' 이론에 따른 문화 유형들의 연쇄적 관계로서의 역사 발전 과정을 소개할 것이다.

제5장에서는 각 문화 유형, 즉 종교적·철학적·과학적·예술적 문화 개념이 각 문화 영역상 방법론적·역사 발전적 차원에서 논의될 것이다. 또한 방법론상에서 주겸지가 말하는 각 문화 유형의 관계를 분석할 것이다. 다시 말해서, 이 네 문화 유형은 자료의 차이가 아니라, 그 운용되는 방법의 특이함에서 구분된다. 이를테면, 연역법(신앙)→종교; 변증법(내성)→철학; 귀납법(관찰, 실험, 비교, 역사)→과학; 직관법(표현)→예술이 그것이다. 더 나아가서, 주겸지는 헤겔의 논리학상의 전문 용어와 막스 쉘러의 지식 체계 이론을 방법론적으로 채용하고 있다는 점을 지적할 것이다. 더욱이, 각 문화 유형의 역사적 발전을 논구함으로써 각 문화의 역사 진화적 단계를 이해코자 한다. 주겸지의 관점에서 보면 각 문화의 진화는 각종 방법이 뒤섞인 결과에 의한 것으로 매 방법은 모두 문화 영역의 전부를 점령한 적이 있다. 과학 문화를 그 예로 들어보면 현대는 과학 시대이므로 모든 종교, 철학, 예술은 귀납법적 방법이지만, 문화의 진화는 도리어 과정에 있을 뿐이다. 역사의 단계적 발전에 따라서 과학 시대 역시 한 시대적 가치를 지니는 데 불과하다. 그는 미래에는 새로운 예술 시대가 그것을 대신한다고 보았다. 미래의 모든 종교, 철학, 과학은 반드시 한 시기에 달하면 모두 직관법적

방법으로 나타난다는 것이다.

　제6장에서 다루어질 내용은 문화의 지리상 분포이다. 세계 문화의 지리 기초, 세계 문화의 지리 분포, 중국 문화의 지리 분포와 '남방문화운동'으로 각각 분류하여 고찰할 것이다. 주겸지는 헤겔의 문화지리학의 형이상학적 방법을 통해서 하나의 세계 문화 민족은 반드시 하나의 특수적이고 외부적인 지리적 기초 위에 존재한다는 사실을 간파한다. 이 지리적 기초란 인류 문화와 상관관계에 있는 기후, 지형을 의미하는 것이다. 결국, 그의 결론은 인도는 고원 문화로서 지리적 특성상 '종교적 문화'를, 중국은 평원 문화로서 지리적 특성상 '철학적 문화'를, 서양은 해양(연해지) 문화로서 지리적 특성상 '과학적 문화'를 각각 형성한다고 했다. 그는 세계 문화를 기본적으로 '3원론', 즉 인도, 중국, 서양이라는 문화의 세 근본 단위로 파악하고자 했다. 이와 같은 '세계 문화의 지리상적 3원론'에 기반을 둔 문화의 유형, 문화의 구조, 문화의 발전, 문화의 접촉 등의 측면에서 주겸지의 이론을 고찰할 것이다. 특히나, 세계 문화의 조화와 종합임은 물론 문화의 이상향으로 그려지고 있는 미래의 '예술적 문화'에 관해 집중적으로 분석할 것이다. 또한, 중국 문화의 지리 분포인 '남북문제'(종교-황하 유역: 철학-양자강 유역: 과학-주강 유역), 그리고 그것과 밀접한 관계를 맺고 있는 '남방문화운동'에 대해 분석할 것이다. 즉, '남북문제'의 정확한 분석을 통해서 그의 문화철학적 진리 정신에서 우러나온 구국적 메시지와 새로운 국가 건설 의지를 지적하고자 한다.

　제7장에서 소개되는 주겸지의 '군수자본주의경제시대'로서의 '현대 규정', 문화 전망으로서의 '戰後 문화' 제시, 바로 이 두 요소가 본 연구의 전체적인 수렴지점이 될 것이다. 이것은 주겸지의 '문화

철학'을 매우 집약적으로 함축할 뿐만 아니라 본고 체계수립의 기점, 그리고 연구 목표와도 상통한다. 그의 논지는 현대를 전쟁을 본질로 하는 '군수자본주의경제시대'로 규정한다. 그리고 이 시대는 '제국주의국가'가 필연적으로 성립하여 이에 대한 '세계문화투쟁'이 발생하게 되어 인류는 끝내 '평화의 세계'를 쟁취한다고 보았다. 나는 주겸지가 군수자본주의문화의 부정, 즉 '평화의 세계'를 의미하는 이 '전후 문화'를 단순히 제2차세계대전 종료 이후의 상황만을 한정해서 말한 것은 아님을 논증할 것이다. 이것은 그의 문화철학의 최종 지향점인 '예술 문화'의 현실적 구현이라는 차원에서 이해해야만 합당하다. 더구나, 그가 인류의 현 단계를 '군수자본주의경제시대'로 규정한 것은 시대적으로 매우 적확하다. 왜냐하면, 이 진단은 당시뿐만 아니라 최근 강력한 군사력과 군수 산업을 그 배경으로 하여 세계에 군림하고 있는 미국과 유럽 몇몇 국가의 오만한 패권주의적 모습에 대한 비판을 담고 있기 때문이다. 그러나 이러한 주겸지 문화철학의 21세기적 의미에도 불구하고 그의 문화철학의 최대 결점이라고 할 수 있는 예술 문화로서의 극단적 이상주의 내지는 중화민족주의적 대동 세계가 바로 이 전후 문화로 그려지고 있다는 점도 여기서 함께 비판될 것이다.

제8장의 결론 부분에서는 본 연구의 전체적인 체계와 내용을 토대로 하여 현대 문명패러다임의 극복 방안과 그 대안을 주겸지의 문화철학적 차원에서 모색해보고자 한다. 동시에 그 한계 또한 지적될 것임은 물론 인류 모두에게 행복을 안겨주는 '참된 문명관'의 정립을 위해 이에 대한 필자의 다섯 가지 원칙이 제시될 것이다.

제2장 주겸지의 학문과 『문화철학』의 배경

1. 생애와 학문

한국과 중국은 지정학상은 물론 역사상으로도 매우 중요한 관계에 있다. 그럼에도 불구하고 동서냉전이데올로기로 인한 반세기간의 상호 교류 두절과 대중 인식의 긴 공백이 빚어져 이에 따른 중국의 대륙학에 관한 올바른 데이터베이스의 축적이 차단되어 왔다. 모든 분야가 그렇듯이 학문 또한 그 당시의 정치권력과 그 상황에 예속된다는 사실을 감안할 때, 한국학계 특히 한국의 동양학계는 적대적 이데올로기의 잣대로 중국의 대륙철학 및 대륙학자들을 도외시함은 물론 대륙의 책들을 부정해왔던 것이 사실이다. '중국학'이라고 하면 대만 일변도의 편향된 시각으로 반공철학 내지 군사독재정권의 순응논리에 걸맞은 중국의 학자 및 학설들만이 극히 선별적으로 소개될 수 있었다. 주겸지라는 학자가 중국 및 해외 학계에서 차지하는 큰 비중과 인지도에 비해 우리들에게는 그 이름조차 낯설다는 사실은 이러한 과거의 역사유산 때문이 아닐까?

이제 한·중이 국교를 정상화한 지도 벌써 10여 년이라는 세월이 흘렀다. 그동안 양국은 정치, 경제, 문화, 학문 등 다방면에 걸쳐서 빈번한 교류가 이루어져 왔다. 학술적 교류 내지 인적 자원의 교류를 통하여 최근 대륙학자와 그들의 학술사상에 대한 소개가 활발하게 진행되고 있는 점은 실로 다행스러운 일이 아닐 수 없다. 어찌되었든 우리들은 종래의 극우적 학문 태도에서 벗어나 좌·우의 보

다 균형 잡힌 시각으로 21세기 바람직한 대중관계설정이라는 차원
에서 일부 관변학자들에 의해 주도되었던 중국의 대륙학에 대한 편
파적 재단들과 그로 인해 형성된 현재의 역사 퇴보적인 의식의 어
두운 잔영들을 이제 극복해내야 할 때이다. 이리하여 폭넓고 다양
한 관점으로 대륙에서 진행되어온 사상과 학자들을 객관적이고 올
바르게 평가할 수 있는 학문적 풍토가 하루속히 정립되기를 바라마
지 않는다. 이러한 견지에서 우리나라와 비교적 비슷한 근대사를
걸어온 서세동점 시기의 중국, 그리고 격동기의 중국 현대사를 온
몸으로 부대끼며 그 속에서 한평생 철학적 탐색과 분투적 실천으로
일관되게 살다간 주겸지의 생애와 학술사상을 이해하고 평가해봄은
큰 의미가 있다고 하겠다.

  학문 범위의 방대함으로 인해 백과전서 학자로 정평이 나있는 주
겸지의 학문 세계를 살펴봄에 있어서, 그의 전 생애에 걸친 학문
활동과 저작을 토대로 하여 그것을 두 시기로 구분할 수가 있다.
즉, 마르크스·레닌주의의 수용 여부와 시기에 따른 세계관의 전환
이라는 관점에서 크게 전기와 후기로 나누어볼 수 있다.[50] 물론, 그
의 마르크스·레닌주의로의 전향은 49년 중국 공산화 정권 수립에
따라서 전격적으로 이루어진 것은 아니다. 그는 항상 학문 연구로
시대적 이상을 충실히 구현해냈던 까닭에 그의 사상이 轉變되는 데

---

50) 1949년 중국 대륙의 공산화를 기점으로 해서 그의 자서전격인 「回憶」·「奮
  鬪卅年」은 전기를, 「一個哲學者的自我檢討」·「世界觀的轉變」은 후기를 각
  각 반영하고 있다.(『朱謙之文集』, 第1卷, 福建教育出版社, 2002.) 그는 "해
  방 이전 나 자신의 사상 속에는 언제나 무정부주의 또는 변형된 무정부주
  의가 우세하였다."(앞의 책, 「政治幻想的三部曲」, 186쪽.)고 스스로 술회하
  고 있다시피 전기의 사상은 크게 보아 무정부주의적 이상을 직·간접적으
  로 담고 있다고 하겠다. 그러나 그는 자신의 전기 학문을 소자산계급 지식
  분자 세계관하의 개인영웅주의의 길이었다고 스스로 비판하면서 마르크
  스·레닌주의와 모택동사상을 기반으로 후기의 학문 활동을 진행한다.

는 여러 요인이 있겠지만, 여기서는 자연과학의 이론 변동에 따른 사상 변화 측면에서 간략하게 살펴보고자 한다.

　그가 살았던 20세기는 두 차례의 자연과학 이론의 큰 변동이 있었다. 이것은 그의 사상 전환에 지대한 영향을 끼쳤다. 그 첫 번째는 '물질소멸론'으로서 물질과 이 세계 존재에 대한 확신을 뒤흔들어 그를 유심론자가 되도록 이끌었다. 이를테면, 이 '물질소멸론'은 20년대 그로 하여금 허무철학 – 혁명적 유심주의 – 으로 경도되게 하여 우주의 결말을 적멸로 여기게끔 만들었다.(『革命哲學』) 더구나 泛神思想으로의 사상 변화를 알리는 『周易哲學』에서 그는 "易者象也"란 구절을 해석하면서 물질은 단지 意象일 뿐이라고 공개적으로 선언하기까지 한다. 이것은 흄(Hume), 마흐(Mach)와 당시 중국에 와서 학술 강의를 했던 러셀(Russel)의 영향이기도 했다. 두 번째는 原子能의 해방으로서 이것은 물질과 원자의 물리적 실재를 부인하지 못하게 하여 급기야 그를 유물론자로 전향하게 만들었다. 더군다나, 45년 일본 열도를 강타한 원폭 투하의 엄청난 위력은 원자의 실재성을 더욱 실감하게 했던 것이다. 그는 헤겔의 변증법을 연구하던 중에 그의 가슴에 유물론사상의 맹아가 싹텄고, 레닌의 『유물론과 경험비판론』을 애독함으로써 과학 이론의 근거를 터득하여 최후에는 레닌의 학도가 되기에 이른다. 49년 『헤겔철학』이란 저작을 기점으로 해서 변증법유물론자로서의 그의 사상을 은연중 드러내기 시작한다.51) 이제, 그의 학문과 저작을 크게 전기(마르크스·레닌주의 비수용 시기)와 후기(마르크스·레닌주의 수용 시기)로 나누어서 각각 살펴보기로 하겠다.

---

51) 『朱謙之文集』, 第1卷, 「一個哲學者的自我檢討」, 福建敎育出版社, 2002, 91~92쪽: 앞의 책, 「世界觀的轉變」, 165~166쪽.

1) 전   기

그는 1899년에 福建省 福州市에서 대대로 의사 집안에서 태어난다. 불행하게도 그가 울음을 터뜨리며 세상에 나온 지 네 번째 해만에 그의 모친(鄭淑貞)은 그를 버리고 유명을 달리함은 물론, 11세되던 1909년에는 그의 부친(文熔, 字伯丹)마저 세상을 뜨고 만다. 이후 전적으로 계모 何玉姑 여사의 보살핌에 의지하여 성장하게 된다. 소학시절 그에게 더없이 큰 아픔이 또 한번 찾아오는데, 그것은 자신의 유일한 知己 愛姊(蘭忱)의 죽음이었다. 이처럼 일련의 암담하고도 불행한 어린 시절의 인상들은 그에게 훗날 염세주의와 비관주의적 사상으로 흐르게 하는 하나의 근원이 되었던 것이다.52)

그는 10여 세에 중국 경사에 능통했으며 중학시절 역사 소책자를 스스로 만들 정도였다.(『中國上世史』, 『英雄崇拜論』) 중학교를 졸업하고 17세 때에 교회 학교인 格致書院에서 반년간 영어를 전문적으로 배운다. 하지만, 『宗敎廢絶論』을 지어 항상 교의를 비판했던 탓에 기독교도로부터 환대를 받지 못했다. 같은 해 여름 방학 중 북경고등사범학교(북경사범대학전신)에 복건성 수석으로 합격하지만,53) 그 후로 변경하여 북경대학 法預科에 들어가서 학업을 마친 다음 철학과를 지망하여 우여곡절 끝에 졸업하게 된다. 당시 북경대학은 학교장인 蔡元培 선생의 "모든 것을 다 받아들인다."(兼容並包)라는 교육 정책하에 있었으므로 학술 분위기가 비교적 자유로왔다. 주겸지는 이에 깊은 훈도를 받아 관내의 사회과학 서적은 그가 다 읽는다고 도서관 주임 李大釗가 걱정할 정도로 분투해 공부

---

52) 앞의 책, 「回憶」, 42~44쪽: 앞의 책, 「世界觀的轉變」, 112~113쪽.
53) 앞의 책, 「回憶」, 44쪽: 앞의 책, 「世界觀的轉變」, 113~114쪽.

함54)은 물론 『周秦諸子學統述』, 『政微書』, 『新太極圖說』 등의 허무주의적 저술들을 발표한다.55) 뿐더러 신문화운동, 5·4애국운동에도 적극 참가한다.

더 상세히 말하자면, 1919년에 "打倒孔家店"의 5·4운동이 발발할 당시 그는 학생 시위행진에 참가하는 한편, 학생회의 기관보인 『北京大學學生周刊』과 무정부사상을 선전하는 『奮鬪』 잡지의 편집 일을 맡아보기도 했다. 그는 글을 지어 시대의 폐단을 규탄하고 무정부주의를 선전하면서 여러 가지 사회 및 교육의 개혁을 주장했으며, 대자보를 게시하여 시험 제도를 폐지할 것 등을 요구하였다. 이 시기 특히 사상적 측면에서 주목되는 점은 당시 크로포트킨주의자 黃凌霜과의 논전 중에 극단적으로 우주를 뒤엎는 허무주의와 우주 혁명을 제기하는 대목이다. 즉, 무정부주의는 수단이고 허무주의가 목적이 되어야 하며, 오로지 허공이 산산이 부서지고 대지가 평평히 가라앉아야만(虛空破碎, 大地平沈) 비로소 천지 강권까지도 전복시킬 수가 있다고 했다.56) 그의 허무주의는 러시아의 허무주의와 다르며 중국의 불교와 노장사상을 흡수한 새로운 허무주의, 즉 신허무주의였던 것이다.57)

---

54) 客河는 당시 주겸지의 모습과 독서 능력에 대해 다음과 같이 회고하고 있다. 즉, "주 선생의 독서 능력은 가히 경탄할 정도였다. 북경대 시절 그의 키는 매우 작았고 눈은 근시였다. 항상 빡빡 깎은 머리로 남빛 베적삼을 입고 다녔기 때문에 작은 승려처럼 보였다. 그리고 북경대 도서관은 거의 그의 한 사람만의 藏書室이었다. 한 번은 북경대 도서관장 이대조는, '북경대 도서관의 책은 주겸지가 3분의 2를 읽었다. 1, 2개월만 더 지나면 그는 전부 다 읽어버릴 것이다. 그런 다음 그가 또 책을 빌리러 온다면 무슨 방법으로 대처할 것인가?'라고 사람들에게 말한 적이 있다. 이 대단한 독서 능력은 그 얘기를 들은 사람이면 모두 말문을 막히게 했다."(앞의 책, 第2卷, 「謙之文存二集·附錄」, "學者朱謙之", 246쪽.)

55) 앞의 책, 第1卷, 「回憶」, 45쪽: 앞의 책, 「世界觀的轉變」, 114~115쪽.

56) 앞의 책, 「回憶」, 45~46쪽: 앞의 책, 「世界觀的轉變」, 115~118쪽.

42

1920년 중국에서는 처음으로 대규모 5·1노동절 기념행사가 거행되었다. 그때 주겸지는 『북경대학학생주간』에 「노동절의 축사」를 발표하여, '직접 행동'의 슬로건을 내세워 노동자가 직접 공장을 관리하여 종전에 자본가에게 약탈당한 생산 기관을 모두 몰수하여 사회가 공유한 다음, 자유의 원칙에 따라 공동 생산하고 공동 소비하자고 주장하였다.[58] 그리고 이즈음이 바로 毛澤東이 북경대 도서관에서 조수로 일하던 시기로서, 그는 일찍이 모택동과 무정부주의 등의 문제를 가지고 토론한 적이 있었다.[59] 예컨대, 에드거 스노는 『西行漫記』에서 "나는 항상 주겸지라고 불리는 북대 학생과 무정부주의와 중국에서의 가능성에 관해 토론했다."라고 한 모택동의 말을 기술하고 있다. 같은 해 10월에 주겸지는 혁명 전단을 배포했다는 이유로 군벌당국에 체포당하여 100여 일 동안 수감되었다가 북경 학생들의 집회를 통한 구명 활동과 전국 각지의 성원에 힘입어 결국 석방되게 된다.[60]

출옥 후 그는 1921년 회의주의와 허무주의적 청년 시절 그의 이상을 담은 『혁명철학』을 출판한다.[61] 이 책은 나온 지 한 달 만에

---

57) 유명종, 『중국근대정치사상사』, 이문출판사, 1994, 107쪽: 내가 과문한 탓인지 주겸지를 다룬 국내의 학자로서는 유명종과 조세현이 그 전부인 듯싶다. 그러나 그들은 다만 무정부주의 시각에서 단편적인 소개 수준에 그치고 말았다는데 아쉬움이 남는다. 유명종은 주겸지를 낙천주의적이고, 또 인도주의, 평화주의, 개인주의자로서 복합된 무정부주의자라고 그의 사상을 평가했다.(앞의 책, 108쪽.) 또한, 조세현은 주겸지를 '개인주의적 아나키스트'로 평가하면서 그의 아나키즘을 천의파의 이론적 지도자 劉師培의 '중국식 아나키즘'의 한 흐름으로 보았다.(조세현, 『동아시아 아나키즘, 그 반역의 역사』, 책세상, 2001, 71쪽·96쪽, 참조.)

58) 『朱謙之文集』, 第1卷, 「世界觀的轉變」, 福建教育出版社, 2002, 116쪽.

59) 앞의 책, 「黃心川·序」, 1쪽.

60) 앞의 책, 「回憶」, 47~48쪽: 앞의 책, 「世界觀的轉變」, 118~120쪽.

61) 최근 21세기 대안사상으로서 아나키즘에 대한 관심도가 나날이 높아가고

英租界 당국에 의해서 발행이 금지되지만 뒷날 계속해서 제4판까지 나오게 된다. 이처럼 그의 이상이 현실 세계에서 여러 번 벽에 부딪치게 되자 인심의 개조를 통한 사회 개조라는 해법을 모색한다. 이로 인해서 종국에는 佛法에 귀의코자 남하하여 西湖에서 출가를 단행한다. 그러나 당시 불교계의 상황과 여건 속에서는 자신의 이상을 실현할 수 없다고 판단한 나머지 『反敎』시를 발표하고 佛門과의 단절을 선언한다. 특기할 점은 南京의 유명한 불교학자 歐陽 先生과의 만남을 계기로 그의 사상이 변화되었다는 사실이다. 그는 구양 선생의 유식종의 견해에 그다지 동의하지는 않았지만, 그의 誨人不倦하는 성실함에 도리어 크게 감동을 받아, 이즈음에 허무주의적 세계관에서 범신사상으로 나아가게 된다.62)

더욱이, 그는 杭州 서호에 온 이후로 우주의 아름다움을 비로소 실감할 뿐만 아니라, 상해, 항주, 남경의 일대를 왕래하면서 자연에

있다. 이에 편승하여 국내에서도 동아시아 아나키즘이 새롭게 조명되어 연구가 활발하게 진행되고 있는 것으로 안다. 이러한 학계의 분위기를 감안해볼 때 중국의 아나키즘 중 5·4 시기의 경향에 관한 진독수의 다음 말이 특히 주목을 끈다. "중국의 사상계는 세계의 허무주의가 집중된 곳이라고 말할 수 있다. 인도는 오로지 불교의 空觀만이 존재하고 중국 노자의 無爲思想과 러시아의 허무주의는 존재하지 않는다. 유럽은 비록 러시아의 허무주의와 독일의 형이상학적 철학이 존재하지만 불교의 공관과 노자학설은 그다지 발달하지 못한 상태이다. 그러나 중국은 이 네 가지가 모두 완전할 뿐더러 청년 사상계에서도 날로 발달해가는 추세이다."(陳獨秀, 『陳獨秀文存』, 卷2, 「虛無主義」) 이 인용문은 주겸지 자신도 거론하고 있다시피(「世界觀的轉變」, 115쪽.) 독특한 아나키스트로 주목받는 그의 초기 사상에서도 이와 같은 점은 분명히 드러난다.(앞서 제시한 것 글 말고도 『虛無主義哲學』, 『虛無主義與老子』 등등) 노·불과의 긴밀한 연관성하에 있는 그의 아나키즘은 한때 민족과 종교 혁명을 꿈꾸다가 사상의 빈곤과 허무감으로 좌절하고 말았던 본 필자를 무한히 매료시킨다.

62) 『朱謙之文集』, 第1卷, 「回憶」, 福建敎育出版社, 2002, 50~51쪽; 앞의 책, 「世界觀的轉變」, 123~124쪽.

44

도야된다. 그의 벗 吳康(敬軒)이 『루소의 생애와 저작』이란 책을
선사하면서 "나부끼며 떨어지는 신세 가벼운 돛단배에 의탁해도,
낭만 생활 또한 스스로 자랑으로 여긴다."(飄零身世托輕帆, 浪漫生
涯亦自豪)라는 시를 덧붙여 당시 그의 낭만적 생활 모습을 표현한
바 있다. 아울러, 중국 내 유명 인사들인 郭沫若, 梁漱溟 등과 교류함
으로써 그들의 영향에 힘입어 점점 종전의 사상에서 벗어나게 된다.
이때 『無元哲學』과 『周易哲學』을 저술하여 과거의 허무주의사상을
버리고, 우주와 인생은 모두 渾一한 '참된 정의 흐름'(眞情之流)임과
동시에 인간 세상에서 '참생명'을 실현할 수 있음을 공언한다.63)

　1924년에서 1925년까지 주겸지는 厦門大學의 초빙을 받아들여 두
과목 즉 '중국철학사'와 '중국문학사'의 강의를 맡고 그 밖에 '역사
철학'을 강의한다. 이때 唯情哲學에 역사 발달의 기초를 십분 부여
함은 물론, 그의 학문 방법은 일종의 '역사적 방법' 바로 '진화적 방
법'임을 공표한다. 이외에도 그는 공개 강연을 통해서 현대의 학교
교육(종교교육과 국가주의교육)에 반대하고 唯我主義的 교육을 극
력 존중한다는 그의 주장을 펼치지만, 하문대학의 여러 상황은 그
의 이상과는 거리가 멀었다. 더군다나, 그의 역사철학은 이상적 대
동사회로 귀결되는데, 즉 이 사회는 정부, 법률, 금전, 매매가 없을
뿐더러 자본가도 존재하지 않는다고 했다. 이러한 자유사상이 어떻
게 받아들여질 수 있었겠는가?64) 그는 1925년 결국 교직을 사직하
고 완전한 사상의 자유를 위하여 서호 葛嶺山 기슭에서 부인 楊沒
累와 은거하면서 2·3년 동안 저술과 입론에만 전심한다. 주의할

---

63) 앞의 책, 「回憶」, 51~55쪽: 앞의 책, 「世界觀的轉變」, 124~127쪽: 1924년
　　濟南第一師範學校 강연 원고인 『한 유정론자의 우주관과 인생관一個唯情
　　論者的宇宙觀及人生觀』이란 저작도 주겸지의 이러한 경향을 대표한다.
64) 앞의 책, 「回憶」, 62~63쪽: 앞의 책, 「世界觀的轉變」, 131~132쪽.

만한 저작으로는 『謙之文存』, 『歷史哲學』, 『大同共産主義』, 『國民革命과 世界大同』(國民革命與世界大同), 『회상』(回憶), 『大同에 이르는 길』(到大同的路) 등등이고,[65] 미완의 『中國音樂文學史』[66]에 전력을 기울인다. 아울러, 1927년 黃埔軍校에서 정치교관 직을 맡으면서 '工農革命運動'에 종사하여 '農工兵大聯合'을 호소하였다.[67]

1928년 광동성에서 절강성으로 돌아온 지 얼마 되지 않아서 그의 애처 몰루가 31세의 일기로 세상을 뜨고 만다.[68] 이것은 진실로 그의 생애 중 가장 큰 비운이라고 스스로 적고 있듯이 더 이상 항주에 머무를 수가 없었다.[69] 재차 광주, 상해를 떠돌며 유럽 유학의 계획을 세우지만 여의치 않아서 1929년 중앙연구원의 학비 지원으로 일본에 유학하게 된다. 그는 일본에서 역사철학 연구에 몰두하다가 2년 후인 1931년에 귀국하여 上海國立暨南大學 교수로 취임한

---

65) 이 저작들 중 『大同共産主義』, 『國民革命與世界大同』, 『到大同的路』은 완전히 『禮運・大同』과 『周禮』의 탁고개제 방식에 의거하여 유교 유토피아의 정치와 사회 이상을 선양함으로써 孫中山을 우두머리로 하는 국민당 좌파에게 희망을 걸고 있다.

66) 이 저서는 厦大에 있을 때 지은 『音樂的文學小史』를 확충한 것으로 나중에 1935년 상무인서관이 출판함은 물론 1989년 북경대학출판사가 重印한 바 있다.

67) 『朱謙之文集』, 第1卷, 「奮鬪卅年」, 福建敎育出版社, 2002, 67~68쪽; 앞의 책, 「世界觀的轉變」, 134~135쪽.

68) 주겸지는 "우리 두 사람의 영원한 사랑을 위하여 저 사랑의 무덤인 성욕적 결혼을 처음부터 끝까지 피하였다. 몇 년 동안 진심으로 도취해 함께 생활함에 있어 형용하기 어려운 열애를 이루다 말로 표현할 수가 없을 정도이다. 그리고 언제까지나 순결한 사랑에는 방해받지 않았다."(앞의 책, 「世界觀的轉變」, 129쪽.)라고 회고하고 있듯이, 그는 그의 첫 번째 부인 양몰루와의 순결한 사랑(Pure love)으로도 유명하다. 그 애틋한 정서와 사상이 『荷心』에 담겨져 있다.

69) 『朱謙之文集』, 第1卷, 「奮鬪卅年」, 福建敎育出版社, 2002, 68~69쪽; 앞의 책, 「世界觀的轉變」, 135쪽.

46

다.(귀국 후 처음에는 항주에 머물었는데 당시 절강성 정부의 경제
상 난제로 그들과의 접촉이 계기가 되어 『歷史學派經濟學』을 저술
한다) 대학 강의 외에도 民智書局『역사철학총서』의 편집을 주관하
여 『헤겔주의와 콩트주의』(黑格兒主義與孔德主義), 『역사철학대강』
등의 책을 남긴다.[70]

　1932년 중산대학에서 일을 시작하여 중산대학 역사학과 주임, 철
학과 주임, 문학원 원장, 연구원문과연구소 주임, 역사학부 주임 등
의 직을 거치면서 수많은 후진을 양성한다. 한편 1935년에는 그의
학생이었던 何絳雲과 결혼하게 되는데, 어느 때보다도 행복하고 안
정된 여건 속에서 강학 및 저술 활동에 전념할 수 있었다.[71] 이 중
산대학의 20년 시절이 주겸지에게 있어서는 가장 전성기라고 할 수
있다. 그는 이성적 사고로 능히 전 세계를 바라볼 수 있음은 물론

---

70) 앞의 책, 「奮鬪卄年」, 70~73쪽: 앞의 책, 「世界觀的轉變」, 137~142쪽:
　　1895년 이후 중국에서 새로운 사상이 발전하게 된 원천은 중국보다 훨씬
　　먼저 서구화한 일본에서부터 비롯되었다. 일본에 유학한 중국의 학생수만
　　보더라도 1902년부터 1907년 사이 최고 8,000명에 육박하는 등 그 절정에
　　달했으며, 1907년 이후 줄어들다가 1912년 이후 다시 늘어난다. 그러다가
　　1915년 급격히 줄어들었는데, 이것은 일본 정부가 산동반도의 이권을 받아
　　내기 위해 원세개에게 요구한 '21개 요구 사항' 때문이었다. 1926년부터는
　　다시 늘어나면서 새로운 시기를 형성한다. 이처럼 일본은 중국 유학생의
　　본거지였을 뿐만 아니라, 또한 정치적인 문제로 중국에서 망명해야만 하는
　　개혁과 혁명가들의 집합지 - 양계초의 '변법'이나 손문의 '혁명'의 준비도
　　일본에서 이루어졌다 - 이기도 했었다. 일본에 머물렀던 중국의 유학생과
　　정치 망명자들은 1895년부터 1919년 5 · 4운동 때까지 중국정신사의 결정
　　적인 주체들이었다. 아울러, 일본에서 공부하고 귀국한 이들 학생들은 20
　　년대 중반까지 각계 지도층에 절대적으로 참여했고, 그러던 것이 20년대
　　중반 이후부터는 차차 미국과 유럽에서 돌아온 유학생들이 현실 문제에
　　적극 참여하는 형태로 변하게 된다.(양재혁, 『동양철학 서양철학과 어떻게
　　다른가』, 조합공동체 소나무, 1998, 231~235쪽, 참조.)
71) 『朱謙之文集』, 第1卷, 「奮鬪卄年」, 福建敎育出版社, 2002, 82쪽: 앞의 책, 「
　　世界觀的轉變」, 149쪽.

사상은 이미 성숙 단계에 접어들었던 것이다. 이때 이루어진 주요 저작을 보면,『문화철학』,『콩트의 역사철학』(孔德的歷史哲學),『헤겔의 역사철학』(黑格兒的歷史哲學),『중국사상이 서구문화에 끼친 영향』(中國思想對于歐洲文化之影響),[72]『扶桑國考證』,[73]『中國思想方法問題』,『太平天國革命文化史』,『文化社會學』,『謙之文存二集』,『比較文化論集』,『莊子哲學』,『헤겔철학』(黑格兒哲學) 등등이다. 항일전쟁 기간에는 항전의 요구에 부응하기 위해서 '南方文化運動'과 '現代史學運動'을 강력하게 제창했고, 스스로 자비를 출자해 '考今'을 목적으로『現代史學』을 창간하기도 했다.[74] 이상 살펴본 바를 표로 나타내면 다음과 같다.

---

72) 이 저작은 내가『중국이 만든 유럽의 근대』(청계출판사, 2003년)라는 서명으로 이미 번역·출판하여 한국에 소개한 바 있다.

73) 이 저서는 1941년 상무인서관(홍콩)이 단행본으로 출판한 것이다. 주겸지는 후에 수정과 보충을 가하여『現代史學』잡지 제4권 제4기와 제5권 제2기에 발표했고, 1945년 국립중산대학연구원 문과연구소가 이것을 단행본으로 발행하였다.(『哥侖布前一千年中國僧人發現美洲說』) 또한, 1962년에는『北大大學學報』(第4期)에 부록「紀元五世紀中國僧人慧深年譜」가 덧붙여져서 비교적 간단한 논문(「哥侖布前一千年中國僧人發現美洲考」)으로도 발표된 적이 있다.

74)『朱謙之文集』, 第1卷,「奮鬪卄年」, 福建教育出版社, 2002, 73~79쪽; 앞의 책,「世界觀的轉變」, 142~147쪽. 45년 전후로 그의 주도하에 이루어진 '음악문학운동'과 '신독서운동'도 이와 같은 맥락의 항전운동이다.

(前期) 마르크스·레닌주의 비수용 시기75)

		저 작	주의	연구문제	사상경향	연 대
前期 ― 마르크스·레닌주의 비수용 시기	제 1 시 기	『太極新圖說』『周秦諸子學統述』 『政微書』―『古學卮言』 『現代思潮批評』 『革命哲學』 『無元哲學』 『虛無主義與老子』 ―『新中國雜誌』, 『奮鬪』, 『北大學生週刊』, 『法政學報』 等 論文	虛無主義	1. 批評的 傾向 2. 厭世觀 3. 宇宙問題	宗教的	1918~1923
	제 2 시 기	『周易哲學』 『一個唯情論者的宇宙觀及人生觀』 『荷心』 『音樂的文學小史』 『中國音樂文學史』(『文學院專刊』, 『中史研究所月刊』, 『東方文藝』, 『時代文藝』 等 刊行物에 散見.) 『謙之文存』 『回憶』―『民鐸』, 『時事新報』, 『學燈』 等 論文	唯情主義	1. 主情意論 2. 主我的 傾向 3. 人生問題	哲學的	1923~1928
	제 3 시 기	『歷史哲學』 『大同主義』 『國民革命與世界大同』 『到大同的路』『日本思想的三時期』(『現代學術』 第3期) 『歷史學派經濟學』 『經濟史研究序說』(『現代史學』 第3期) 『歷史哲學大綱』 『黑格兒主義與孔德主義』―『現代學術』 『現代史學』 等 論文	歷史主義	1. 歷史方法論 2. 社會學, 經濟學, 歷史學의 硏究 3. 實證的 社會觀	科學的	1927~1932
	제 4 시 기	『文化哲學』 『文化歷史學』 『孔德的歷史哲學』 『黑格兒的歷史哲學』 『中國思想對于歐洲文化之影響』 『扶桑國考證』 『中國思想方法問題』 『太平天國革命文化史』 『文化社會學』 『謙之文存二集』 『比較文化論集』 『莊子哲學』 『黑格兒哲學』	文化主義	1. 文化體系論 2. 綜合的 硏究 3. 文化敎育	藝術的	1932~1949

75) 이 표(전기)는 『문화철학』, 「後序」를 참고해 보완한 것이다.

2) 후 기

1949년 중국 대륙이 공산화된 이후에는 주겸지의 학술적 관심은 마르크스 · 레닌주의에 입각한 중국철학사, 동방철학사, 특히 일본철학, 불교와 중국기독교 등 방면의 연구로 전향하여 중국의 동방철학과 종교학 방면의 개척자가 된다. 그는 廣州의 공산화와 새로운 시대의 도래를 온 마음으로 환영했을 뿐만 아니라 중산대학에서 각종 정치와 교학 활동에도 적극 참가하였다. 이미 존재하고 있는 마르크스주의 철학기초에 근거하여 매우 빠르게 『변증유물론과 역사유물론 교학대강』(辨證唯物論與歷史唯物論敎學大綱)을 써내어 당시 대학 교학의 수요를 만족시켰다.76) 이외에도 『실천론 – 마르크스주의 변증인식론의 새로운 발전』(實踐論 – 馬克思主義辨證認識論底新發展), 『실천론 – 새로운 역사인식론을 여는 첫걸음』(實踐論 – 開闢了新歷史認識論的門徑), 『중국철학이 유럽에서 수입한 것은 변증유물론의 중요한 원천 중의 하나이다』(中國哲學輸入歐洲是辨證唯物論底重要源泉之一), 『마르크스의 태평천국 혁명론』(馬克思論太平天國革命), 『社會發展學說史敎學大綱』 등이 있다. 그는 1949년 10월에서 1952년 8월까지 사상개조운동이 일단락되자, 1952년 전국적인 대학 조정에 따라서 같은 해 10월 하순에 모교 북경대학 철학과로 돌아와 1964년까지 교수직을 맡는다.

북경대학 재직 중 먼저 1952년에서 1958년까지가 中國哲學史敎硏室(책임자 馮友蘭, 비서 朱伯崑) 활동기이다. 이 기간 동안 1953년 최초 『戊戌維新思想述評』을 짓는다. 그러나 같은 팀 사이에서 康有爲, 梁啓超에 관한 평가와 상업 자본의 이론 문제로 장시간 논쟁이

---

76) 『朱謙之文集』, 第1卷, 「黃心川 · 序」, 福建敎育出版社, 2002, 3쪽.

야기되자, 이러한 분규를 피하기 위해서 사료 연구에 전념한다. 전후로 『中國哲學史提綱』, 『老子哲學』, 『老子校釋』, 『王充著作考』, 『李贄-16세기 중국 반봉건사상의 선구자』(李贄-16世紀中國反封建思想的先驅者), 『중국고대악률이 그리스에 끼친 영향』(中國古代樂律對于希臘之影響), 『新輯本桓譚新論』, 『中國哲學史史料學』, 『중국철학이 서구에 끼친 영향』(中國哲學對歐洲的影響)[77] 등을 저술한다. 1955년 문화유산 문제에 관하여 胡適과 양수명을 비판하는 글인 『호적의 국고학 비판』(批判胡適的國故學), 『양수명의 민수주의사상 비판』(批判梁漱溟民粹主義思想)을 지음은 물론, 1957년 반우파투쟁 시에는 『우파분자 진공의 단호한 반격』(堅決反擊右派分子的進攻)과 『반우파투쟁의 역사의의』(反右派鬪爭的歷史意義)이라는 글을 발표하기도 한다.[78]

1958년 이후에는 동방철학사 방면의 연구에 들어가 많은 연구생과 청년학자 들을 길러낸다. 당시 아시아, 아프리카, 라틴 아메리카 각국의 사상 동태를 이해하여 문화 교류의 촉진을 기함과 동시에 동방 각국 민족해방운동의 투쟁을 지지하기 위해서 동방철학사연구는 그 현실적 의의가 있었다. 과학원은 동방철학사연구의 중요성을 제기하여 이 임무를 북경대에 부여하였다. 이에 주겸지는 일본철학사의 연구에 착수한다. 그는 자료가 축척되고 흥미가 진작됨에 따라서 『일본의 주자학』(日本的朱子學), 『일본의 고학 및 양명학』(日本的古學及陽明學), 『日本哲學史』를 저술해 발표한다. 특히 『일본의 주자학』과 『일본의 고학 및 양명학』은 마르크스·레닌주의 관점으로 일본철학을 연구하는 모범이 되었던 관계로 일본 학자들의 높은

---

77) 이 책은 1940년 상무인서관에서 출판한 『中國思想對于歐洲文化之影響』을 마르크스·레닌 사상을 지도 이념으로 하여 보완하고 수정한 것이다.

78) 『朱謙之文集』, 第1卷, 「世界觀的轉變」, 福建敎育出版社, 2002, 178~179쪽.

평가를 받았다. 또한, 본인이 편주한『日本哲學史料』, 東方哲學史組 명의로 발표된『日本哲學』二冊(古代 부분과 德川時代 부분), 그리 고 일문으로 발포된『朱舜水 – 중국의 소박한 유물주의를 일본에 전 해준 좌명말의 학자』(朱舜水 – 中國の素朴的 唯物主義 日本に伝え左 明末の學者),『空海와 漢文學』(空海と 漢文學) 등의 저술이 있다. 이 후 東方哲學史敎硏組가 성립되어 많은 청년학자들의 도움으로 동방 철학사의 연구에 더욱 적극성을 가짐으로써, 일본철학 외에도 인도, 아라비아, 조선 각 나라의 철학사료 수집에 주의를 기울였다. 한편, 눈길을 끄는 것은 그가 길러낸 두 명의 외국인 연구생 중 그 한 명 이 남한에서도 잘 알려진 북한학자 鄭聖哲이라는 사실이다.(또 한 명은 체코슬로바키아인 T. Pokora이다) 그는『정주학이 조선에 끼 친 영향』(程朱學對于朝鮮的影響)이란 연구 제목으로 주겸지에게 지 도를 받고서 귀국한 다음 조선과학원철학연구소의 소장에 취임한 다. 정성철은 다른 학자와 공동 집필한『조선철학사』란 저서가 있 는데, 이것은 일어와 러시아어로 각각 번역되기도 했다.[79]

1964년 북경대학 동방철학사교연조 전체 인원이 중국과학원철학 사회과학부로 병합되어 세계종교연구소가 조직된다. 주겸지도 이곳 으로 자리를 옮겨 1964년에서 1970년까지 연구원 직을 맡는다. 세 계 종교를 대상으로 그는 주로 집에서 학습과 연구를 진행했다.[80] 당시 이미 중병을 얻어 어떤 때는 침상에서 일어나지 못한 적도 있 었지만 여전히 저술 활동과 종교학 연구에 진력하였다.[81] 누카리야 카이텐(忽滑谷快天)의 저작인『禪學思想史』와『朝鮮禪敎史』를『中 國禪學思想史』(『禪學思想史』 중 中國 부분)와『韓國禪敎史』로 각각

---

79) 앞의 책, 179~180쪽.
80) 앞의 책, 181쪽.
81) 앞의 책,「黃心川・序」, 2쪽.

52

번역함[82])은 물론 『中國景敎』를 완성한다. 1972년 뇌출혈로 애석하
게도 생을 마감한다. 그때 그의 나이 73세였다. 이상을 표로 정리해
보면 다음과 같다.

---

82) 그는 중국 禪宗이 중국에서 조선과 일본 그리고 당시 歐·美로 전파되어
뜻밖에도 일세를 풍미하고 있음을 알고서 이에 관심을 쏟기 시작한다.(앞
의 책, 「世界觀的轉變」, 181~182쪽.) 그가 선종 저작을 번역하게 된 목적
은 향후 『禪學史』를 쓰기 위한 준비 작업으로 보인다. 하지만, 끝내 이 염
원을 실현하지 못한 채 타계하고 만다.(『朱謙之文集』, 第9卷, 「韓國禪敎
史·黃心川 序」, 354쪽.)

(後期) 마르크스·레닌주의 수용 시기

		저 작	주의	연구문제	사상 경향	연 대
後期 ― 마르크스 · 레닌주의 수용 시기	제1시기	『辨證唯物論與歷史唯物論敎學大綱』 『實踐論-馬克思主義辨證認識論底新發展』 『實踐論-開闢了新歷史認識論的門徑』 『中國哲學輸入歐洲是辨證唯物論底重要源泉之一』 『馬克思論太平天國革命』 『社會發展學說史敎學大綱』	변증유물주의 · 역사유물주의	1. 마르크스·레닌주의와 모택동사상 2. 변증유물주의와 역사유물주의 3. 사회발전학설사	계급투쟁적	중산대학 ― 사상개조 운동시기 (1949~1952)
	제2시기	『戊戌維新思想述評』 『中國哲學史提綱』 『老子哲學』 『老子校釋』 『王充著作考』 『李贄-16世紀中國反封建思想的先驅者』 『中國古代樂律對于希臘之影響』 『新輯本桓譚新論』 『中國哲學史料學』 『中國哲學對歐洲的影響』 『批判胡適的國故學』 『批判梁漱溟民粹主義思想』 『堅決反擊右派分子的進攻』 『反右派鬪爭的歷史意義』		1. 사료의 연구 2. 문화유산 문제 3. 반우파투쟁과 雙反운동		북경대학 ― 중국철학사 교연실시기 (1952~1958)
	제3시기	『日本的朱子學』 『日本的古學及陽明學』 『日本哲學史』 『日本哲學史料』 『日本哲學』 二冊(古代之部: 德川時代之部) 『朱舜水-中國の素朴的唯物主義日本に伝え左明末の學者』 『空海と漢文學』		1. 동방철학사 연구 2. 일본철학사 연구 3. 인도, 아라비아, 조선 각국의 철학사료 수집		북경대학 ― 동방철학사 교연조 전후 시기 (1958~1964)
	제4시기	『中國禪學思想史』(譯書) 『朝鮮禪敎思想史』(譯書) 『中國景敎』		1. 세계 종교 2. 중국 선종과 전파 3. 중국 기독교		중국과학원 철학사회과학부 세계종교연구소 ― 연구원 시기 (1964~1970)

54

지금까지 살펴보았듯이 주겸지의 학문적 성취는 극히 컸던 까닭에 철학자, 역사학자, 동방학자, 문화학자, 종교학자, 중외사상문화비교학자 등 다방면으로 불린다. 그의 학문 세계의 방대함은 역사, 철학, 문화, 문학, 음악 희극, 고고, 정치, 경제, 종교, 중외교통문화관계에 이르기까지 그의 손길이 미치지 않은 분야가 없을 정도이다. 그 가운데 일부 영역은 오늘날까지도 여전히 개척성이 매우 강한 연구 분야에 속한다. 그래서 사람들은 그를 백과전서식 학자라 부르기도 한다. 그러나 그는 이 모든 분야에 걸쳐서 시종일관 매우 엄격하고 빈틈없는 학문 태도를 견지하고 있다. 黃心川에 따르면 매번 책을 읽을 때에는 반드시 주필로 권점을 찍고 필요한 내용은 끊임없이 초록을 하였다고 한다.[83] 특히 영어, 불어, 독일어, 일어 등 각 나라의 언어에 능통하여 국외의 학술 경향에 큰 관심을 기울였다. 그가 중국학계에서 새로운 연구 영역을 개척할 수 있었던 것은 국외의 연구 성과를 빠르게 흡수하고 소화해내어 세계 학술 연구의 조류를 놓치지 않았기 때문이다. 이미 앞에서 언급했다시피 그는 하문대학, 기남대학, 중산대학, 북경대학에 교수로 재직하면서 수많은 후진을 양성했으며 일생 동안 많은 적작을 남겼다. 대략적 통계에 의하면 평생에 걸쳐서 그는 전문 저작 42권, 번역서 2권, 논문 100여 편을 저술했다고 한다. 더욱이 중국이 개혁・개방 정책을 편 이후에도 그의 저작 가운데 17권이 다시 출판되는 등 그의 저서들은 지금까지도 여전히 후배 학자들이 뛰어넘을 수 없는 고전으로 평가됨은 물론 21세기 새로운 사상과 문화 패러다임의 창출이라는 차원에서 빈번히 인용・연구되고 있다.

그의 주요 연구 성과물의 가치와 대외 평가를 보면 다음과 같다.

---

83) 朱謙之, 「黃心川・序二」, 『中國哲學對歐洲的影響』, 河北人民出版社, 1999, 3쪽.

『혁명철학』,『무원철학』,『한 유정론자의 우주관과 인생관』은 모두 중국 현대사에 있어서의 '5·4사조'를 연구한 대표작 및 기본 자료들이다. 그의『역사철학』과『문화철학』은 중국 최초로 출판된 매우 특색 있는 철학 서적이라 할 수 있다.『문화철학』에서 그는 "미래의 철학은 마땅히 문화사의 철학, 바꾸어 말해서 문화철학이 될 것이다."라고 예견하였다. 이 관점은 현대에 와서 이미 실증된 사실로서 현행 세계 연구 풍토에 있어서 인문 요소를 강조하는 추세는 철학 연구의 하나의 중요한 방향을 이루고 있다. 그의『노자교석』은 판본의 풍부한 수집으로 인해 모스크바에서 열린 세계한학자회의에서 최적의 연구 저작으로 평가받는 영예를 안았다. 그리고『일본의 주자학』,『일본의 고학 및 양명학』은 마르크스·레닌주의 관점으로 일본철학을 연구하는 모범이 되었다. 특히 40년 동안 애써 노력하여 끊임없이 개정했던『중국사상이 서구문화에 끼친 영향』은 중·서방 철학사상교류에 관한 대표적인 저작으로서 지금까지도 철학계에서 그 칭송의 소리가 끊이지 않고 있다. 또한 그가 쓴『중국고대악률이 그리스에 끼친 영향』,『중국음악문학사』는 음악문학사 연구의 開祖 저작이다. 『扶桑國考』(『哥倫布前一千年中國僧人發現美洲說』)는 최초로 남미 대륙과 중국과의 관계를 제기한 것으로 국제 학술계의 광범위한 논쟁을 불러일으켰다.『중국경교』는 가장 새롭고 연구의 깊이가 가장 심도 있으며 篇幅 역시 가장 많은 초기 중국 기독교사의 전문 저작으로서 지금에 와서도 그보다 나은 것이 없을 정도이다.

거듭 덧붙이자면, 주겸지는 자신의 기득권을 지키기 위한 학문 활동이나 시대착오적 학문 과오를 고집하지 않았다. 투철한 현실 인식을 바탕으로 시대적 이상을 자신의 학문 연구에 충실히 반영함으로써 이론과 실천을 모두 놓치지 않았다. 그는 항상 국가와 민족의 장래를 걱정함과 동시에 새로운 시대의 도래를 꿈꾸며 혁명적 철학으로 일관하였다. 어떠한 악조건 속에서도 가르치고 배우는 일에 끝없이 분투노력했던 그의 학자적 면모는 국가와 민족을 초월하여 학자상과 스승상의 보편적인 전범이 아닐 수 없다. 이런 그를 두고 황심천은 "주겸지는 세계적으로 명성을 떨친 학자일 뿐만 아니라 또한 덕행이 고결한 웃어른으로서, 그는 국내외의 수많은 학자들을 진지하게 가르쳐 전심전력으로 양성해냈다."[84]라 평했다. 뿐더러 黃夏年은 "주 선생은 엄하게 자신을 다스리고 너그럽게 남을 대했으며 인재를 아끼고 보살필 줄을 알았다. 그야말로 선생은 겸허하고 온화하며 진실하고 순후한 웃어른이었음은 물론 誨人不倦하는 스승이었다."[85]라고 그를 기리고 있다. 특히, 九旬을 넘긴 저명한 학자 張岱年은 주겸지에 관해서 "사람됨이 정직하고 품행이 올곧으며, 定見없이 시대 조류에 좌우되거나 세속을 쫓아 부침하지 않았고, 바른 기운은 위엄이 있어 사람을 경복시켰다!"(爲人正直, 作風正派, 不隨波逐流, 不隨俗浮沉, 正氣凜然, 令人敬佩!)라는 말을 남겨 주목을 끈다. 더욱이 귀중한 문화유산으로 평가받고 있는 그의 백과전서적 저술과 신세계를 염원하는 그의 혁명철학은, 과거 강권주의의 지배 논리적인 충효관념론과 일제황국식민화·반공이념이로서의 형이상학적 방법론의 잔영이 아직도 짙게 드리워져 있는 지극히 복고적인 한국의 동양학계[86]에, 향후 중국의 대륙학 및 대

---

84) 『朱謙之文集』, 第1卷, 「黃心川·序」, 福建敎育出版社, 2002, 5쪽.

85) 黃夏年 編, 「前言 – 朱謙之先生的學術成就與風範」, 『朱謙之選集』, 吉林人民出版社, 2005, 13쪽.

86) 양재혁, 「박종홍과 그의 皇國철학」, 『박종홍철학비판』, 비판철학회 제1회 학술발표 자료집, 서울, 비판철학회, 2002, 7~28쪽; 양재혁, 「황도유교비판 –유교의 宗敎化에 대하여–」, 『황도유교비판』, 비판철학회 제2회 학술발

륙학자에 대한 새로운 모색이라는 차원에서 그것은 풍부한 학술적 자료라는 가치 말고도 동양학의 현대화적 의미로서의 신선한 충격과 활력임에 틀림없다.

2. 『문화철학』의 배경

1) 중국의 문화논쟁

20세기를 전후한 중국의 역사는 반제국주의, 반봉건을 목표로 한 민족 혁명의 과정이었으며 정치·사회 혁명의 과정이었다. 아편전쟁은 중국을 식민지화하려는 제국주의적 침탈행위의 신호탄이었다. 즉, 영국 군함의 포화로 상징되는 서양의 충격(western impact)이 중국의 天朝的 체제를 크게 동요시켜 중국의 근대를 개막시켰던 것이다.[87] 당시 지식인들은 제국주의의 침략과 더불어 밀어닥친 서양 문화의 충격과 정치·경제적 위기를 문화의 위기로 규정하고, 문화적 변혁을 통해서 중국의 위기를 극복하는 해법을 찾았다.[88] 왜냐하면, 서구의 제국주의 침략은 단순히 정치·군사·경제적인 패배와 굴욕으로 그친 것이 아니라, 중국의 전통 문화 자체에 대한 도

표 자료집, 서울, 비판철학회, 2004, 1~13쪽: 김원열, 「皇道 儒教의 사유체계와 방법론적 문제점에 대한 비판 -관념적 사유체계와 형이상학적 방법을 중심으로-」, 『황도유교비판』, 비판철학회 제2회 학술발표 자료집, 서울, 비판철학회, 2004, 14~33쪽, 각각 참조.
87) 後藤其巳, 「근대의 사상」, 『중국사상사』, 이론과 실천, 1996, 337쪽.
88) 崔洪植, 『梁漱溟의 文化哲學에 관한 硏究』, 成均館大 大學院 博士學位論文, 2002, 3쪽.

전이란 의미에서 문화사적 위기를 파생시켰기 때문이다. 이렇듯이 중국 근대는 제국주의의 침략과 지배, 半식민지·半봉건성의 심화와 그로 인해 야기되는 민족주의의 위기를 그 본질로 한다. 따라서 '중국을 어떤 방향으로, 어떤 방법으로 개혁해야 할 것인가?'하는 것이 당시 지식인층의 공통된 문제의식이었다.[89] 양무운동, 무술변법, 신해혁명, 5·4운동[90] 등의 형태가 바로 이러한 문제의식하에 표출된 근대화운동들이다.

그러나 모든 것은 5·4로부터 시작된다고 했던 이택후의 말처럼 중국현대사의 기본 문제는 5·4까지 거슬러 올라가며, 사상, 문화와 의식 형태의 영역에서는 더욱 그러하다.[91] 사실 5·4신문화운동은 이전의 근대화운동과는 근본적으로 그 성격을 달리한다.[92] 아편전

---

89) 김제란, 「서양의 도전에 대한 동양의 응답」, 『역사 속의 중국철학』, 예문서원, 2000, 395쪽.

90) 5·4운동이라는 명명 속에는 다음의 두 가지 내용이 포함되어 있다. 1919년 반일항쟁을 중심으로 한 사건으로서의 5·4운동과 1915년 『신청년』 창간과 함께 시작되어 그로부터 대략 10여 년 동안 지속된 중국 문화 전반에 대한 재고찰이 시도된 사상혁명으로서의 5·4운동이 그것이다.(문선영, 「복류로 흐르는 '또 하나의 5·4': 양수명의 문화론」, 『오늘의 문예비평』, 2001, 148쪽〈주 5〉.) 본 연구에서는 후자의 의미임을 밝혀둔다.

91) 李澤厚, 『中國現代思想史論』, 安徽文藝出版社, 1994, 53쪽; 1979년 제11기 3중 전회를 기점으로 시작된 문화연구 붐(Boom), 즉 文化熱 역시 5·4운동의 부활로 평가된다. 5·4시기가 무력을 앞세운 우세한 서구 자본주의 문화와 중국 봉건 문화의 충돌이었고 개혁개방 당시의 단계가 경제력을 앞세운 우세한 서구 자본주의 문화와 중국 사회주의 문화의 충돌이지만 양 시기 모두 중국 지식인들에게 총체적인 반성을 일으켰다는 점에서 유사성을 갖는다. 역사적으로도 5·4를 통해 상이한 현실 인식을 갖는 다양한 학파의 철학이 생겨났고, 개혁개방 당시의 문화열 역시 그 맥을 이어 다양한 논의를 만들어갔다. 양 시기 지식인들의 고민은 중국 전통 문화와 서방 문화를 어떠한 기준으로 평가할 것이며, 이를 바탕으로 어떻게 현대화된 중국을 세울 것인가이다. 문화열을 이끌었던 논쟁의 축은 유학부흥론, 비판계승론, 서체중용론, 철저재건론 등이다.(김교빈, 「문화열과 현대중국」, 『현대중국의 모색』, 동녘, 1994, 9~22쪽.)

쟁 이후 당시 중국인들은 서양인의 막강한 군사력과 물질적 부강을 과학 기술에 의한 것으로 여겼으므로, 과학 기술의 수용으로 중국 인들은 서양과 대등한 물질문명을 건설할 수 있으리라고 생각하였 다. 과학은 어떤 형이상학이 아닌 기능 혹은 수단으로 인식되었기 때문에 어떤 관념이나 신앙, 가치 체계와도 결합될 수 있고, 새로운 가치를 창출할 수 있을 것이라고 믿었다.93) 그러나 19세기 말에 이 르러 청일전쟁을 치른 다음 중국인들은 점차 전통적 가치 체계와 과학 기술 사이에 심각한 괴리감을 느끼기 시작했다. 이제 더 이상 과학을 수단이라고 여기지 않고 일종의 인식 방법, 즉 가치 체계나 사회의식 형태로 보게 되었던 것이다.94) 결국 과학은 민주와 더불 어 5・4시기 지식인들의 중심 문제로 부각되어 "打倒孔家店!"이라 는 구호와 함께 전통 즉 낡은 유가 도덕에 대한 철저한 타도와 전 반적인 서구화를 주장하기에 이른다.

  1915년 상해에서 『青年雜誌』가 창간되었다. 제2호부터 『新青年』으 로 이름이 바뀌어 널리 알려진 그 잡지는 근대 중국에서 발생한 신 문화운동의 출발을 알리는 상징이었다.95) 진독수, 이대조, 호적이 중

---

92) 근대 초 이래 중국 학술(中學)은 舊學, 서양 학술(西學)은 新學으로 불리 면서, 특히 엄복이 중학과 서학을 상세하게 비교한 이래 중국에서는 이러 한 비교를 통하여 중국 학술 전반에 대해 회의를 가지는 비판 정신이 크 게 고조되어 있었다. 그러다가 서학, 신학을 중학에 접목시키려는 장지동 의 '중국 학술을 체로 하고, 서양 학술을 용으로 한다.'(中學爲體, 西學爲用) 는 주장이 대세를 이루었다. 그러나 5・4신문화운동은 이러한 경향을 일소, 오로지 서학에 의한 救國을 주장하는 전반서화론을 크게 주창하였다.(유흔 우,「현대신유학과 과학파의 논쟁」,『현대신유학연구』, 1994, 138쪽.)

93) 박낙규・김백균,「현대신유학의 성립과 그 의의」,『서울대학교인문론총』 제47집, 2002, 106쪽.

94) 앞의 책, 107쪽.

95) 금장태・이용주,「중국의 근대와 유교비판, 그리고 전통의 계승」,『서울대 학교인문론총』제47집, 2002, 128쪽; 1915년 9월 진독수는 『청년잡지』를

심이 된 이 5·4신문화운동은 서구적 근대를 모델로 삼아, 그것을 중국 문화에 이식하고 중국의 근대화를 달성하는 것을 목표로 했다. 신문화운동의 주창자들은, 그들이 모델로 삼았던 서구적 근대의 내실이 민주적 제도와 그것을 뒷받침하는 민주적 정치 이념, 과학 기술과 그것의 근거가 되는 과학 정신, 두 가지 요소로 이루어져 있다고 이해한다. 그들은 두 요소를 德 先生(democracy)과 賽 先生(science)이라고 부르며 신문화운동의 모토로 삼았다.96) 이들은 동서 문화의 이질성을 동일한 노선상의 속도 차이로 인식하였고, 발달된 근대 문화로써 낙후된 고대 문화를 대체해야 한다고 주장하였다.97)

그러나 5·4시기 이러한 전반적인 서구화를 주장했던 서화파(진보파)의 태도는 보수파(국수파)들의 완강한 저항에 부딪히게 된다. 제1차세계대전과 러시아 혁명의 성과, 제국의 침략과 민족자결의 요구 등은 중국 지식인으로 하여금 제국주의와 서구 근대 문명에 대한 인식을 새롭게 하는 계기가 되었다.98) 특히, 1차대전 발발의 근본 원인을 기계론적 세계관으로 돌리는 관점에서 전통주의자들은 과학만능주의를 공격하는 근거를 찾았으며, 전통 가치에 대한 믿음

창간하여 실제로 발간사나 다름없는 「청년에게 삼가 고함」(敬告靑年)이라는 글을 발표한다. 그는 여기서 중서 문화를 대비하는 방식으로 여섯 항에 걸쳐 각종 전통 관념을 규탄하고 있다. 이를테면, ① 노예적이 아니라 자주적이어야 한다. ② 보수적이 아니라 진보적이어야 한다. ③ 퇴보적이 아니라 진취적이어야 한다. ④ 쇄국적이 아니라 세계적이어야 한다. ⑤ 허식적이 아니라 실리적이어야 한다. ⑥ 공상적이 아니라 과학적이어야 한다. (李澤厚,『中國現代思想史論』, 安徽文藝出版社, 1994, 12쪽.)

96) 금장태·이용주,「중국의 근대와 유교비판, 그리고 전통의 계승」,『서울대학교인문론총』 제47집, 2002, 129쪽.

97) 박낙규·김백균,「현대신유학의 성립과 그 의의」,『서울대학교인문론총』 제47집, 2002, 107쪽.

98) 문선영,「복류로 흐르는 '또 하나의 5·4': 양수명의 문화론」,『오늘의 문예 비평』, 2001, 149쪽.

을 돈독히 하였다.[99] 이들은 주로 『東方雜誌』를 중심으로 활동했다. 여기서 전개된 문화론은 문화의 민족성과 다원성이 중시되었으며, 중국 문화 중심으로 서양 문화를 융합시키는 동서문화조화론이 주장되었다.[100] 그리하여 두 진영 사이에는 동서 문화의 본질과 차이 문제를 두고 1915년의 창간 이후부터 1927년까지 근 10여 년 동안 강렬한 논쟁이 계속되었다. 전자의 진보적 인물들은 주로 마르크스주의자로 변모해갔고, 후자는 동방 문화 본위파 및 현대 신유가로 변화해갔다.[101]

사실 문화철학의 발흥은 15세기부터 시작된 근대화 추세와 그 뿌리를 같이한다. 세계 각 민족의 근대화 과정에서 나타났던 과학과 가치의 충돌, 역사적인 것과 윤리적인 것의 충돌 현상이 마치 선과 악이라는 이율배반처럼 인간의 사회와 문화 심리에 반영되어 인간의 내면에 심각한 모순을 형성했으며, 이러한 모순을 해결하기 위해서 문화철학의 연구가 필요했다.[102] 20세기 초 중국 근대화 과정에서도 예외는 아니었다. 그 대표적인 것이 바로 앞에서 살펴본 5·4신문화운동에 의해 촉발된 '동서문화논쟁'[103]이며, 동시에 1923

---

99) 박낙규·김백균, 「현대신유학의 성립과 그 의의」, 『서울대학교인문론총』 제47집, 2002, 108쪽.

100) 문선영, 「복류로 흐르는 '또 하나의 5·4': 양수명의 문화론」, 『오늘의 문예 비평』, 2001, 150쪽.

101) 김제란, 「서양의 도전에 대한 동양의 응답」, 『역사 속의 중국철학』, 예문서원, 2000, 396~397쪽: 진보파는 초기 마르크스주의자인 진독수, 이대조, 전반 서화파인 호적, 과학파인 정문강, 그 외 자유주의, 무정부주의에 속하는 인물들이 해당되고, 보수파는 강유위, 엄복 등의 복고주의파와 두아천, 양계초, 양수명, 장군매 등의 동방문화파 등이 해당된다.(앞의 책, 396쪽〈주1〉.)

102) 崔洪植, 『梁漱溟의 文化哲學에 관한 硏究』, 成均館大 大學院 博士學位論文, 2002, 1쪽〈주 2〉.

103) 郭湛波는 동서문화논쟁을 다음과 같이 설명한다. "일반적으로 신진사상가들은 '민주'와 '과학'을 옹호하여 서양의 문화를 환영하였다. 胡適, 吳稚暉

년의 과학과 인생관 논쟁 즉 '科玄논쟁'[104) 역시 그 동일선상에 있
었다. 이 두 논쟁 중 특히 동서문화논쟁은 주겸지의 『문화철학』속
에서도 상당한 문제의식으로 작용하고 있다.

등이 이 파를 대표한다. 동시에 반대론자들은 梁任公, 梁漱溟 등이 그 대
표가 되겠는데 서양 문화를 반대하여 중국 문화를 옹호하였다. 그들은 서
양 문화는 물질적이고 중국 문화는 정신적이라고 말한다. 때문에, 호적은
모두 西를 향해서 가자고 구호를 외쳤고, 양수명은 모두 東을 향해서 가
자고 구호를 외쳤다."(郭湛波, 『近五十年中國思想史』, 山東人民出版社,
1997, 229~235쪽.)

104) 과현논쟁 역시 5·4운동에 그 발단을 두고 있다. 즉 신문화운동의 주창자
들은 서양의 근대 과학을 기본적인 정신과 태도, 방법으로 삼아 중국인을
개조하고 중국 민족의 문화 심리 중에 주입시키고자 하였다. 바로 이러한
배경하에 1923년 과현논쟁이 폭발하였다. 김제란은 과현논쟁에 대해 다음
과 같이 정리하고 있다. 즉, "과학과 형이상학 논쟁은 과학과 형이상학의
관계를 놓고 과학파와 현학파로 나뉘어 논쟁한 것이다. 현학파는 기본적
으로 자유의지적 인생관에 근거해 있고, 과학파는 과학적 인생관에 근거
해 있다. 현학파에 따르면, 인생관은 절대 통일될 수 없고 변화하는 것이
며 살아 있는 것(活) 자체이다. 이것은 세계를 '본체와 작용의 일치'라는
방식으로 이해하고 있는 송명 성리학의 전통에 서 있는 것이다. 거기다
철학과 과학의 영역을 구분하여, 가치 세계는 다만 철학의 영역일 뿐 과
학은 아무런 도움도 되지 못한다고 주장한다. 이러한 이원론은 철학과 과
학의 영역을 구분하여 과학파의 과학만능주의에 대항하려는 논리적 기초
를 구성한다. 이에 대하여 과학파는 인생관은 경험으로 환원할 수 있으므
로 인과율에 지배받는다는 점을 강조한다. 따라서 과학적 방법, 과학적
태도, 과학 정신에 기초한 과학적 인생관을 성립시켜야 함을 주장한다.
과학파는 현학파의 주장이 본체론이라는 '검증 불가능한 영역'으로 도망
치는 것이라고 규정하고, 형이상학적 본체론을 부정하였다. 우리는 감각
범위 밖에 있는 어떠한 정신 실체나 물질 실체에 대해서 알 수 없으며,
따라서 증거를 제시할 수 없는 본체론은 모두 일종의 신앙·교조에 불과
한 것이라고 정면으로 비판하였다."(김제란, 『熊十力 哲學思想 硏究』, 고
려대학교 대학원, 2000, 3~4쪽.) 자세한 내용은 李澤厚, 『中國現代思想史
論』, 安徽文藝出版社, 1994, 53~68쪽; 郭湛波, 『近五十年中國思想史』, 山
東人民出版社, 1997, 235~244쪽; 유흔우, 「현대신유학과 과학파의 논쟁」,
『현대신유학연구』, 동녘, 1994, 138~153쪽; 전호근, 「과학주의의 현대신
유가 비판」, 『현대신유학연구』, 동녘, 1994, 154~172쪽, 각각 참고.

2) 저술 배경 – '문화계획'

이상 살펴본 바에 의하면 중국 근대는 '문화철학'의 시대라고 할 수 있다. 1932년(민국 21년) 주겸지의 『문화철학』 역시 5·4신문화운동 이후 중국에서 축적된 일련의 문화 논의를 기반으로 한 것이다. 이것은 당시 국가와 민족의 시대적 위기를 문화 문제를 가지고서 그 해결점을 찾고자 한 시도였다. 한편, 그의 『문화철학』이 이루어질 즈음의 학계 상황을 보면 동서문화논쟁의 여운이 채 가시지 않은 상태였다. 즉, 1927년(민국 16년) 李大釗는 『言治』에 「동서 문명의 근본적인 차이점」(東西文明根本之異點)을 발표했고, 陳獨秀는 『新靑年』 제1권에 「동서 민족 근본사상의 차이」(東西民族根本思想之差異)를 발표했다. 그 이후 국민들은 점점 동서 문화 문제에 관심을 가지기 시작하여, 『學藝』, 제3호에는 가네코 우마지(金子馬治)가 강연한 「동서 문명의 비교」(東西文明之比較, 屠孝實이 기록한 것임)가, 『東方』 제14권에는 傖父의 「전후 동서 문명의 조화」(戰後東西文明之調和)가, 그리고 제15권에는 일본 잡지의 「중서 문명의 판정」(中西文明之評判)이란 글이 번역되어 각각 실렸다. 아울러, 『新潮』 제3권에는 馮友蘭의 「동서 문명의 비교관」(東西文明之比較觀, 이것은 인도 타고르와의 담화를 기록한 것임)이 발표되었다.[105]

그런데 무엇보다도 가장 영향이 컸던 것은 1921년(민국 10년)에 梁漱冥이 강의한 『동서 문화 및 그 철학』(東西文化及其哲學)이란 글일 것이다. 양수명은 이 책을 통해서 5·4신문화운동을 전후해 시작된 동서문화논쟁과 문화변혁에 대한 열기를 본격적으로 철학의 영역으로 이끌어 들였다.[106] 출판 이후, 찬·반 어느 쪽 할 것 없이

---

105) 『朱謙之文集』, 第6卷, 「文化哲學」, 福建敎育出版社, 2002, 245쪽.

106) 崔洪植, 『梁漱溟의 文化哲學에 관한 硏究』, 成均館大 大學院 博士學位論

모두 이 책으로 인해서 문화 문제에 관한 토론이 환기되었다. 주겸지 역시 양수명이 말한 것이 자신의 문화철학의 출발을 위한 길잡이임을 인정한다.[107] 그러면서도 양수명이 토론한 것은 여전히 지엽적인 동서 문화 문제에 불과할 뿐, 근본적인 데서 착상하여 동서 문화를 비교한다거나 가장 절박한 문화 문제를 토론하지는 못했음은 물론, 동서 문화 문제는 단지 문화 문제 중의 한 부분임을 알지 못했다[108]고 비판한다. 즉, 문화철학으로 그 뼈대를 삼지 않는다면 이른바 동서 문화 문제는 여전히 해결할 방법이 없다는 것이다.

주겸지에 따르면 문화로부터 착안해보면 철학은 모든 지식의 총체이고 학문의 나침반임은 물론 다른 측면에서 보면 혁명의 지도자라고 했다.[109] 그는 미래의 철학은 마땅히 문화사의 철학, 다시 말해서 문화철학이 될 것[110]이라고 예견하면서, 현대의 철학 추세와 그 본분을 다음과 같이 서술하고 있다.

"현대의 철학 추세는 이미 관념론도 유물론도 아니다. 그것은 비교적 큰 涵蓋性을 지니는 문화론 즉 문화철학의 경향인 것이다. 종전의 순수철학이 토론한 무슨 본체 문제라든지 인식론의 문제 등 이러한 것들은 실제 생활과는 별로 관계가 없는 철학사상이다. 비록 이전에 극히 위치를 점하고 세력을 떨쳤다고 하더라도, 현대의 더욱 절실하게 필요한 것은 이내 문화 문제를 해결하는 것이다."[111]

文, 2002, 3쪽.
107) 『朱謙之文集』, 第6卷, 「文化哲學」, 福建敎育出版社, 2002, 245쪽.
108) 앞의 책, 「文化哲學·序」, 237쪽.
109) 앞의 책, 238쪽.
110) 앞의 책.
111) 앞의 책.

주겸지는 철학 분야뿐만 아니라 현대의 학술계 즉 역사학, 사회학, 교육학을 막론하고 모두 이미 '문화주의'의 경향이라는 데 그 의견이 일치한다고 보았다. 이를테면, 철학적 측면에서는 문화철학으로, 역사학적 측면에서는 문화사로, 사회학적 측면에서는 문화사회학으로, 교육학적 측면에서는 문화교육학으로 각각 표현되는데, 그중에서도 특히 문화철학은 모든 문화학을 연구하는 데에 더욱이 하나의 가장 '종합'적인 인자가 된다고 했다. 무엇이 문화인가라는 이 질문에 철학은 근본적인 대답을 할 수 있기 때문에, 문화철학은 그 자신이 독특하게 철학 중에서도 가장 높은 지위를 차지한다고 그는 생각했던 것이다.112) 이렇듯이 문화 문제를 다룸에 있어서 철학을 통해서 근본으로부터 착상하여 하나의 근본적인 해결을 구하고자 한 전문적이고 체계적인 저작은 그의 『문화철학』이 단연 으뜸이 아닌가 한다.

한편, 앞 절에서 이미 논급한 대로 주겸지의 학문 세계에 있어서 『문화철학』의 위치는 마르크스・레닌주의 비수용 시기(1918~1949)의 마지막 학문 도달점이라 하겠다. 단지 하루를 살더라도 그 하루 동안은 문화를 위해서 힘쓸 것113)이라고 했던 말에서 확인할 수 있듯이 그는 문화 연구에 대한 강한 의욕과 소신을 가지고 있었다. 주지하다시피 그의 사상 형성은 투철한 현실 인식에서 비롯된다. 이 『문화철학』의 집필 배경 역시 그 연장선에 있었다. 당시 중국의 위기 상황, 특히 9・18사변114)의 발생은 그로 하여금 중국을 구하고자 한다면 모름지기 근본적으로 문화로부터 착수해야 하며, 민족이 부흥하지 못한 이유는 문화가 부흥되지 않은 데 있다고 뼈저리

---

112) 앞의 책, 243쪽.
113) 앞의 책, 「文化哲學・後序」, 389쪽.
114) 1931년 9월 18일 柳條溝事件으로 비롯된 일본군의 만주 침략 전쟁.

게 느끼게 했다.[115] 이처럼 외세 침입으로부터 나라를 보호하고자
하는 救國의 정신이 바로『문화철학』을 집필하게 된 직접적인 동기
였던 것이다.

아울러, 孫中山이 '실업계획'을 했던 것처럼 제국주의 강권에 맞서
'문화계획'을 실행하여 민족 부흥의 근본으로 삼고자 했다.[116] '남방
문화운동'은 그것의 구체적인 실천이라고 하겠다. 즉, 남방문화운동
은 주겸지의 문화철학적 진리 정신에서 우러나온 최후의 구국적 메
시지인 것이다. 그에게서의 민족 문화 부흥이란 결국 중국 문화의
과학화로 귀결되는데, 이 과학화가 바로 민족 문화의 창조 즉 남방
문화의 창조 다름 아니다. 동시에 그는 남방 문화의 본질은 실제로
민족적 무산계급문화이고 제국주의에게는 혁명적 문화임을 강조한
다. 그는 말하기를, "비록 남방 문화가 아직 성숙한 상태는 아니지
만, 사실 미래 중국 흥망존속의 일대 관건이 아닐 수 없다. 만일 남
방에 희망이 없다면 중국 또한 희망이 없고, 우리들의 생존 노력은
모두 무의미한 것이나 다름없게 된다."[117]고 했다. 이처럼『문화철
학』을 집필하게 된 그의 가장 절실하고 절박한 의도는 남방문화운
동의 제창에 있었다고 해도 크게 틀리지 않는다. 그는『문화철학』
집필에 대한 최대 취지를「序」에서 다음과 같이 밝히고 있다. 즉,

"문화의 본질 및 그 유형을 설명하고, 종교, 철학, 과학, 예술 등 각
종 지식 생활에 대해서 모두 근본적으로 연구를 가한다. 또한 문화의
지리상 분포를 분석하여 중외문화관계와 본국 문화의 새로운 경향을
밝히고 미래의 세계 문화 건설을 모색하고자 한다. 가장 절실하고 절
박한 의도는 '남방문화운동'을 제창하는 데 있다."[118]

115)『朱謙之文集』, 第6卷,「文化哲學・後序」, 福建敎育出版社, 2002, 389쪽.
116) 앞의 책.
117) 앞의 책,「文化哲學・附錄」, "南方文化運動", 391쪽.

여기서 그가 문화의 지리상 분포를 분석하여 5·4신문화운동 당시 한때 첨예한 대립의 문제였던 동서 문화뿐만 아니라, 중국 남북 문화의 문제까지 토론하고 있다는 점이 특히 눈길을 끈다. 더 나아가서『문화철학』에서 제시한 문화 이론은 이후 이루어진『중국사상이 서구문화에 끼친 영향』(中國思想對于歐洲文化之影響),『扶桑國考證』,『比較文化論集』,『文化社會學』등 그의 일련의 문화 거작들의 이론적 기초가 된다. 그러므로『문화철학』을 깊이 있게 이해하지 않고서는 이처럼 그의 문화와 관련된 저작들과 항일전쟁 기간의 '남방문화운동'을 올바르게 이해하지 못하게 될 것이다. 그렇다면, 20세기 초 외세에 의한 중국 문화의 파산을 목도하면서 민족이 부흥하지 못한 이유는 문화가 부흥되지 않은 데 있다고 뼈아프게 절규하면서 뛰어든 '문화 계획', 이 문화 계획하에 이루어진 그 방대한 문화 저술들 속에서 그가 꿈꾸었던 미래의 이상 세계는 대체 무엇이었을까?

이 질문에 대답하고자 한다면,『문화철학』과 연결되어 있는 저작, 즉『문화사회학』,『문화교육학』을 관통하는 그의 문화 정신을 읽어 내야 한다. 이것은 본 연구를 통해서 충분히 드러나게 될 것이다. 다만, 여기서는 본 연구의 주제인『문화철학』의 보다 쉬운 이해를 위해서『문화사회학』과『문화교육학』의 내용을 잠깐 살펴보도록 하겠다.『문화사회학』은 사실『문화철학』과 자매서임과 동시에 속편이라고도 할 수 있다. 두 책은 동일한 태도, 방법, 체계하에서 이루어진 것이다. 다만,『문화철학』은 지식적 유형을,『문화사회학』은 사회적 유형을 분석·연구한 점이 다르다고 하겠다. 그는『문화사회학』에 이어 또 하나의 중요한 저서인『문화교육학』을 기획하여

---

118) 앞의 책, 「文化哲學·序」, 243쪽.

인격적 유형을 분석·연구하고자 했다. 그러나 이 책은 끝내 집필하지 못한 것으로 보인다. 단지 주겸지의 다음 말에서 그 내용을 대략 짐작할 수가 있다. 그는 말하기를,

"내가 오래도록 종사해온 '문화교육학'은 이후 계속해서 연구해야 할 문화과학의 하나의 목표이다. 더욱이 『문화사회학』의 결론은 '문화교육학'과 극히 밀접한 관계를 맺고 있다. 우리의 이상적 사회는 문화주의적 사회이다. 그러나 문화주의사회는 결국은 인격적 사회에 해당한다. 문화 인격의 새로운 유형은 문화 사회의 새로운 유형을 만든다. 이 때문에 문화 의지의 양성은 인격 교육의 목적이 된다. 문화 의지란 인간의 자연 의지로부터 벗어난 것이다. 인간은 반드시 자연 의지를 극복해야만 비로소 '문화 의지'를 창조할 수가 있다. 미래의 사회는 결코 원시자연주의자의 사회와 같지 않으며, 문화주의자의 사회가 될 것이다. '문화 의지'는 왕성한 기세로 인간을 향상·발전·양성시킴으로써 문화 세계의 위대한 사업에 참가케 하는데 이것이 바로 이른바 인격인 것이다. 현대 교육은 명목상 인격을 도야시킨다고 말하지만, 실제로는 인격을 손상시키고 경멸한다. 인격의 참뜻은 감정의 고양 속에, '자아'의 완전한 실현 속에, 특히나 '문화 의지'의 건립 속에 있는 것이다. 문화 의지가 건립될수록 문화 교육의 이상 사회는 더욱 쉽게 도달할 수가 있다. 그러므로 문화교육학의 목적은 바로 문화사회학의 목적이 되고, 문화사회학 연구의 종점은 바로 문화교육학 연구의 기점이 되는 것이다."[119]

주겸지는 이처럼 자신의 '문화철학'을 토대로 하여 궁극적으로 인류의 이상적 사회, 즉 문화주의적 사회를 꿈꾸었던 것이다. 그리고 전쟁으로 파괴되고 손상된 당시 인류의 인격을 새로운 유형인 '문화 의지'로 충만한 인격으로 개조함으로써, 군수자본주의문화의 현

---

[119] 앞의 책, 「文化社會學·後序」, 565~566쪽.

대 사회를 새로운 예술적 문화주의 사회로 탈바꿈시키려고 했다.
이로 볼 때, 그의 '문화 계획'하에 이루어진 『문화철학』이란 저작은
단순한 애국이나 애족적 차원에서 벗어나 인류의 자유와 평화를 실
현하는 인류애적 프로젝트였음을 알 수 있다. 이제 그 집필 취지에
맞추어 그의 '문화철학'의 진면목을 하나하나 자세하게 고찰해나가
도록 하겠다.

제3장 문화철학의 개념과 문화의 진화

1. 문화철학의 개념

1) '문화'란 무엇인가?

 유럽의 지배적인 언어 체계는 문화를 대체로 문명과 동일시한다.[120] 문화와 문명은 동의어 관계인 것이다. 앞에서 살펴보았듯이 헌팅턴 역시 문명과 문화를 엄격하게 구분하지는 않았으며, 문명을 "문화적 실체", "크게 씌어진 문화"로 파악함과 동시에, 문명과 문화를 모두 "사람들의 총체적 생활 방식"을 가리키는 개념 정도로 이해했다. 주겸지에게서의 문화(Kultur)와 문명(Civilization)의 개념은 분명한 선이 있다. 그의 문화와 문명의 구별점은 바로 '문화철학'과 '문화사회학'의 갈림길인 것이다. 그는 "문화란 현재 유행하는 가장 신성한 명사이다!"[121]라고 하면서, 문화에 대해 정확하게 그 뜻을 추정하지 않는다면 문화철학의 방향을 잡을 수가 없다고 반문한다. 그런 까닭에 그는 스스로 문화에 대한 해석을 시도한다. 그의 해석에 따르면,

 첫째, 문화란 '인류 생활의 표현'이다.[122] 이 말은 '문화'와 '인간'의 관계를 매우 분명하게 지적하고 있다고 하겠다. 생물계 중에서 단지

---

120) 크리스 젠크스 지음, 김윤용 옮김, 『문화란 무엇인가』, 현대미학사, 1996, 23쪽.
121) 『朱謙之文集』, 第6卷, 「文化哲學」, 福建敎育出版社, 2002, 247쪽.
122) 앞의 책.

인류만이 환경을 지배하고 문화를 창조할 수 있기 때문이다. 그는 이처럼 환경을 지배하는 생활 표현이 다름 아닌 문화라고 했다.

"문화란 사실 인류의 특수한 산물인 까닭에 단지 인류만이 문화를 보유하고 있다. 그러나 문화는 활동적인 것이지 죽어 있는 것이 아니다. 따라서 일반적으로 학자들이 말한 것처럼 그 환경에 대응하는 '총괄적인 성과'일 뿐만 아니라, 오히려 영원한 창조와 영원한 진화를 담지한 문화사라 하겠다. 나는 이에 더 나아가서 다음과 같이 말해도 무방하다고 생각한다. 즉, 인류 생활은 처음부터 문화적 생활이고, 인류 생활의 표현은 처음부터 문화사적 표현이라고 말이다. 간단히 말해서, 인류라는 틀 속에서는 문명 민족이든지 아니면 야만 민족이든지 막론하고 모두 자연스럽게 그 자신의 문화를 가지고 있으며 다만 문화적 정도만이 서로 다를 뿐이다."[123]

여기서 특히 눈에 띄는 부분은 "문명 민족이든지 아니면 야만 민족이든지 막론하고 모두 자연스럽게 그 자신의 문화를 가지고 있으며 다만 문화적 정도만이 서로 다를 뿐"이라고 한 그의 문화(문명)관은 '복수 문명'적 내지 '문화 다원주의'적 입장에 서 있음을 알 수 있다.

둘째, 문화란 인류 생활 각 방면의 표현이다.[124] 주겸지의 분석에 따르면, 많은 학자들은 '문화'와 '문명'을 분별하려고 했다. 중국에서는 胡適이 1926년(민국 15년) 『現代評論』(제4권, 제38기)에 「우리들의 서양 근대 문명에 대한 태도」(我們對於西洋近代文明的態度)라는 글을 발표하여 '문명'과 '문화'를 구별하고자 했다.[125] 張崧年은

---

123) 앞의 책.
124) 앞의 책, 248쪽.
125) 앞의 책, 245쪽; 호적은 여기서 "문명(Civilization)이란 어떤 한 민족이

『문화와 문명』(文明與文化)이란 글에서 이렇게 쓰든 저렇게 쓰든 근본적으로 어떠한 분별도 없다고 단안을 내린다. 이를테면, "문명과 문화란 중국의 문자와 언어 속에서는 대체로 '산학'이 '수학'과 같다는 식으로 이해했음을 알 수 있다. 다만 하나의 사물 중 두 이름이거나 하나의 학명 내지는 하나의 속명일 뿐이지 무리하게 그것을 다르다고 구별할 것까지는 없다. 어쩌면 기껏해야 '문화는 활동', '문명은 결과' 정도로 말할 수 있겠으며, 그리고 한 사물 가운데 두 가지의 견해에 불과한 것이다."[126]라고 했던 것이다. 주겸지는 이 말에 대해서 근본적으로는 동의하면서도 과학적 견지에서 명확하게 규정하자면 문화와 문명은 언어의 원의상에서 매우 큰 차이가 있음을 강조한다. 그는 요네다 소타로(米田莊太郎)의 책을 인용하여 다음과 같이 정리하고 있다.

① 독일어의 Kultur(文化)는 Civilization(文明)과 대치해서 말한 것이지만, 양자는 매우 차이점이 있다. 영국과 미국 및 프랑스, 이탈리아, 라틴 민족은 통상 Civilization이라는 말을 사용하며, 독일어의 Kultur와 어원이 같은 Culture는 그다지 상용하지 않는다. 이미 이렇게 양자의 구별이 불분명한 이상 당연히 혼용해도 무방할 듯하다.
② 독일어의 Kultur와 영어의 Culture는 모두 다 라틴어인 Cultura로부터 轉化되어 나왔다. Cultura는 그 원어에 의거해서 고찰해보면

그들의 환경에 대응했던 종합적인 성과물이며, 문화(Culture)란 일종의 문명이 형성시킨 생활 방식이다."라고 했다. 이에 대해 주겸지는 이처럼 단조롭고 억지스러운 분별은 아무래도 좀 모호하고 정밀하지 못한 감이 있다고 했다. 즉, 만약 문화적 생활 방식이 일종의 문명에 의해 형성된 것이라고 한다면 당연히 문명이 앞이고 문화는 그 뒤가 되고 만다고 하면서, 이것은 참으로 이해하기 어려운 말이 아닐 수 없다고 비판을 가하고 있다.
126) 앞의 책, 248쪽.

74

본래 神明 拜祭, 토지 경작, 동식물 배양 및 정신 수양의 여러 뜻을
겸유한다. 중세기에는 이미 대체로 오늘날과 같은 이른바 물질적
문화와 정신적 문화의 개념을 포함하고 있었지만, 당시의 정신적
문화 개념은 사실 종교적 문화를 가리켜 말한 것이었다. 그러나 독
일에 있어서는 그 의미가 발달하여 현대의 문화 개념이 되었다. 영
국과 프랑스의 경우에서는 Culture가 단지 경작 배양 및 정신 수
양의 뜻만을 취하며, 광의의 문화 개념으로 말한다면 통상
Civilization이라는 말 한마디가 그것을 대신한다고 해야 할 것이다.
  ③ 독일어인 Kultur의 어원 및 그 의미는 모두 종교적 색채를 띠
고 있다. 이와 반대로 Civilization의 어원과 원의는 본래 정치·법률
적 생활과 서로 관계가 있다. 라틴어의 Civis는 시민의 일을 가리키
며, 이로부터 전화되어 Civilis(형용사) 혹은 Civilisatio(명사)가 되었
다. 모두가 시민의 지위, 시민의 권리를 가리킴은 물론, 아울러 시
민의 품격과 교양이라는 여러 뜻을 갖추어 말한 것에 불과하다. 때
문에, Kultur는 극히 심오한 정신적 의미를 지닌다고 할 수 있으며,
Civilization은 사회적, 정치적 의미와 밀접한 관계가 있다고 하지 않
을 수 없다.127)

  주겸지는 독일인이 Kultur를 중시하고 영국인과 미국인은 Civilization
을 중시한 까닭에 결과적으로 '문화'와 '문명'이 두 조각으로 나뉘게
되었다고 여겼다. 세계대전 당시 한편에서 생각하기를, Kultur는 게
르만 민족이 근대 과학에 이용하여 그 민족적 이기심의 일종의 과
학적 야만주의에 도달했음에 반해서, 영국, 미국, 프랑스, 이탈리아
여러 나라들의 이른바 Civilization, 즉 인도적 정신이 연출한 것과는

127) 앞의 책.

절대로 같지가 않다. 그러므로 세계대전은 단지 Civilization이 Kultur의 침략에 대한 일종의 방어전일 따름이다. 반대로 한편에서는 독일인은 인류 진보적 핵심인지라 그것을 정신적 측면, 즉 Kultur 쪽에서 구해야 한다고 여겼는데, 그 예로 슈펭글러(Spengler)가 극력 문명을 배격한 이유를 그는 여기서 찾고 있다.[128]

주겸지는 슈펭글러의 견해에 대해 다소 불만족스럽게 생각하면서도, 그가 결론 맺고 있는 문화와 문명에 대한 개념 규정에서만큼은 슈펭글러에게서 상당히 영향을 받고 있는 것으로 보인다. 자신의 근본적인 방법은 슈펭글러의 세계 형태학적 방법과 다소 일치한다고 스스로도 밝히고 있다.[129] 그의 슈펭글러에 대한 생각을 보면 쉽게 알 수 있다. 즉,

"문화란 인류 내면의 영적이고 정신적인 수양 및 그 사업이며, 모든 일체 종교적이고도 예술적인 가장 완벽한 인류 생활의 생활 상태라는 것이다. 이와 반대로 문명인즉슨 외면적 교육과 질서에 관한 것이고 모든 현대적 공업과 기계 등을 가리킨다고 했다. 바꾸어 말해서 전자가 靈이 아주 활발한 육체라고 한다면 후자는 미이라인 셈이다. 전자가 정신적이고 광의적인 데 반해서 후자는 물질적이고 한정적이다. 또한 문명은 문화의 최후 시기, 즉 문화의 피할 수 없는 운명적인 위기로서 문화가 한번 노년 시대로 발전하게 되면 곧 문명의 국면으로 들어서서 몰락하게 된다고 했다."[130]

슈펭글러를 비롯해서 지금까지 살핀 바를 근거로 해서 주겸지는 문화와 문명에 대한 개념을 결국 다음과 같이 규정하고 있다.

---

128) 앞의 책, 248~249쪽.
129) 『朱謙之文集』, 第7卷, 「比較文化論集・序」, 福建教育出版社, 2002, 254쪽.
130) 앞의 책, 第6卷, 「文化哲學」, 249쪽.

"독일인이 제창한 Kultur 개념이 정신적 문화 개념이라고 한다면 (종교, 철학, 과학, 예술 등 지식 생활), 영국인과 미국인이 제창한 Civilization은 사실 사회적 문화 개념이다.(정치, 법률, 경제, 교육 등 사회생활) 모호하게는 물론 일반 학자와 같이 양자의 구별을 논하지 않겠지만, 만약 세심하게 고찰해보면 이것은 사실 인류 생활의 두 측면을 대표하는 표현이다. 이를테면, 한 측면이 인류의 지식 생활 문화를 표현한 것이라면, 또 한 측면은 인류의 사회생활 문화를 표현한 것이다. 이른바 문화란 본래 양대 부분을 일정 부분 포괄하고 있는 말이다. 그러므로 어떤 사람은 이 둘 위에 다시 하나의 새로운 글자를 만들어서 Gesittung이라고 부르기도 했다. 이것은 '문화'와 '문명'을 통합해서 그 가운데에 귀속시킨 것으로 역시 옳다고 하겠다. 그러나 용어 습관에 비추어 보면 여전히 '문화'는 지식적인 것과 사회적인 것의 두 측면을 포괄한다고 할 수 있으며, 사회 조직 발달의 '문명'을 오로지 가리켜서 그 가운데에 덧붙여 넣은 것이다."[131]

주겸지의 생각에 따르면, 문화란 인류 생활 한 방면만의 표현이 아니라 인류 생활 각 방면의 표현이다. 종교, 철학, 과학, 예술을 문화 영역 안에 귀속시켜야 할 뿐만 아니라, 다름 아닌 정치 생활, 법률생활, 경제생활 및 교육 생활을 모두 문화 영역 안에 귀속시켜서 연구를 진행해야 한다. 그에게서의 문화란 "인류 생활의 일체 표현은 아래로 한낱 흙손을 만드는 것에서부터 위로는 우주관, 법률, 심지어 그가 中山大學에서 '문화철학'을 강의하는 데에 이르기까지 단지 인류 생활의 표현이기만 하다면 모두 문화라고 말할 수 있다."[132] 하지만, 연구의 대상의 차이로 인해서 문화학을 크게 두 분과로 나눌 수가 있다고 했다. 그중 하나가 Kultur 즉 지식적 문화생활

---

131) 앞의 책.
132) 앞의 책.

을 연구하는 것이 '문화철학'이고, 또 하나는 Civilization 즉 사회적
문화생활을 연구하는 것이 '문화사회학'이다. 뒤에서 살펴보겠지만,
이것은 문화의 유형과 작용에 대한 그의 독특한 견해로 나타난다.
결국, 주겸지는 Kultur 개념에 기초한 문화의 근본 유형을 지식 생
활상 종교, 철학, 과학, 예술로, 그리고 Civilization 개념에 기초한
문화의 근본 유형을 사회생활상 정치, 법률, 경제, 교육으로 나누었
다. 전자는 '문화'이고 후자는 '문명'이다. 전자는 '문화철학' 연구의
범위이고 후자는 '문화사회학' 연구의 범위인 것이다.[133]

2) '문화철학'의 개념

　주겸지가 생각하는 '문화철학'이란 무엇일까? 그는 문화에 대한 개
념 규정을 통해서 재차 '문화철학'의 개념 규정으로 확장하고 있다.
특히, 『문화철학』「서론」 첫 부분에서 "문화철학(Kulturphilosophie)이라
고 하는 이 과정은 중국 대학 내에서는 아직 설립된 적이 없다가 厦
大가 이 과를 두기로 결정하였으나 여태껏 맡을 사람이 없었던 관계
로 본 강연이 처음인 셈이다."[134]라 했다시피, 오해를 피하기 위해
자신의 사상적 입장에서 '문화철학'과 '문화사회학'을 구별하려고 했
다. 우리는 앞에서 그의 문화에 대한 개념 속에는 이미 이 양자의 구
별점이 내포되어 있음을 확인했다. 하지만, 이와 동시에 그는 사회학
의 창시자 콩트의 이론을 근거로 해서 또한 구별하고 있다.

---

133) 앞의 책, 269쪽.
134) 앞의 책, 245쪽.

　"우리들은 사회학의 창시자 콩트가 일찍이 두 가지 측면에서 인류 생활의 진화를 관찰했다고 알고 있다. 그 첫 번째가 인류의 지식적 진화로서, 즉 ① 신학 단계; ② 형이상학 단계; ③ 실증적 또는 과학적 단계가 그것이다. 두 번째로는 인류의 물질적 진화로서, 즉 ①군사 단계; ② 법률 단계; ③ 산업 단계가 그것이다. 이와 같이 두 종류의 세 등급 법칙의 근본 개념은 사실 하나이면서 둘이고 둘이면서 하나라 하겠다. 가령, 지식 생활상의 신학 단계는 물질 생활상의 군사 단계에 해당되며, 또한 지식 생활상의 과학 단계는 물질 생활상의 산업 단계 또는 경제 단계에 해당된다. 전자로 말한다면 이른바 신학(종교), 형이상학(철학), 실증학(과학)은 문화철학적 범위에 속하고, 후자로 말한다면 이른바 군사(정치), 법률, 산업(경제)은 응당 문화사회학적 범위에 속하는 것이다."135)

　하지만, 주겸지는 콩트 당시에는 여기까지는 그 생각이 미치질 못했다고 했다. 콩트는 이러한 모든 문화적 범위를 전부 사회동태학 즉 역사철학 아래에 포괄시켰고, 문화사회학을 구축해 내지 못했기 때문에 더욱 문화철학은 말할 수도 없었다는 것이다. 또한, 사회학사의 발전은 콩트로부터 현대에 이르기까지 사회학 그 자체가 크게 진화한 결과 이미 제4기의 문화사회학으로 기울어지고 있는 추세였다. 이를테면, 사회학의 발전은 다음 순서에 따른다. 첫째, 생물학적 사회학; 둘째, 심리학적 사회학; 셋째, 특수과학적 사회학; 넷째, 문화사회학이 그것이다.

　당시 문화사회학은 미국에서는 오그번(Ogburn), 케이스(Case), 헐스코빗(Herskovits)과 윌리(Willey) 등이 그 대표였으며, 독일에서는 막스 베버(Max Weber) 및 트뢸취(Troetlsch)의 종교사회학, 슈펭글러의 세계사적 형태학, 그리고 막스 쉘러(Max Scheler)의 지

---

135) 앞의 책, 249~250쪽.

식사회학이 그 대표였다. 그런데 주겸지는 슈펭글러의 『서구의 몰락』, 쉘러의 『철학적 인간학』은 문화사회학이라고 일컫기보다는 '문화철학'이라고 하는 편이 더 낫다고 했다. 미국의 오그번과 중국 사회학계 가운데 孫本文 등이 진정한 의미의 문화사회학을 대표한다는 것이다. 왜냐하면, 슈펭글러 등이 연구한 문화는 여전히 Kultur 즉 지식 생활의 문화이고, 오그번 등이 연구한 문화가 비로소 진실로 Civilization 즉 사회생활의 문화 연구이기 때문이다.[136]

이제 주겸지의 '문화철학'에 관한 개념을 살펴보도록 하자. 그는 신칸트학파[137]인 빈델반트(Windelband)가 1910년 『문화철학과 선험관념론』(Kulturphilosophie und transzendentaler Idealiamus)이란 글에서 문화철학은 사실 칸트(Kant)로부터 시작되었다고 한 주장이나, 문화철학을 가치철학으로 여기는 경향에 대해 주겸지는 근본적으로 찬동하지 않았다. 그는 문화를 생활로 보았기 때문에, 문화철학의 원조를 독일의 칸트라기보다는 프랑스의 루소(Rousseau)에 기초한다고 함이 더 낫고, 빈델반트, 리케르트(Rickert) 등의 '가치철학'에 근거한다기보다는 짐멜(Simmel), 딜타이(Dilthey) 등의 '생활철학'에 근거한다고 하는 편이 더 낫다고 생각했다. 또한 신칸트학파의 한 파인 서남학파의 경향이라기보다는 베르그송(Bergson), 크로체(Croce), 슈펭글러 등의 생명주의파의 경향이라고 하는 편이 더 타당하다[138]고 했다. 그는 빈델반트의 문화철학에 대한 견해를

---

136) 앞의 책, 240~241쪽, 250쪽.

137) 신칸트학파는 독일철학의 한 유파이다. 칸트의 철학을 부흥시킴으로써 19세기 전반 이후 실증과학의 발전에 따른 실증주의와 유물론의 대두 전에 심한 혼미를 겪고 있었던 철학적 사고에 새로운 길을 열기 위해 시도되었다. 19세기 중반을 지나 리프만, 랑게 등의 "칸트로 돌아가자"라는 모토와 함께 명확한 형태를 취하여 나타났다. 이것은 코엔이 창설한 '마르부르크학파'와 빈델반트가 창설한 '서남학파' 또는 '바덴학파'로 나뉜다.

비판함으로써 자신의 문화철학의 개념을 구축하려고 했다. 그는 먼저 문화철학에 있어서 두 가지의 견해를 다음과 같이 소개하고 있다.

"첫 번째는 문화철학을 문화의 창조로 삼아 대개 하나의 보편타당한 규범을 확립함으로써 미래의 문화 이상을 세우고자 했다. 그들은 철학의 임무가 가치를 탐구하거나 이해하는 데 있지 않고 가치를 창조하는 데 있다고 했다. 철학이 이와 같으므로 문화철학은 당연히 이 규칙에서 벗어나지 않는다. 두 번째는 문화철학을 가지고 문화의 근본적 이해로 삼고자 했다. 문화에 대한 과학적 연구, 가령 심리학적 분석, 사회학적 비교, 그리고 역사적 발전의 발생적 연구 등, 이러한 과학은 단지 경험적 실재에 한정하기 때문에 문화의 근본적 구조를 발견하지 못한다. 그래서 문화철학은 더욱 한 걸음 나아가고자 경험적 인식에 한정을 두지 않고 문화의 초경험적 의의를 충분히 이해하고자 한 것이다."139)

주겸지에 따르면 빈델반트는 이 두 견해 중 문화철학을 문화의 근본적 이해로 여기는 경향에 속하므로, 문화철학은 응당 '선험적 관념론'상에 구축되어 문화의 초경험적 의의를 밝혀내야 한다고 주장했다는 것이다. 그러나 문화의 초경험적 의의란 실제인즉슨 초월적 타당자주의의 철학, 즉 '가치철학'이라고 주겸지는 생각했다. 물론 그는 신칸트학파가 문화철학 분야의 학문상에 있어서 매우 큰 공헌을 했던 것을 인정한다. 하지만, 그들이 문화철학을 바로 가치철학이라고 한 점은 근본적으로 착오라는 것이다. 그는 신칸트학파의 문화철학관을 다음과 같이 비판한다.

---

138) 『朱謙之文集』, 第6卷, 「文化哲學」, 福建教育出版社, 2002, 251쪽.
139) 앞의 책.

"내가 보기엔 문화는 곧 생활이며, 문화철학은 마땅히 '생활 경험' 상 즉 문화사적 경험상에 전적으로 의거해야만 한다고 생각된다. 예 컨대, 신칸트학파는 '생활 경험'을 한편에 방치해 두고서 이른바 초경 험적 절대 가치를 추구한 나머지, 결과적으로 단지 형식만 남고 내용 은 없으며 가치만 남고 실재는 없게 되고 말았다. 철학이 이미 가치 의 학 혹은 '당위'(Sollen)의 학, 그리고 비실재의 학, 사실(Was ist) 의 학이 된다면, 문화철학은 곧 변하여 많은 진기한 사물로 평가될 것이 예상된다. …… 거기에 문화 전체의 생활 경험이 들어있다고 말 할 수 있을까? 왜냐하면, 종전의 이른바 문화철학은 생활 경험상에 입각하지 않았던 까닭에 문화철학의 기초가 아직 충분히 견고하지 못 하기 때문이다."140)

이와는 반대로, 그의 문화에 대한 근본 이해는 다름 아닌 '생활 경험의 이해'에 있었다. 생활 경험은 본질상에 있어서 역사적인 것 인지라 문화사를 떠나서는 문화철학은 아무 것도 없게 된다. 주겸 지가 보기에 신칸트학파는 문화 가치적 문제상에 있어서도 단지 초 월적 가치의 결정에 주의를 기울였을 뿐, 직접 이 가치에 가장 잘 접촉하여 그것을 '생활 경험'에 부착하는 일에는 부주의했다. 때문 에, 명목으로는 가치를 이해했다고는 하지만 실제로는 오히려 문화 철학의 최대 목적인 문화의 창조, 즉 가치의 창조에 대해서는 망각 하고 말았다는 것이다.141) 더욱이, 그는 문화의 원천 역시 가치가 아닌 생활적 경험의 부류로 보았다. 말하기를,

"생활 경험은 환경 억압을 당하면서 생의 돌진과 도약을 하는 특성을 지닌다. 그런데 이러한 모습이 일체 문화의 근저를 이루는 까닭에 문화

---

140) 앞의 책, 252쪽.
141) 앞의 책.

를 말하게 되면 곧 창조와 발명을 연상케 된다. 창조와 발명이 성공한 뒤라야 비로소 평범하고 어설픈 철학자가 가치적 문제를 추정하게 된다. 그러므로 문화는 근본이고 가치판단은 말단이며, 문화는 원인이고 가치판단은 그 결과인 것이다. 만약 하나의 생명을 가진 문화철학을 세우고자 희망한다면, 반드시 모든 가치의 판단을 돌아보지 말아야 하며, 노력을 통하여 일종의 새로운 문화철학을 구축해야 한다."[142]

그런데 신칸트학파는 일체의 학술, 사상, 문학, 예술을 모두 가치로써 추정했기 때문에, 문화는 추상적인 영물이 되어버렸고, 결국 생활 경험과 분리되고 말았다는 것이 주겸지의 비판이다. 그렇다면, 주겸지 그 자신이 세우고자 했던 새로운 '문화철학'이란 무엇인가? 그것은 문화 본질을 구성하는 존재로서, 이미 가치를 추정할 수 있는 인류 생활이 남긴 총괄적인 성적일 뿐만 아니라, 인류 생활의 깊숙한 곳 저 영원한 창조이며 영원한 진화인 '생명의 부류'에 근원하는 것[143]이라 하겠다.

2. 문화의 진화

1) '현재성'과 '생명성'

앞에서 이미 드러났듯이 주겸지의 문화에 대한 근본 이해는 다름 아닌 '생활 경험의 이해'에 있었다. 즉 문화의 원천은 가치가 아니

---

142) 앞의 책.
143) 앞의 책.

라 '생활적 경험'의 부류이며, 이것은 환경 억압을 당하면서 생의 돌진과 도약을 하는 특성을 지닌다. 우리의 삶의 현장은 그리스·로마의 철학자나 중세 시대의 신학자가 말한 바와 같은 불변적이고 정지된 존재가 아니다. 주겸지는 기본적으로 문화를 '생활'로 보는 데서부터 출발했던 까닭에, 그의 문화철학적 의미로서의 문화 역시 생명이 부재한 죽은 문헌학적 문화가 아닌, 영원한 創新과 영원한 변화의 과정 중에 있는 것으로 파악했다. 그에 의하면,

 "문화 그 자체는 '變'과 '動'의 표현으로서 이 변동은 바로 생활 진 행 곧 진화이다. 그러므로 문화와 진화는 근본적으로 단지 하나일 뿐 이어서 시시각각으로 누적되는가 하면 시시각각으로 창신되기도 한 다. 과거 문화의 흔적은 보존될 수 있겠지만 과거 문화의 정신은 보 존될 수 없다. 과거 문화의 정신은 현재 속에서 영원히 침투하고 영 원히 확장하는 것이다."144)

다음 말을 보면 문화의 진화에 대한 그의 생각을 보다 선명하게 파악할 수 있다.

 "이른바 문화라는 의미는 문화의 '퇴적'인가 아니면 '진화'인가? 물 론 문화의 진화 속에는 '故'에 의지하는가 하면 또 한편 '新'을 우러러 보기도 한다. 미래의 전진은 예측할 수 없는 한편 과거의 누적은 영 원히 끝나는 시기가 없다. 문화의 누적은 내부 발전으로부터 오기 때 문에 생물의 진화와 같고 물질의 퇴적적인 것과는 다르다 하겠다. 물 질의 퇴적은 유한적이고 공간적이고 동질성적이지만, 문화의 진화는 무한적이고 시간적이고 끝없는 영원 변화적이다. 간단히 말해서 '문 화'란 사실 자연과 대립되는 것이므로 전자는 유생명적이고 후자는

---
144) 앞의 책, 253쪽.

84

무생명적이다. 생명을 가지는 까닭에 이미 능히 창조할 수도 있고 또
한 능히 진화할 수도 있다. 생명이 없기 때문에 변해서 굳어지고 장
애적 존재가 된다."145)

이처럼 그에게 있어서의 문화란 '현재성'과 '생명성'이 무엇보다도
중요한 의미를 가진다고 할 수 있다. 문화의 현재성과 생명성은 사
실 이탈리아의 크로체가 『역사서술의 이론과 역사』(*Theory and
History of Historiography*)에서 "모든 참된 역사는 현재적 역사이
다."(Every true history is contemporary history)라고 한 말을 자신
의 이론에 그대로 적용시킨 것이다.146)

 "(크로체와)와 동일한 이유로 우리 역시 현재를 소실한 것, 즉 과
거의 문화를 부인한다. 과거 문화는 반드시 지금 우리의 창조 활동을
거쳐야 한다는 것, 즉 과거 문화를 현대 문화 속에서 배출시킨 뒤라
야 비로소 존재적 의의가 있음을 주장하는 것이다. 말하자면, 문화란
현재성을 지니며 모든 참된 문화란 현대적 문화이다. 그렇지 않으면
이른바 과거 문화는 단지 찌꺼기일 뿐이며 생명이 없는 미이라에 불

---

145) 앞의 책, 254쪽.
146) 여기서 주겸지는 크로체의 말을 다음과 같이 소개하고 있다. "일반적으로
　　과거의 사실을 가지고 역사 사실을 삼고는 있지만, 과거 사실은 반드시
　　지금 우리의 사상적 활동을 거쳐야 함을 알지 못한다. 즉, 과거는 현재
　　속에서 배출된 뒤라야 비로소 존재적 의의가 있다고 하겠다. 이른바 역사
　　적 현재는 바로 시간을 초월한다. 아니다! 바로 과거, 현재, 미래를 포괄
　　하는 영원한 현재(eternal present)인 것이다. 예를 들어 카(H. Wildon
　　Carr)의 견해에 따르자면, '현재란 수학적인 점이 아니라 지속 기간이
　　다.'(The present is not a mathematical point but a duration span. 『The
　　philosophy of Benedetto Croce』, Chapter XI, 190쪽.)라 하겠다. 그러므로
　　생명을 가진 역사는 모두 현재적이며, 현재를 소실하면 곧 과거의 역사가
　　되고 만다.(non contemporary of part history) 이것을 크로체의 입장에서
　　보면 모두 무생명의 형해에 불과하다고 하겠다."(앞의 책, 253쪽; B.
　　Croce 著, 李相信 譯, 『歷史의 理論과 歷史』, 三英社, 1987, 참조.)

과하다고 하겠다. 여기서 우리들은 또한 크로체와 동일하게 무엇이 참된 문화인지, 그리고 무엇이 거짓 문화인지를 분별해내야 한다. 참된 문화는 모두 '현재적인 것'이고 '생명을 가진 표현'이다. 거짓 문화는 문헌학과 같은 문화이고 문서적 수집에 불과하다."[147]

여기서 주목되는 점은 그 자신이 생각하고 있는 참된 문화를 부각시키기 위해서 거짓 문화를 대비시키고 있다는 점이다. "이른바 거짓 문화와 참된 문화의 관계는 과거의 문화인가 현재의 문화인가, 죽은 문화인가 살아 있는 문화인가에 달려 있다."[148]고 한 그의 말에서 알 수 있듯이, 거짓 문화란 다름 아닌 '현재성'과 '생명성'을 상실한 문화인 것이다. 그런 맥락에서 거짓 문화로 지목되고 있는 문헌학과 같은 문화는 크로체가 문헌학적 역사를 단호히 공격했던 그 입장과 사실 동일선상에 있다고 하겠다.

그렇다면, 참된 문화의 기준이 되는 '현재성'과 '생명성'이란 무엇인가? 이것은 죽은 문화로 간주되고 있는 문헌학파(Philological School)에 대한 주겸지의 비판 속에서 드러난다. 먼저 "모든 문화는 현재적 문화일 뿐이다."라고 했을 때의 현재란 바로 '영원한 현재'(eternal present)를 가리키는 것이다. 이것은 아우구스티누스(Augustinus)에게서 시작되어 헤겔(Hegel)에 이르러 더욱 발전된 형태로 나타난 개념이다. 문헌학파는 "문화 속의 영원한 현재의 존재를 별로 주목하지 못했다. 그들은 단지 문화의 진화 가운데 분절을 강조할 줄만 알아서 문화는 바로 과거 생활에 관한 총성과라고 생각했다. 참된 문화란 참된 시간 속에 존재하여 원래 나눌 수 없는 것임을 알지 못했다."[149] 여기서의 현재라는 말 속에는 이미 과

---

147) 『朱謙之文集』, 第6卷, 「文化哲學」, 福建教育出版社, 2002, 253~254쪽.
148) 앞의 책, 255쪽.

거와 미래를 통섭하고 있다고 하겠다. 시간 그 자체는 오직 현재만
이 존재할 뿐으로, 시간은 과거의 현재, 현재의 현재, 그리고 미래
의 현재일 뿐이다. 이 말을 바꾸어 보면, "과거의 문화는 사실 현재
의 축적이고 미래의 문화는 사실 현재의 연속일 따름"150)이다.

또한, 주겸지는 생명성을 등한시하는 문헌학파의 태도를 다음과
같이 비판한다.

"살아 있는 문화가 존재한 뒤라야 비로소 옛 문서와 전장의 이른바
'문헌학'과 문헌의 수집을 중시하는 이른바 '문헌학파'가 있게 마련이
다. 니체(Nietzsche)가 그랬던 것처럼 내가 이 파를 생명을 좀먹는 최
대의 적으로까지는 생각하지 않더라도, 최소한 그들은 생명이 결핍된
전형적인 학자임에는 틀림없다."151)

주겸지는 물론 문헌학도 무가치한 것만은 아니며, 그들이 지금
우리의 생명 활동을 일으킬 수만 있다면 참된 문화를 재현시킬 수
가 있다고 했다. 하지만, 과잉적인 문헌학인즉슨 과거로 보수한 남
루한 옷을 입은 것 외에는 아무것도 아니라고 비판한다.

"문헌학적 문화는 가장 쉽게 사람들에게 맹목적 수집광에 빠지게
하고 과거라는 곰팡이 냄새가 나는 공기 속에 몸을 두게 한다. 때문
에, 현재의 모든 신선한 생활을 도무지 망각하게 만든다. 만일 문화가
단지 과거의 金裝玉飾에 한정된다면 우리들은 문화의 이점에 반대하
는 편이 더 낫다."152)

---

149) 앞의 책, 254쪽.
150) 앞의 책, 255쪽.
151) 앞의 책.
152) 앞의 책.

문헌학파의 맹목적인 好古的 내지 尙古的 태도는 문화의 생명성을 압살케 만든다. 동시에 구문화의 화석으로 인해서 현 시대의 생명의 활로를 차단케 하는 악효과를 초래하기도 한다. 문화의 생명성을 등한시한다고 함은 곧 새로운 시대와 환경에 적응할 수 있게 하는 '생명의 적응 능력'의 상실을 뜻하는 것이다. 따라서 과거 문화의 끊임없는 퇴적 속에서 오는 악습은 영영 치유될 길이 막힘으로써, 그 사회는 더욱 경화됨은 물론 생명은 부자연스럽게 되어 결국 쇠망으로 치닫게 되는 것이다.

그렇다면, 주겸지는 어째서 문화의 '현재성'과 '생명성'에 이렇듯이 집착했던 것일까? 그의 사상 형성은 언제나 그랬듯이 투철한 현실 인식 속에서 비롯된다는 사실을 우리는 이해해야만 한다. 주지하다시피, 중국의 근대는 제국주의의 침략과 그로 인한 민족주의의 위기를 그 본질로 한다. 이 시기에 중국은 서양 문명에 맞서 독자성을 지키면서 동시에 개혁을 해내야 하는 반외세, 반봉건이라는 이중의 과제를 짊어져야 했다.[153] 중국의 이러한 위기 상황하에서 중국 지식인으로서의 그의 시대적 소명은 당연히 救亡에 있었고 그것은 '문화구국주의'로 이어진다. "민국 20년 가을 이래로 제국주의자들이 우리에게 안겨준 모욕은 늘 나 자신의 삶에 치욕스러움을 느끼게 해왔다. 상해(滬)에서 북평(平), 또 북평에서 광동(粵)에 이르기까지 도처에 중화민족이 한 걸음 한 걸음 멸망의 길로 나아가고 있는 것을 빤히 보면서 나는 정말로 몸서리쳐질 정도이다."[154]라고 한 그의 말 속에서, 지식인으로서의 애국적 고뇌를 읽을 수가 있다.

---

153) 金帝蘭, 『熊十力 哲學思想 硏究』, 高麗大學校 大學院 博士學位論文, 2000, 1~2쪽.
154) 『朱謙之文集』, 第6卷, 「文化哲學・附錄」, "南方文化運動", 福建教育出版社, 2002, 391쪽.

이처럼 날로 멸망의 길로 치닫고 있는 중화민족의 부흥을 위해서
는, 그는 우선적으로 문화의 부흥을 환기시켜야 한다고 했다.

"한 민족을 부흥하고자 한다면 사실상 문화의 부흥을 우선적으로
환기시켜야 한다. 문화란 한 민족 활동의 목적을 지시할 뿐만 아니라,
또한 민족 활동의 원동력이 된다. 그런고로, 우리들이 학문을 탐구함
에 있어서 마땅히 지녀야 할 책임은 말할 것도 없이 중화민족 문화의
부흥을 환기시키는 데 있다고 하겠다."155)

그런데 이 부흥이라는 두 글자는 사람들에게 오해를 불러일으키
기 쉽다고 했다. 특히나, 그가 여기서 단호히 배척하고자 하는 바는
바로 맹목적인 복고 운동에 있었다. 그의 말에 따르면, "만일 문화
부흥이 단지 과거의 고문화를 다시 받아들인다는 것이거나, 과거
봉건식 문화를 회복하는 것이라고 한다면, 이러한 복고 운동은 곧
문화의 파산 및 민족의 멸망을 선포하는 것이나 진배없다!"156)는
것이다.

"일반적으로 과거의 문화만이 문화라고 생각하게 된 데는 문화란
현재성을 가지는 것임을 알지 못한 소치이다. 과거 문화는 반드시 현
생명의 재창조를 거쳐야만 한다. 즉 과거 문화를 현재 생명의 안에서
배출시킨 뒤라야 비로소 존재하는 의미가 있게 된다. 그렇지 않으면,
이른바 과거의 문화란 단지 찌꺼기일 뿐이고 생명이 없는 미이라일
뿐이다. 문화의 미이라라고 하는 것은 자신도 오히려 보증하기 힘든
형편인데, 어떻게 우리 민족 부흥의 가장 밝고 가장 분명한 가로등
역할을 해줄 수 있겠는가?"157)

---

155) 앞의 책, 「文化哲學·附錄」, "南方文化之創造", 393쪽.
156) 앞의 책.

과거의 문화는 그 나름대로의 시대적 요청에 의해서 형성된 것임은 분명하다. 이러한 의미에서 우리가 보존에 힘쓰고 그 가치를 부여하는 것은 타당한 일이라 하겠다. 하지만, 그것이 현 생명, 즉 현재적 의미로서의 재창조를 거치지 않고 우리에게 그저 맹목적이고 교조적으로 강요된다면 우리의 삶은 불행의 나락으로 추락하고 말 것이다. 더욱이, 역사적 위기 상황에 처해 있는 민족일수록 그 시대의 변화와 정신을 읽어내지 못하고서, 구문화를 전통 문화랍시고 단지 이데올로기적으로 추종해 군림하는 자가 있다면 그것은 그 민족에게는 커다란 죄악이 아닐 수 없다. 이처럼 주겸지는 당시 시대 감각을 상실한 고루한 중국인을 꼬집어서, "중국 문화의 미이라라고 하는 것은 자신도 오히려 보증하기 힘든 형편인데, 어떻게 우리 민족 부흥의 가장 밝고 가장 분명한 가로등 역할을 해줄 수 있겠는가?"라고 질타했던 것이다. 이상 살핀 바에 의하면, '현재적', '생명적' 의미로서의 그의 문화 개념은 바로 민족 존망에 대한 위기의식의 발로였음을 알 수 있다.

전통 문화가 과거 나름대로의 시대적 의미를 갖고 태어났듯이, 우리의 반성과 개혁에 의해서 새로운 역사 상황과 새로운 생산 양식에 맞추어 탄생된 현재의 문화도 그 이상의 의미를 갖는다고 할 것이다. 그러므로 현재적 진리하에 있는 현대 문화에 자신감을 갖고 실천해 나아가는 것도 무엇보다 중요하다. 인간은 역사의 시행 착오 속에서 미래 지향적 지혜를 획득함으로써, 이상적 문화를 향해 매진하는 실로 역동적인 생명체이다. 과거의 문화가 아무리 위대하다고 하더라도 현재적 의미로서가 아닌 단지 우리에게 구습적 중압감으로 다가온다면 그것은 허상일 뿐이다. 더구나 구문화가 우

---

157) 앞의 책.

리의 행복과 자유를 빼앗고 그것을 고수함으로써 우리가 불행해지고 부자유스러워진다면 그것은 과감하게 거부되어야 마땅하다. 이와 관련해서 주겸지의 다음 말이 의미심장하게 다가온다.

"과거의 수천 년 동안에 걸쳐 축적된 문화가 만약 우리들에게 일종의 억압의 힘으로만 전해져서 그와 같은 과거의 불변의 진리 아래에서 영원히 속박 받고 해방되지 못하게 한다면, 이러한 암울한 문화는 사람들이 그 理想 생활상의 관념(즉 眞·善·美)을 가지고 어떠한 방식으로 그것의 가치를 추정한다고 해도, 나는 오히려 칼로 베어 내듯이 명확하게 괴멸시키는 편이 훨씬 더 낫다고 생각한다."158)

한편, 주겸지의 '문화 진화'의 개념에는 베르그송의 소위 '持續'(duration, 綿延)과 같은 현상이 담지되어 있는가 하면, 또 한편으로 헤겔의 소위 '止揚'(Aufheben, 揚棄)과 같은 현상이 담지되어 있다. 물론 그는 루소(Rousseau)나 카펜터(Carpenter, Edward)처럼 문화의 부정론자는 아니다. 하지만, "인습적이고 부자연적인 문화에 만족하지 못하고서 애초의 순수함과 순박함으로 돌아가자고 외칠 때에, 이미 그들은 새로운 문화의 이상 세계를 동경하는 중이었다."159)라고 일정 부분 동조함으로써, 모종의 수준 위에서는 오히려 반문화운동이 문화운동보다 훨씬 더 중요하다고 했다. 왜냐하면, 문화 그 자체는 본질적으로 일종의 반문화적 현상을 요하기 때문이다. '현재성'과 '생명성'을 통한 자정 능력을 상실한 현실과 같은 문화라면 문화란 결국 매독(syphilization)이 되고 만다. "만일 우리들이 현실의 문화를 새로이 개조할 수 없다면, 飛將軍이 하늘에서 내

158) 앞의 책, 「文化哲學」, 253쪽.
159) 앞의 책, 255쪽.

려오는 것과 같은 갑작스러운 새로운 문화는 결코 나타날 수가 없다."160)는 것이 주겸지의 확고한 생각이었다. 그러므로 베르그송의 '지속'과 헤겔의 '지양'이라고 하는 개념이 동시에 필요했던 것이다. 즉, 세계사상의 근본 현상에는 물론 변증법의 '지양'적 현상이 담겨 있지만, 그 발전 변화의 한 흐름 속에는 더욱이 일종의 '지속'적 근본 현상이 담겨있는 것이다. 이를테면,

"세계사상의 근본 현상은 문화철학에서 볼 때에 사실 不常不斷한 것이다. 단절(斷)과 영속(常)은 모두 다른 위치에 존재하지만, 붙박인 듯이 죽고 굳어져서 쓰임이 없는 견해가 아니다. 우리들이 문화의 진상을 설명함에 있어서는 마땅히 常을 써야겠지만 실제상의 응용에 있어서는 도리어 斷을 써야만 한다. 문화철학은 일면 문화의 진상을 매몰시키지 않으면서 끊임없이 창신하고 영원히 중도에 끊이지 않는 '지속'을 인식하는가 하면, 일면 '지양'적 법칙을 현재에 응용하여 '현실'을 진화의 노정에까지 인도해 간다."161)

이렇듯이 주겸지는 변증법적 발전 외에 영원히 한순간도 정지하지 않고 창조적 진화를 계속하는(綿延創化) 문화 생명에 또한 주목했다. 이것이 베르그송의 이른바 '大持續'(duration, 大綿延)인 것이다. 그는 이러한 참된 시간만이 영원한 현재의 시간이며, 이러한 생명으로부터 표현된 문화만이 진정한 문화라고 했다. 다음 말을 보면 더욱 확연해질 것이다.

"참된 문화는 극히 미세하고 극히 간단한 것에서부터 흥기하여 점점 증가해 나아가고 스스로 쌓아가는 것임은 물론 끝없이 확장한다.

160) 앞의 책.
161) 앞의 책, 256쪽.

미세한 것에서 현저함에 이르고 작은 것이 쌓여서 지대해진다. 그것은 시시각각의 누적일 뿐더러 시시각각의 創新이다. 과거로부터 현재에 이르지만, 과거는 곧 현재 속에 존재한다. 과거의 보전이 끝없이 진행되기 때문에 미래가 끝없이 확장되고 증대된다. 즉, 미래가 끝없이 확장되고 증대되는 까닭에 문화의 진화 또한 영원히 멈춤이 없다"162)

2) 문화의 突創적 진화

 문화의 진화에 대한 주겸지의 또 하나의 중요한 개념이 바로 '돌창적 진화'이다. 이것은 인류 생활의 표현일 뿐더러 우주 물리적 표상 역시 이처럼 표현된다는 것이다. "현재적 문화는 시간적으로 영원히 항상 새로운 문화의 흐름으로서 언제나 창조되고 생산된다. 그러나 '生'이란 또한 無로부터 발생하여 존재한다는 것이 아니라 본래 그 사물이 없는데 홀연 스스로 '突創'된다는 의미이다. '돌창'이란 반드시 그 바탕이 있다. 그런 다음에야 이 돌창적 진화는 비로소 문화적 진화가 된다고 하겠다. 돌창적 진화 그 자신이 역시 진화의 가운데 있고, 문화의 진화인즉슨 돌창적 진화의 극점인 것이다."163) 주겸지의 돌창적 진화를 이해하고자 한다면 먼저 모건(C. L. Morgan)과 알렉산더(S. Alexander)의 신창조론을 이해해야만 한다.

 [신창조론]: 신창조론의 연구점은 대개 화학이 그 출발점이 되고 생물학이 그것을 보좌한다. 왜냐하면, 화학에 있어서는 우리들이 항상 보아온 현상이기 때문이다. 가령, 수소(氫)와 산소(氧)가 결합해

---

162) 앞의 책.
163) 앞의 책, 257쪽.

서 물(水)이 되는 것과 같다. 물은 완전히 새로운 물질이고 그것의 성질은 수소·산소와는 전혀 다른 것이다. 그러므로 우리들은 물이 단지 수소와 산소의 합성이라고만 말할 수는 없다. 왜냐하면, 물의 모든 성질은 완전히 수소와 산소의 모든 성질에서 벗어나 있기 때문이다. 물의 성질은 이미 일종의 새로운 성질인즉, 물은 創出品 (emergent) 혹은 突創品이라 이름할 수 있다. 소위 '돌창'이란 '갑'과 '을' 두 사물이 결합되어 또 다른 '병'이라는 사물을 창출하는 것을 말한다. 이 병이라고 하는 사물은 결코 갑과 을의 합성이 아니다. 만약 갑과 을 두 사물의 혼합이라고 한다면 우리들은 혼합물 (Mixture) 혹은 화합물(Compound) – 다만 화학에 있어서는 즉 창출품을 화합품이라고 일컬을 뿐이다 – 이라 이름지어야 할 것이다. 창출품이 되는 까닭으로 말한다면, 그 요점은 '甲'物과 '乙'物이 서로 합해져서 '丙'物이 이루어질 때에, '병'물의 성질은 결코 '갑'물의 성질에 '을'물의 성질이 더해지는 것이 아니다.(그것을 '갑 + 을 = 병'이라 표시할 수 있다) 즉, '갑'물과 '을'물의 모든 성질 이외에 또한 증가한 바가 있다.(그것을 '갑 + 을 + X = 병'이라 표시할 수 있다) 뿐만 아니라, 이 증가한 바는 결코 어떤 구체적인 요소가 아니라, 바로 오로지 갑과 을이라는 두 사물이 합할 때의 특별한 구조 혹은 배치에 의해서 발생해 나온 것일 뿐이다. 이처럼 구조에 특별한 것이 존재해야만 비로소 새로운 성질이 발생할 수 있기 때문이다. 근대 화학이 오로지 중시한 바는 원소와 원자 사이의 상호 배열적 양식에 있다. 간혹 원소가 서로 같고 원자수 역시 서로 같지만, 단지 배열적 위치가 달라서 분명하게 두 종류의 물건이 된다. 화학에 있어서 이러한 현상이 존재할 뿐만 아니라 생물학에 있어서도 또한 그것은 존재한다. 생물의 각종 기관이 비록 모두 세포로부터 구성되지만, 다만 세포로부터 모아 합쳐진 구조가 같지 않아서 마침내 각종 기관이 생겨 나오게 된다. 뿐더러, 하나의 생물 은 각종 유기체에 의해서 합성되지만, 이 생물의 성질인즉슨 회전 하여 그 내부의 각 유기체의 성질과는 다르게 된다. 많은 세포의 이음이 하나의 유기체를 이루고 많은 유기체의 조직이 하나의 생물 을 이루는 것은, 수소와 산소의 두 기가 반응하여 물이 되는 점과 같다. 모건 등은 이러한 현상을 지켜보고서 마침내 그것을 매우 중 시하게 되었다. 그는 더욱이 이것을 가지고 하나의 원칙을 정함으 로써, 일체의 근원을 설명하고자 하였다. 전자의 그룹이 원자를 이 루는 점은 수소와 산소가 반응하여 물이 되는 것과 같다고 생각했 다. 원자의 구성으로 분자가 되는 것 역시 그렇고, 분자의 구성으로 물질이 되는 것, 더 나아가서는 세포의 구성에 있어서도 또한 그렇 지 않은 바가 없다는 것이다. 심지어 생명이 물질에서 나온다는 사 실과 심령이 생명에서 나온다는 것 모두가 이처럼 창조된다고 했 다.164)

주겸지는 이 신창조론을 응용하여 문화의 진화를 설명하고자 했 다. 앞에서도 말했듯이 문화의 진화는 사실 이 돌창적 진화의 절정 에 해당한다. 그에 따르면 "최초 돌창적 진화는 수소와 산소가 화합하여 물이 되듯이 일체 생활 기능이 없는 무기체의 현상 (Inorganic Phenomena)에서 나타난다. 그 다음으로 많은 기관이 생 물을 구성해내는 것처럼 일체 생활 기능을 갖는 유기체 혹은 생명 체의 현상(Organic or Vital Phenomena)에서 나타난다. 더욱이, 이 제는 모든 초생명체의 현상(Superorganic Phenomena)에서 나타나

---

164) 앞의 책.

고 있는데, 이것이 소위 문화 세계의 현상(Cultural or Civilizational Phenomena)인 것이다."[165] 이로 볼 때에 문화 세계의 현상은 실제로 돌창 진화 중 최후의 산물임은 물론, 문화의 진화 또한 반드시 기초 즉 끝이 없는 과거의 누적이 있어야 함을 알 수 있다.

하지만, 그는 이 누적은 베르그송이 말한 바와 같이 자유로워 제한이 없고 미리 알 수 없는 것은 아니라고 했다. 그것과는 반대로 이내 생명을 그 바탕으로 삼아서 순서대로 추진하여 문화의 단계적 생명을 창출해 나간다고 보았다. 이를테면,

> "문화 생명의 전체에서 보면 물론 광대하고 끝이 없어서 그 創新에 있어 전망할 수 없는 형세가 존재하기도 한다. 하지만, 문화의 단계적 생명에서 보면 이 단계의 돌출로부터 저 단계에 이르기까지는 모두 한정적이고 필연적이다. 그러므로 문화의 진화는 돌창적일 뿐만 아니라 단계 창조적이며, 질적인 변화일 뿐만 아니라 양적인 변화이며, 때로는 양적인 발전으로 말미암아서 그 질이 변하기도 하고, 때로는 질적인 발전으로 말미암아서 그 양이 변하기도 한다."[166]

주겸지는 이 예를 문화의 지리 분포상에서 찾았으며, 당시에 본격적으로 이루어졌던 동서 문화의 상호 접촉과 영향하에서의 새로운 세계 문화의 창출을 내심 기대해 마지않았다.

> "예컨대 문화의 지리 분포상에서 말해보면 유태계가 그리스 계에 더해져서 유럽의 중세 문화가 이룩되었지만, 사실 양 계열의 문화 성질과는 다른 별도의 한 존재가 되었다. 인도계가 중국계에 더해져서 중국의 중세 문화가 이룩되었지만, 중국의 중세 문화는 사실 양자 성

---

165) 앞의 책, 257~258쪽.
166) 앞의 책, 258쪽.

질 이외에 별도로 일종의 새로운 성질을 갖게 되었다. 이로 볼 때에 단지 문화의 지리상 분포에 관한 한은 역시 돌창적 진화를 간파할 수 있다. 우리들이 몇 년 후에는 아니라고 어찌 알겠는가? 동서 문화의 상호 접촉, 상호 영향으로 인해서 새로운 세계 문화가 더욱 돌연히 창출될 가능성은 없겠는가?"[167]

그렇지만, 주겸지는 이와 같은 것은 문화 현상 중의 하나인 즉 공간적 개척을 두고 말한 것이고, 오히려 문화의 근본 현상 즉 시간적 지속을 포괄하기에는 불충분하다고 했다. 문화철학의 가장 정교한 점은 단계 창조적 진화를 응용하여 문화의 시간 지속 속에서의 모든 단계적 발전을 설명하는 데에 있다고 하겠다. 그는 다음과 같은 다섯 가지의 기초 개념을 제시하고 있다.

① 突創(emergence): 모든 문화가 과정이기 때문에 모든 사물은 변화를 가진다. 이 문화란 사실 갑자기 나타난 것이지만, 매번 변화에는 반드시 고유한 것 외에도 어느 정도의 創新이 있게 마련이다. 이러한 창출품이 곧 문화의 새로운 단계가 된다.

② 層次(levels): 문화의 새로운 단계는 앞 단계를 그 기초로 삼아서 갑자기 創生해 나오기 때문에, 앞 단계가 한 층이 되고 새로운 단계인즉슨 이 층 위에 또다시 한 층이 더해지는 것이다. 이리하여 층층이 추진되어 언제나 한 층에 이르면 반드시 더 높은 층이 정해진다. 그런 뒤에 한 층이 반드시 앞 층을 능가하게 된다.

③ 內包(involution): 문화의 매 층은 비록 그 위에 반드시 따로 한 층이 있게 마련이지만, 상층은 반드시 그 아래의 한 층 혹은 수층을 기초로 하기 때문에, 최고층으로부터 최저층에 이르기까지 한

---

167) 앞의 책.

층은 한 층에 포함된다.

④ 上屬(dependence): 문화는 앞 층으로부터 뒤 층으로 나아가기 때문에, 뒤 층이 비록 앞 층을 기초로 삼지만, 앞 층은 그 뒤 층을 좌우할 수 없다. 그러나 뒤 층은 반대로 앞 층을 충분히 지배할수 있다.

⑤ 因緣(relatedness): 문화는 본래 단지 하나의 구조(Structure)여서 앞 층에서 뒤 층이 돌창되어 나오기 때문에, 이 뒤 층은 반드시 하나의 인연이 합쳐진 새로운 격식 즉 새로운 구조를 가진다. 구조가 같지 않은 이유로 해서 마침내 뒤 층이 돌고 돌아 앞 층과 달라지게끔 된다.168)

한편, 주겸지는 콩트의 이른바 '3단계의 법칙'으로 문화의 진화를 설명하고자 할 때에 최소한 다음과 같은 문제점이 있음을 지적한다. 이 3단계의 법칙이 비록 문화의 층차로서 신학적인 것, 형이상학적인 것에서부터 실증 혹은 과학적인 것에 이르기까지 전진하고 있음을 알려주고는 있지만, 그가 고집스레 한 단계 한 단계를 모두 판에 박은 듯한 물건으로 생각했던 까닭에 문화의 돌창을 설명하기엔 부족한 점이 있다는 것이다. 그러므로 그는 이 '3단계의 법칙'을 고치고 별도로 일종의 '發生式'적 법칙으로써 그것을 대체해야 한다고 주장한다. 이 법칙의 장점은 지금까지의 인류 문화에 대한 퇴적적 견해를 타파하고 문화의 돌창적 진화를 간파하는 데에 있다고 했다. 그것은 다만 하나의 계승적 연장 형식일 뿐만 아니라 이내 생명의 무궁한 발전이며, 기계의 힘 앞에서 갑자기 터져서 곧 순서대로 나타나는 것으로 여겼다.169) 그는 문화의 발전은 높고 큰 탑에 비유할

---

168) 앞의 책.
169) 앞의 책, 259쪽.

수 있다고 하여, 도표를 통해서 다음과 같이 설명하고 있다.

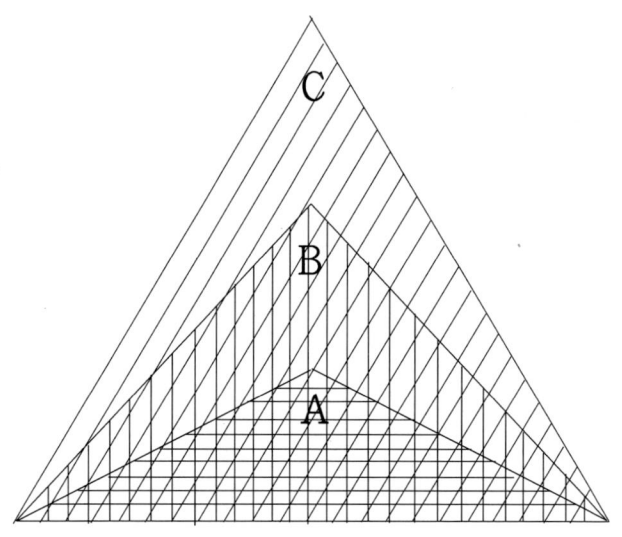

"A는 신학 단계, B는 형이상학 단계, 그리고 C는 실증 혹은 과학 단계이다. 콩트는 C단계가 인류 진화 중의 최고의 한 층이라고 생각 했다. 문화철학에서 보면 이 탑은 아직 계속적인 창조 속에 있다. 그 러므로 실증 혹은 과학 단계 이외에도 D, E, F, G 내지는 X의 단계 가 돌창될 수 없다고 누가 장담할 수 있겠는가? 게다가, 콩트의 견해 대로 한다면 문화의 층차적 상호 관계를 충분히 볼 수 없다. 가령, 그 림 A층은 횡선으로 표시되어 있다. 그리고 B층은 직선과 횡선이 동 시에 존재한다. 즉, A층 위에 하나의 층이 더해져서 신학 단계 외에 또한 새로운 단계가 더해져 있음을 나타낸 것이다. 이와 같은 이치로 C층은 사선으로 그 특성을 표시한 것 외에 아울러 직선과 횡선이 겸 해져 있다. 바꾸어 말하면, C층은 A층과 B층 말고도 한 층이 증가한 것이다. 즉, 형이상학 단계와 신학 단계 위에 더욱 새로운 단계가 더 해졌다고 할 수 있다. 문화의 내포로 말한다면, C층은 B, A층을 기초 로 함은 물론 B층은 A층을 그 기초로 삼는다. 이를테면, 실증 혹은

과학 단계는 형이상학과 신학 단계를 그 기초로 하고, 형이상학 단계
인즉슨 신학을 그 기초로 한다. 이것이 바로 문화의 진화가 최고층에
서 줄곧 최저층에 이르기까지 모두 최저의 한 단계에 그것을 포함시
킬 수 있음을 말해주는 것이다. 슈펭글러의 소위 모든 문화의 본질은
종교적이라고 하는 이 말 역시 해명되지 않음이 없다. 그렇지만, 문화
의 上屬에 대해서 말한다면, 예를 들어 A의 상층은 B이고 B의 상층
은 C이지만, B는 결코 A에 의해서 지배받지 않으며 오히려 그 속에
있는 A를 지배한다. C 역시 B, A에 의해서 지배받지 않으며 반대로
B, A에 능히 영향을 준다. 이것이 바로 문화 진화의 제2단계(層次)를
말한 것으로, 형이상학은 결코 신학에 의해서 지배받지 않으며 역으
로 그 속에 있는 신학을 지배한다. 제3단계(層次)에 있어서인즉슨 실
증 혹은 과학 역시 형이상학이나 신학에 의해 지배받지 않으며 반대
로 능히 형이상학이나 신학의 변화를 발생케 한다. 이와 같은 견해는
문화의 내포와 상반되지만, 도리어 콩트설의 장점에 대해서 알맞게
설명을 가한 것이다. 재차 바로 소위 문화의 因緣인 것이다."[170]

주겸지는 이 3단계의 법칙은 비록 역사적 단계의 발전이지만, 실
제로는 인류 정신 가운데 고유한 세 가지 종류의 다른 지식 형식이
라고 했다. 가령, 신학 지식을 A, 형이상학 지식을 B, 실증 혹은 과
학 지식을 C라고 한다면, A, B, C가 상호 결합하여 이룬 문화 총체
는 여러 가지 다른 구조와 다른 배열의 형식을 갖는다. 예를 들면
아래 그림의 나열과 같다.

제1시기 A	AA	AB	AC
제2시기 B	BA	BB	BC
제3시기 C	CA	CB	CC

170) 앞의 책.

그의 설명을 좇아가보자.

"A인 신학 지식(종교)으로 말하자면, AA는 종교적 종교이고 BA
는 철학적 종교이고 CA는 과학적 종교이다. B인 형이상학 지식(철
학)으로 말하자면, AB는 종교적 철학이고 BB는 철학적 철학이고 CB
는 과학적 철학이다. 같은 이치로 C인 과학적 지식으로 말하자면 AC
는 종교적 과학이고 BC는 철학적 과학이고 CC는 과학적 과학이다.
그 사이인 뒤 층이 앞 층에 돌고 돌아서 달라진 까닭은 전체 내면적
구조가 여러 가지로 다른 면이 존재하기 때문에, 매 새로운 층의 표
현적 형식 역시 갖가지로 달라지는 데 불과하다. 문화철학에서 보면
이 같은 차이는 또한 결코 절대적인 것은 아니다. 문화 생명의 근본
현상을 엿볼 수만 있다면, 한 층, 한 층의 단계적 靜相은 원래 인연의
화합에 의해서 이루어진 것으로 본래는 실상이 없음을 알 수 있다.
그리고 문화의 진화 또한 영원히 한순간도 정지하지 않고 창조적 진
화를 계속하는 '영원한 현재' 바로 그것이다."171)

지금까지 주겸지에 입각해서 '문화철학의 개념'과 '문화의 진화'에
대해 살펴보았다. 우리가 일반적으로 문화와 문명을 말할 때 혼용
해 쓰거나, 굳이 구별한다면 문화는 중성적인 것으로 가치판단이
배제되며 문명은 긍정적인 것으로 인류 사회의 진보 상태를 말한
다.172) 또한 문화는 문명을 구성하는 개별적 요소이고 그 양상 정
도로 이해한다.173) 사실 문명과 문화의 개념 정의만도 200여 가지
나 된다고 한다. 학자마다 서로 다른 차원과 시각에서 정의를 시도
한 탓일 것이다. 주겸지 역시 그 나름대로의 문화에 대한 개념 정
의를 하고 있음을 앞에서 살펴보았다. 주겸지의 문화 개념은 기본

---

171) 앞의 책, 260쪽.
172) 馮波, 『中西哲學文化比較硏究』, 北京廣播學院出版社, 2003, 4쪽.
173) 정수일, 『고대문명교류사』, 사계절출판사, 2002, 23쪽.

적으로 양수명이 문화를 '한 민족의 생활양식'[174]이라 한 것과 그 패턴이 유사하다. 양수명은 알다시피 베르그송의 생명철학과 유가 철학의 생명 관념을 결합하여 도덕적 형이상학을 건립함으로써 명맥이 다해가던 전통 유학을 현대화시키는 데 결정적인 공헌을 하였다. 그리하여 20세기 중국 근현대철학사에서 현대신유학의 독자적 영역을 구축했던 것이다.[175]

주겸지의 문화관은 이처럼 양수명이라는 큰 틀 속에 있으면서 루소로부터 기초함은 물론 짐멜, 딜타이 등의 '생활철학'과 베르그송, 크로체, 슈펭글러 등의 '생명주의파'에 근거한다. 주겸지는 문화를 '인류 생활의 표현'이라 함으로써 양수명이 현대신유학으로 나아갔던 것에 반해, 중국식 전통주의적 아나키즘 문화관을 확립하고 있다. 주겸지가 '개인주의적 아나키스트'로서 그의 아나키즘이 천의파의 이론적 지도자 劉師培의 '중국식 아나키즘'의 한 흐름으로 평가된 것[176]만 보아도 알 수 있다. 그리고 무엇보다도 문화를 영원한 창조와 진화인 '생명의 부류'에 정초한 것은 당시 중국 사회를 정체시킨 전제주의 봉건 문화를 혁신시키고자 한 의도였다. 즉, 비과학적 속성과 도덕형이상학적 색채가 짙은 중국 문화의 추상성과 모호성을 떨쳐버리고 문화 논의를 올바른 시대 인식의 환기 내지는 인간의 현실적인 삶의 문제로 끌어들였다는 점은 긍정적으로 평가할 만하다. 또한, 서구 열강의 힘의 원천으로서 당시 동양으로 쇄도해 왔던 서양의 과학 문화에 대한 각성을 그의 문화철학은 진작시키고 있다. 그가 현재성과 생명성을 지녀야만 참된 문화라고 주장했던

---

174) 『梁漱溟全集』, 第1卷, 「東西文化及其哲學」, 山東人民出版社, 1989, 352쪽.
175) 崔洪植, 『梁漱溟의 文化哲學에 관한 硏究』, 成均館大 大學院 博士學位論文, 2002, 68쪽.
176) 조세현, 『동아시아 아나키즘, 그 반역의 역사』, 책세상, 2001, 71쪽.

것은 현존하는 과학 문화에 대한 각성의 촉구였음은 물론, 더 나아
가 맹목적인 복고 운동을 통렬하게 비판했던 것도 중국 문화의 과
학화를 위한 일침이었다.

그러나 주겸지의 문화 개념은 그렇게 독창적인 것만은 아니다.
이미 언급했던바 그가 문화를 '환경을 지배하는 인류 생활의 각 방
면의 표현'으로 이해한 것은 대국적으로 베르그송의 영향하의 양수
명이라는 큰 틀 속에 있었고, 문화와 문명의 개념 규정에 있어서도
문화(Kultur)와 문명(Civilization)이라는 어원과 원의를 토대로 하
여 콩트의 이론을 차용·발전시킨 데 불과하다. 이를테면, 문화를
지식적 문화생활인 종교, 철학, 과학, 예술로, 그리고 문명을 사회적
문화생활인 정치, 법률, 경제, 교육으로 나눈 것이 그것이다. 물론
예술과 교육을 첨가한 문화의 유형과 작용에 대한 그의 견해는 마
땅히 평가되어야 하겠지만, 이러한 구별법은 근본적으로 콩트의 인
류 지식의 진화 법칙인 신학 단계, 형이상학 단계, 실증과학 단계
이론과, 물질적 진화 법칙인 군사 단계, 법률 단계, 산업 단계 이론
의 형태에서 크게 벗어나지 않는다. 아울러, 문화를 문화철학의 연
구 범위로, 문명을 문화사회학 연구 범위로 대응시키는 것이 얼마
나 타당성이 있는지에 대한 고려가 뒤따라야 할 것이다. 왜냐하면,
그 자신이 정작 문화란 지식적인 것과 사회적인 것의 두 측면을 모
두 포괄한다고 말하고 있음에도 불구하고 이처럼 무리하게 나누는
것은 논란의 여지를 남기기 때문이다. 또한, 여러 가지 문화의 기초
개념을 통해서 콩트의 3단계 법칙을 발생식적 법칙으로 대체한 것
은 역사진화법을 채용한 그의 문화철학의 장점이라고 할 수 있겠지
만, 그 의도가 자신의 문화철학에 있어 문화 유형의 도식을 위한
하나의 예비적 장치였다면 경계하지 않을 수가 없다.

제4장 문화유형학과 문화분기의 원리

1. 문화유형학

1) '역사진화'의 연구법

앞에서 언급했다시피 문화철학은 다름 아닌 Kultur 즉 지식적 문화생활을 연구하는 학문이다. 그렇다면, "지식적 문화 영역 내에 즉 종교, 철학, 과학, 예술 등 결국 어떠한 관계상 또는 어떠한 상이한 유형상에 정립시켜야 할지 이것은 곧 문제가 되지 않을 수 없다."[177] 예컨대, 주겸지는 종래의 철학개론은 철학의 역사적 연구법에 주의를 기울이지 않았음은 물론, 그것이 바로 '종합적 철학사'임을 알지 못했다고 생각했다. 그리하여 무수한 철학 문제에 대해서 전체적이고도 종합적인 해석을 가하지 못한 나머지, 진정한 철학과 여러 문화학의 관계에 대해서도 또한 아무것도 말하지 못하고 말았다는 것이다. 이제 그는 방향을 바꾸어 靜學的 철학개론을 動學的 철학개론으로 변화시키고, 조직학적이고 공간계열적인 철학개론을 발생학적이고 시간계열적인 철학개론으로 변화시켜 보자고 제안한다. 이렇게 함으로써, 이미 외면 퇴적이 되어버린 생각을 던져 버리고 곧바로 내면으로부터 철학과 여러 문화학(종교, 과학, 예술)의 역사적 즉 진화적 관계를 발견해낼 수가 있다고 했다.[178] 더군다나,

---

177) 『朱謙之文集』, 第6卷, 「文化哲學」, 福建敎育出版社, 2002, 261쪽.

178) 앞의 책.

그는 역사철학상 매우 유명한 '3단계 법칙'에 따라서 그것을 몇 시
기로 나눌 수가 있다고 보았다. 즉,

  "철학은 최초 '종교적 철학 시기'로서 극히 긴 시간을 누린 적이 있
었다. 그 당시의 모든 사상은 종교화하에 있었다. 종교가 곧 철학이었
던 때, 바로 철학사에 있어서 제1시기에 해당한다. 그 다음이 즉 '철
학적 철학 시기'로서 모든 사상이 철학화하에 있었다. 이를테면, 철학
이 비로소 철학 자신이었던 시기, 이것이 또한 철학사에 있어서 제2
시기인 것이다. 다시 그 다음으로 비교적 가까운 때인 '과학적 철학
시기', 이때의 모든 사상은 과학화하에 있었다. 과학이 곧 철학이었던
때, 철학사에 있어서 제3시기이다."[179]

  위에 비추어 주겸지 자신은 제1시기에는 종교가로서 철학자를 겸
하고, 제2시기에는 철학자로서 저절로 철학자가 되고, 제3시기에는
과학자로서 철학자를 겸한 셈이라고 자평하고 있다. 그러나 그가
가장 주안점을 두는 것은 "현재 가장 새로운 철학 경향은 이미 철
학을 과학으로 생각하는 것이 아니라 철학을 예술로 생각하는 추세
이다."[180]라는 말에 있다고 하겠다. 그는 기계적 유물론이 어찌 생
명을 간직할 수 있겠느냐고 반문함으로써, 철학이 예술로 변해야만
이 비로소 생명을 갖는다고 역설한다.

  "제3시기의 철학은 실증적 과학적 세계, 즉 공간적 세계로 크게 치
우쳐져 있기 때문에, 자연히 고요함(靜)이 많고 움직임(動)은 적으며,
퇴적하는 때가 많고 진화하는 때는 적게 마련이다. 말하자면, 공간적
세계는 단지 물질적 확장성만 존재하고 역사적 지속성은 결핍되어 있

179) 앞의 책.
180) 앞의 책.

다. 이런 까닭에 제3기의 철학이 비록 역사를 중시한다지만, 도리어 '물질적이고 확장성적인 生產史'일 뿐이다. 바꾸어 말해서 '양적 역사'일 뿐이지, 시간을 기초로 하는 '질적 역사'일 수는 없다. 시간이 존재해야만 비로소 역사성과 생명성, 그리고 예술성이 존재할 수 있음을 반드시 기억해야 한다."[181]

위의 인용문에 따르면 제3시기의 '공간 중심적', '물질 중심적', '과학 중심적' 철학 관념은 이미 점차로 과거의 일이 되어가고 있음을 알 수 있다. 철학은 이제 '시간 중심적', '생명 중심적', '예술 중심적' 철학으로 설명되어야 마땅하다. 주겸지는 이처럼 새로 일어나는 철학을 철학사에 있어서 제4시기로 이해했다. 동시에 이러한 최근과 미래의 철학 추세로 보자면 그는 예술가로서 철학자를 겸한다고 말할 수 있겠다. 그는 여기에 역사진화의 방법을 채택함으로써 연쇄적 관계로 더욱 발전시키고 있다. 말하자면,

"철학에 있어서 종교, 과학, 예술과의 관계를 이해하려면, 우선적으로 철학 그 자체가 역사의 발전 과정 속에서 '종교적 철학 시기', '철학적 철학 시기', '과학적 철학 시기', 그리고 '예술적 철학 시기'를 어떻게 거쳐 왔는지에 관해서 이해해야 한다. 마찬가지로 종교에 있어서 철학, 과학, 예술과의 관계를 이해하려면, 또한 먼저 종교 그 자체가 역사의 발전 과정 속에서 어떻게 '종교적 종교시기', '철학적 종교시기', '과학적 종교시기', 그리고 '예술적 종교시기'를 거쳐 왔는지에 관해서 이해해야 한다. 역시 이것을 과학, 예술과 각 문화학의 상호 관계에 미루어 보면 또한 이와 다르지 않다."[182]

---

182) 앞의 책, 261~262쪽.
183) 앞의 책, 262쪽.

이것을 표로 쉽게 나타내보면,

	제1시기	제2시기	제3시기	제4시기
종교	종교적 종교	철학적 종교	과학적 종교	예술적 종교
철학	종교적 철학	철학적 철학	과학적 철학	예술적 철학
과학	종교적 과학	철학적 과학	과학적 과학	예술적 과학
예술	종교적 예술	철학적 예술	과학적 예술	예술적 예술

지식 문화 영역 내에서의 그 문제가 이렇듯 복잡하기 때문에 문화철학의 보다 분명한 이해를 위해서 주겸지는 아래와 같은 예비 학문이 선행적으로 요구된다고 보았다.

제1종의 학문: 종교적 종교를 설명하는 '종교개론', 철학적 철학을 설명하는 '철학개론', 과학적 과학을 설명하는 '과학개론', 그리고 예술적 예술을 설명하는 '예술개론'.

제2종의 학문: 종교 그 자체의 발달 단계를 설명하는 '종교사', 철학 그 자체의 발달 단계를 설명하는 '철학사', 과학 그 자체의 발달 단계를 설명하는 '과학사', 그리고 예술 그 자체의 발달 단계를 설명하는 '예술사'.

제3종의 학문: 종합적 측면에서 지식 문화의 발전 진행 과정을 설명하는 것으로, 제1시기인 종교 시대로부터 제2시기인 철학 시대, 제3시기인 과학 시대, 더 나아가서는 제4시기인 예술 시대에 이르기까지가 여기에 해당된다. 이러한 학문이 바로 '역사철학'이다.[183]

이상으로 볼 때 그가 구축하고자 한 '문화철학'은 분명 '종합지식

---

183) 앞의 책.

문화학' 내지는 '종합예술사'임에 틀림없다. 이처럼 문화철학의 복잡한 특성 때문에 설명하기가 그리 쉽지만은 않아 보인다. 그렇지만, 그는 역사진화의 방법을 채택함으로써 이 일체의 곤란한 문제를 해결하고자 했다.

2) 문화의 '본질적 유형'과 그 '표현 형식'

주겸지는 헤겔의 논리주의와 콩트의 심리주의를 종합하여 문화의 근본 유형을 지식 생활상 4단계 즉 종교, 철학, 과학, 예술, 그리고 여기에 사회생활상 군사, 법률, 경제, 교육을 첨가하여 문화의 여덟 가지 유형을 완성해냈다. 그 본질상에서 보자면 각 문화의 유형은 독립적인 일종의 특수한 문화학으로 다른 것과는 상이하다. 형식상에서 보자면 그것은 시간의 변화에 의거함은 물론, 순서에 따라서 기타 문화 생명을 취함으로써 그 표현의 형식을 삼는다. 그러므로 한 유형에 있어서 각 유형과의 관계를 말하고자 한다면 당연히 본질상의 관계가 아니라 바로 형식상의 관계인 것이다. 각 유형의 본질적 생명은 독립해서 스스로 존재하는 초시간적 성질을 가진다. 각 유형의 표현적 형식인즉슨 기타 문화 생명과 상호 관계를 일으키는 까닭에 시간과 역사를 초월하지 않을 뿐만 아니라, 또한 시간과 역사 속에 존재하여 역사의 동적 관계를 이루는 것이다.[184]

주겸지는 문화의 본질을 헤겔의 '논리주의' 방법과 콩트의 '심리주의' 방법을 통해서 해석하고자 했다. 전자는 사상을 중심으로 하면서 형식적, 선험적, 이지적 경향이 있기 때문에, 헤겔 논리학을

---

184) 앞의 책, 263쪽.

응용하여 문화의 형식적 유형을 설명하는 것이 가장 좋은 방법이라고 했다. 후자는 생활을 중심으로 하면서 내용적, 경험적, 情意的 경향이 있기 때문에, 문화의 본질적 유형을 설명하려고 한다면 당연히 심리주의적 해석을 위주로 해야 한다고 했다. 그 이유인즉슨 논리주의는 본디 심리주의의 한 해석과 반영에 불과하기 때문이다. 그러나 문화의 본질에 대한 주겸지의 해석에 있어서 헤겔의 3분 변증법과 콩트의 3단계 법칙은 본래 서로 분명하게 나타내주고 서로 보충해주는 관계에 있다고 하겠다. 자신의 문화철학의 최대 공헌은 심리주의와 논리주의 두 파의 장점을 겸하면서도 단점을 갖지 않는 데 있다는 것이다.[185]

이제 문화의 본질에 대한 논리주의와 심리주의적 해석 방법으로서 헤겔의 3분 변증법과 콩트의 3단계 법칙이 주겸지에게 와서 어떻게 4분 변증법과 4단계의 법칙으로 변형·발전되고 있는지를 살펴보도록 하겠다. 그런데 콩트의 경우는 앞에서도 충분히 논의되었기 때문에 여기서는 헤겔을 중심으로 글을 전개코자 한다. 이와 동시에 독일의 문화사회학자인 막스 쉘러가 지식사회학에서 제시한 인류 지식의 세 종류가 콩트와 헤겔식 논법과 관련하여 주겸지에게서 어떻게 운용되는지도 함께 살펴보고자 한다.

주겸지는 문화 본질에 대한 헤겔의 논리주의적 해석 방법을 설명함에 있어서 문화의 한 유형인 철학을 그 예로 들어서 말을 시작한다. 그에 의하면 철학의 본질은 헤겔 논리학의 이른바 '卽自的'(an Sich)에 해당되는데, '즉자적'이라고 하는 이 변증법 명사를 사용하여 철학의 본질을 설명하는 것과 같은 해석 방식은 그의 독창적인 견해가 아닐 수 없다. 더 나아가서 그는 헤겔의 논리학적 명사를 문

---

185) 앞의 책, 265쪽.

화철학상에 응용함으로써 각기 다른 문화의 본질을 설명하고자 했다. 그에 앞서 먼저 헤겔의 변증법을 살펴보면 卽自的(an-Sich): (in itself, implicity); 對自的(für-Sich): (for itself, by itself); 卽自對自的(an-und-für-Sich): (in and for itself)으로 나타낼 수가 있다.

주겸지의 설명에 따르면 '즉자'란 곧 '有'이지만, '有'는 '無'로부터 생긴다. '卽自'=定有는 사실 '無'로부터 생기기 때문에, 변증법에서 보면 헤겔이 '유'로부터 말을 시작하는 것은 매우 불완전한 것이 되고 만다. 왜냐하면, '즉자적' 이전에 원래 '沒自的'이라고 하는 한 단계가 더 있어야 하기 때문이다. 그러나 헤겔은 당시 품었던 '즉자적' 단계를 넘어서 '몰자적' 단계를 회고하지 못했던 탓에, 단지 그의 3분 변증법만을 완성하는 데에 그치고 말았다고 주겸지는 비판한다.[186] 헤겔의 변증법은 사실 잘 해석해보면 모든 사물의 논리적 발전을 말한 것에 지나지 않는다. 문화 현상도 당연히 예외가 아니어서, 예컨대, '즉자적'이란 곧 '내가 자각하는 것은 모 존재를 가진다는 것임'을 그 출발점으로 삼는다. 나의 체험을 출발점으로 해서 철학 체계를 구성한다는 것이다.[187] 주겸지는 이 세 가지의 논리학적 명사를 문화철학상에 응용하여 각기 다른 문화의 본질을 설명하고자 했다. 아울러, '즉자적' 이전에 '몰자적'한 단계를 덧붙임으로써 네 종류의 문화 본질을 다음과 같이 나타내고 있다. 즉, ① 몰자적-종교적 관념 형태: ② 즉자적-철학적 관념 형태: ③ 대자적-과학적 관념 형태: ④ 즉자대자적-예술적 관념 형태가 그것이다.[188]

주겸지에 의하면, '철학'이란 바로 '즉자적'을 그 관념 형태로 해

---

186) 앞의 책, 263쪽.
187) 앞의 책, 264쪽.
188) 앞의 책.

110

서 직접 자신을 인식하는 인식론 문제, 더 나아가서는 윤리학적 문제에 귀결된다. '과학'은 '대자적'을 관념 형태로 해서 각종 자연적인, 더 나아가서는 사회적인 각종 사실의 진상을 연구하는 데에 귀결된다. '예술'이란 '즉자대자적'을 관념 형태로 하기 때문에, 주객관이 융합한 상태의 예술적 이상향을 감상하는 데에 귀결된다. 그런데 '종교'에 있어서만큼은 즉 '몰자적'으로 그 관념 형태를 삼는데, 헤겔이 언급하지 않아서 아무래도 소홀히 대한 감이 있다고 그는 스스로 아쉬움을 토로하고 있다.189)

주겸지는 헤겔이 다시 태어난다고 해도 그 몰자적 단계는 부정될 수가 없다고 할 정도로 그 자신이 세운 학설에 대해 강한 자신감을 내보이고 있다. 그렇다면, 이 몰자적 단계의 논리적 근거는 어디에서 오는 것일까? 그는 헤겔을 향해서 대립성의 통일 형태를 적절히 응용하지 못했다고 비판했던 루트비히 피셔(Ludwig Fischer)에게서 그 단서를 찾고 있다. 피셔에 따르면,

"헤겔 방법의 본질은 전체 — 그 가운데에 대립성을 노출시킨다 — 인 단일자로부터 출발하는 것이 아니라, 대립성의 한 측면으로부터 출발해서 그 다음에야 비로소 이러한 대립성의 제2보충적 측면을 탐구하며, 최후에는 이 측면에서 '통일'을 건립한다. …… 이렇게 끌어온 제1차의 총체적 형태의 분열은 맞지가 않다. 왜 그러한가? 나눌 수 없는 단일자를 나눌 수 있는 각 부분이나 분열의 존재로 여겨 고찰한 다음, 이 부분으로부터 전체를 구성하는 까닭이다. 여기에서 空想上의 '부분'은 논리상 마치 전체의 앞에서 독립적 사물이 되어 출현하는 것 같다."190)

---

189) 앞의 책.
190) 앞의 책.

주겸지는 이 의견에 극도로 찬동했을 뿐더러 그 이유 역시 밝히고 있다. 말하자면, 헤겔 논리학의 출발점은 진정한 전체-단일자로부터의 출발이므로 마땅히 '몰자적 존재' 즉 '신적 존재'이어야만 하고, 대립성의 측면-'즉자적' 즉 '사유적 존재'에서 출발해서는 아니 되기 때문이다. 그렇지만, 헤겔 논리학의 발단은 '思惟'와 '有'의 동일성적 견지상에 입각하는지라 결과적으로 사상이 곧 유이고 유가 곧 사상인 것이다.[191]

그는 또한 헤겔이 " '유'란 우리들이 능히 감각·직관·표상할 수 있는 것이 아니다. '유'는 바로 순수 사상이고, 또한 '유'는 순수 사상으로 시원을 형성한다."라고 한 말에 주목한다. 즉, 여기서 주의를 기울여야 할 점은 바로 이 순수 사상의 순수 유로서, 극단적인 데까지 미루어 보면 여전히 非有, 순수 無의 개념과 같다는 것이다. 더구나, "시원은 '유'와 '무'의 통일, 바꾸어 말하면 동시에 '유'도 존재하고 '비유'도 존재하며, 또한 동시에 '비유의 유'이기도 하다." 이처럼 순수 유가 이미 절대적 부정을 말한 것에 불과하다면, 순수 사상의 즉자적 형태로부터 하나의 생각도 낳을 수 없는 순수 무의 '몰자적' 형태를 곧바로 추구해낼 수가 있겠다. 따라서 '즉자적' 앞에 '몰자적' 단계를 첨가해야 하며, 자신을 잊어버리는 몰자적 형태가 바로 종교적 관념 형태에 해당된다고 주겸지는 생각했던 것이다.[192] 이렇게 되면 헤겔의 3분 변증법은 '4분 변증법'으로 변하게 되는 것이다.

그는 계속 설명하기를, 역사 진화의 법칙에 비추어보면 제1단계인 종교 형태로부터 제2단계인 철학 형태, 다시 제3단계인 과학 형

---

191) 앞의 책.
192) 앞의 책, 264~265쪽.

112

태, 더 나아가서 제4단계인 예술 형태에 이르기까지 그 생명의 한 흐름 속에는 말할 필요도 없이 가장 큰 문화의 진화가 존재하는 까닭에 억지로 분절해서는 안 된다. 그렇지만, 다른 측면에서 보면 이 지속(Duration)적 근본 현상 외에도, 또한 지양(Aufheben)적 단계 법칙을 간파할 수가 있다. 가령 철학과 종교를 그 예로 들어보면 철학인즉슨 종교 형태에 대한 그 첫 번째 부정이다. 철학과 종교가 서로 충돌했던 역사는 곧 인류 지식이 '몰자적' 형태로부터 '즉자적' 형태로 나아가는 것이었음은 물론 발전 과정 속에서도 피할 수 없는 관념 투쟁이었던 것이다. 그런 까닭에 고대 그리스의 소크라테스는 도의를 위해서 온 몸을 바쳤고, 근세에는 데카르트, 스피노자(Spinoza), 루소 등 여러 큰 학자들 역시도 종교의 압박을 받았을 뿐만 아니라, 심지어 몸에 刑戮을 당하는 데에까지 이르렀다.193)

그러나 철학과 종교가 충돌한 이유를 연구해보면, 실제로는 인류 문화가 제1단계(종교 형태)에서 제2단계로 나아감에 있어서 마땅히 존재하는 논리의 필연적 발전을 나타내는 데 불과하다는 것이 주겸지의 논지이다. 그리고 이와 같은 문화의 발전 과정 속에서 많은 큰 철학자들이 희생되었을 따름이다. 뿐더러, 종교 그 자체는 또한 부정의 부정 법칙에 따라서 발전하기 때문에, 제1기인 종교적 종교에서 제2기인 철학적 종교, 제3기인 과학적 종교, 더 나아가서는 제4기인 예술적 종교에 이르게 된다고 했다. 말하자면, '몰자적' 종교는 '즉자적' 종교로 부득불 바뀌고, '즉자적' 종교는 '대자적' 내지는 '즉자대자적' 종교로 바뀌지 않을 수가 없는 것이다. 소위 철학과 종교의 충돌은 종교 그 자체로만 말한다면 제1기인 종교적 종교로부터 제2기인 철학적 종교로 옮기어가는 것에 불과하다고 하겠다.

193) 앞의 책, 265쪽.

그러나 제1기의 종교 형태는 '몰자적'이고 제2기의 종교 형태인즉슨 '즉자몰자적'이다. 제3기는 '대자몰자적'이고 제4기는 '즉자대자몰자적'이다. 주겸지는 '몰자적' 종교 형태가 오히려 종교적 본질이므로, 어떤 때를 막론하고 이것은 성질이 불변적이고, 그렇지 않으면 종교가 될 수 없다고 말한다.[194]

　앞에서 콩트가 인류의 지식적 진화로서 3단계 법칙, 즉 ① 신학 단계; ② 형이상학 단계; ③ 실증적 또는 과학적 단계를 제시했다고 말한 적이 있다. 헤겔이 예술적 관념 형태로서 '즉자대자적'을 말한 것에 대해서 콩트의 입장에서 보면, 그는 『실증철학』 속에서 美的 진화와 과학 진화가 대립하는 것으로 생각했다. 그가 이 두 진화의 인자를 분별하려고 했지만, 여전히 미적 단계가 과학 단계 뒤에 와야 된다는 사실을 시인할 용기는 없었다. 주겸지는 이것이 콩트의 최대 결점이라고 지적한다.[195] 그는 콩트가 제3기 실증·과학적 단계에 머물러 있었기 때문에 제4기 예술적 단계를 충분히 볼 수 없었던 것은 당연한 귀결이라고 생각했다. 그러므로 콩트가 동시기로 생각했던 과학 운동과 미학 운동을 선후로 나누어서 일종의 연속률적 관계로 삼을 것을 그는 주장했던 것이다. 이렇게 되면 콩트의 3단계 법칙은 '4단계 법칙'으로 변하게 됨을 알 수 있다. 이것을 토대로 해서 콩트와 헤겔의 학설을 비교해보면 다음과 같다.

	제1단계	제2단계	제3단계	제4단계
콩트	신학 단계	형이상학 단계	실증적·과학적 단계	예술적 단계
헤겔	몰자적	즉자적	대자적	즉자대자적

---

194) 앞의 책.
195) 앞의 책, 266쪽.

되풀이 되는 말이지만, 콩트는 그 자신이 제3단계에 서 있었기 때문에 실증적·과학적 단계로 그 종점을 삼았다. 헤겔 그 자신은 제2단계에 서 있었기 때문에 즉자적 단계로 그 기점을 삼았던 것이다. 실제로 발전적 역사관에서 보면, 실증적·과학적 단계 다음에 응당 예술적 단계를 더해야 하는데, 헤겔의 3분 변증법의 '즉자대자적' 형태에 해당된다. 같은 이치로 헤겔의 '즉자적' 단계 이전에는 원래 '몰자적'이라고 하는 한 단계를 더 넣어야 하는데, 콩트의 3단계 법칙 중 '신학 단계'에 해당되는 것이다.[196]

요컨대, 콩트의 심리주의든 헤겔의 논리주의든 막론하고 주겸지의 분석을 거친 결과, 두 파 모두는 이처럼 세 종류의 기본 활동을 가지면서 세 역사 단계를 형성하고 있다는 사실을 알 수 있다. 더 나아가서, 주겸지는 여기에 각각 하나씩을 첨가하여 문화 본질 곧 네 종류의 문화 본질적 유형을 제시한다. 즉, 문화의 네 가지 본질적 유형은 첫째는 종교, 둘째는 철학, 셋째는 과학, 넷째는 예술이 바로 그것이다.

한편, 그는 또한 독일의 문화사회학자인 막스 쉘러의 지식사회학을 소개하고 있다. 말하자면, 쉘러는 일찍이 콩트의 3단계 법칙에 반대하여 소위 '지식사회학'을 제창했던 것이다. 신학적, 형이상학적, 그리고 실증학적 인식과 사고는 모두 콩트가 말한 바와 같은 역사적 단계의 발전이 아니라, 인류의 정신 속에서 처음부터 가지고 있는 세 종류의 다른 인식 형식이라고 그는 생각했다. 그는 인류의 지식을 세 종류로 나눌 수 있다고 했다. 즉, ① 해탈적 지식(Erlörungswissen); ② 교양적 지식(Bildungswissen); ③ 실용적 지식(Leistungswissen) 혹은 정복적 지식(Herrschaftwissen)이 그것이다.[197]

---

196) 앞의 책.

이와 동시에 쉘러는 『사회학과 세계관』(Zur Soziologie und Weltanschanung)이라는 저서 속에서 콩트의 3단계의 법칙에 반대하여 신학적 인식과 사고, 형이상학적 인식과 사고, 그리고 실증학적 인식과 사고로 생각하였다. 이 모두는 理知 발달 속의 역사 단계가 결코 아니라, 인류 정신 본성 아래에 있는 모종의 본질적이고 지속적인 정신 상태이고 또한 '인식 형식'이다. 그래서 어느 것이든 막론하고 다른 것으로는 '대체'하거나 '대표'할 수가 없다. 왜냐하면, 그 속에는 전혀 각기 다른 세 동기가 있기 때문에, 정신을 인식하는 행동에는 전혀 각기 다른 세 부류, 세 목표, 세 인격형, 더 나아가서는 세 가지의 사회단체가 되는 것이다. 즉 이처럼 각기 다른 기초에 의해서 종교, 형이상학, 실증과학이 성립된다고 하겠다. 심지어, 이 세 가지 정신력의 역사적 운동 상태 또한 근본적으로 서로 같지가 않다.198)

주겸지는 막스 쉘러의 '지식사회학'은 콩트의 3단계 법칙과 서로 충돌되지 않는다고 생각했다. 즉, 쉘러와 같이 인류 정신의 본성에서 인식적 세 형식, 즉 문화 본질의 세 유형을 간파할 수 있는가 하면, 콩트와 같이 저 표면 지식의 물질적 단계 법칙, 즉 문화 본질의 역사성을 발견할 수 있다는 것이다. 다시 말해서 콩트는 문화의

---

197) 앞의 책, 267쪽.

198) 앞의 책: 주겸지는 여기서 그 중요한 점을 다음과 같이 표로 나열하고 있다.

인식형식	(1)신학적 인식과 사고	(2)형이상학적 인식과 사고	(3)실증학적 인식과 사고
동기	濟度	경탄	지배
목표	敎人 및 그 단체	최고 인격의 완성	현상적 관계의 인식
방법	희망, 공포, 사랑, 의욕, 인식 등	직관본성	관찰, 실험, 귀납 및 연역
지도자	성자	현자	연구자
사회단체	교회, 종파, 신앙단체	학파	문학, 전문학교, 학사원, 학회 등과 같은 과학단체

역사적 진화 단계를 꿰뚫어 보았다면, 쉘러는 문화의 본질적 유형을 꿰뚫어 보았다고 말할 수 있다. 그러나 쉘러 역시도 단지 인식의 세 형식만을 알았지 이 세 형식 외에 더욱이 인류 정신의 본질 속에 원래 지녀온 '예술적 인식과 사고'가 있음을 알지 못했다고 주겸지는 똑같이 비판하고 있다. 그는 여기서 슈프랑거가 그의 저작 『生活基型』에서 주장한 문화 심리의 여섯 모형을 가지고서 보충하고자 했다.

"슈프랑거는 문화 심리에 여섯 모형이 있다고 주장했다. 즉, ① 이론형, ② 경제형, ③ 심미형, ④ 종교형, ⑤ 정치형, ⑥ 사회형이 그것인데, 이 여섯 모형으로부터 비로소 성격을 만들어 냈던 것이다. 쉘러는 종교형 즉 신학적 인식과 사고가 聖者를 창조했고, 이론형 즉 형이상학적 인식과 사고가 賢者를 창조했다고 단지 알았을 뿐이었다. 그러나 심미형 즉 예술적 인식과 사고가 예술가를 창조할 수 있음에 대해서는 알지 못했다. 더군다나, 쉘러의 역사주의에 반대하는 논조는 또한 근본적으로 착오이다."199)

그의 생각에는 문화의 본질적 유형은 여러 가지가 존재할 수 있으며, 이러한 갖가지의 유형은 사실 사회의 여러 가지 형태 즉 문화의 사회성과 여러 가지의 문화 시대 즉 문화의 역사성을 형성한다는 것이다. 만일 각 문화 시대가 사회 형태의 변화에 따라서 변화된다고 한다면, 문화사의 제1시대는 교회, 종교, 신앙 단체를 그 중심으로 해서 이룩된 종교 시대라고 말할 수 있다. 문화사의 제2시대는 각 학파를 중심으로 해서 이룩된 철학 시대이며, 문화사의 제3시대는 과학 단체, 말하자면 대학, 전문학교, 학사원, 학회 등을

---

199) 앞의 책.

중심으로 한 과학 시대이다. 이와 동일하게 문화사의 제4시대는 음악과 춤 이러한 미적 동기에 기초해서 결합된 예술 단체, 바로 이것을 중심으로 한 예술 시대인 것이다.[200]

이미 앞에서 언급했다시피 콩트는 일찍이 두 가지 측면에서 인류 생활의 진화를 관찰했다. 인류의 지식적 진화로서, 즉 ① 신학 단계; ② 형이상학 단계; ③ 실증적 또는 과학적 단계가 그것이고, 인류의 물질적 진화로서, 즉 ① 군사 단계; ② 법률 단계; ③ 산업 단계가 그것이다. 이 두 종류의 세 등급 법칙의 근본 개념은 사실 하나이면서 둘이고 둘이면서 하나인 것이다. 주겸지 식대로 하자면, 문화란 지식 생활의 세 유형을 가지고 있을 뿐만 아니라, 또한 사회생활의 세 유형을 가진다. 지식 생활상에서 말하자면 문화의 본질은 종교, 철학, 과학, 그 위에 예술로 나뉘어야 하고, 이 사회생활상에서 말하자면, 문화의 본질은 또한 정치(군사), 법률, 경제(산업), 그 위에 교육으로 나뉘어야만 한다. 바꾸어보면, 문화사의 제1시대는 종교 시대임과 동시에 군사 시대이고, 문화사의 제2시대는 철학 시대임과 동시에 법률 시대이다. 그리고 문화사의 제3시대는 과학 시대임과 동시에 경제 시대이다. 이렇게 되면, 사회형태사관적 해석에 따라서 종교 시대는 교회 종파를 중심으로 할 뿐만 아니라 또한 동일한 성질의 군사가, 정치가를 중심으로 하고, 철학 시대는 학파를 중심으로 할 뿐만 아니라 또한 동일한 성질의 법률가를 중심으로 함을 알 수 있다.[201]

현대만을 가지고 말한다면, 과학 단체가 중심이 되는 현대는 다름 아닌 동일한 성질의 경제가가 그 중심이 되는, 즉 경제가 일체의 사

---

200) 앞의 책, 268쪽.
201) 앞의 책.

회를 지배한다고 하겠다. 그러므로 현 사회 문화를 구성하는 근저는 종교, 철학, 그리고 정치, 법률이 아니라, 실은 저 인류 현 생활을 가능하게 하는 과학 단체와 경제 조직인 것이다. 따라서 현대사의 해석은 당연히 오직 과학 단체와 경제 조직의 사회 형태에 의해서만이 비로소 설명이 가능하게 된다. 그런데 문화사의 전체로부터 관찰해보면 이른바 제3의 문화 시대는 단지 한 시기의 중대한 위치만을 차지할 수 있을 뿐이다. 앞으로의 미래 사회에서는 예술가, 교육가가 대두하여 예술과 교육으로 모든 것을 지도하자고 주장하는 시대가 반드시 도래할 것이라고 주겸지는 예단하고 있다.[202]

본 절에서는 주겸지의 '문화의 횡적 분석 - 문화유형학'을 살펴보았다. 그는 종합적인 차원에서 문화유형학과 '문화의 종적 발전 - 문화 분기의 원리'를 완전히 응용하여 모든 문화의 각 부분을 여덟 가지 유형으로 분별·배열함으로써, 매 유형마다 그 발전적 단계를 발견하려고 했다. 그리고 그의 문화에 대한 역사적 연구법은 각 문화 사실이 분기 원리에 따라서 끊임없이 일정한 방향을 향해 또는 연쇄적 관계로 진화한다는 논리는 다변적이고도 다층적인 문화를 보다 효과적으로 설명할 수 있다는 장점이 있다. 이것은 당시 중국 내의 문화 연구 수준을 감안해볼 때 다른 어떤 이론보다도 발전된 형태임에 틀림없다. 그러나 이처럼 주겸지 문화철학의 탁월한 면을 인정하면서도 한편 그의 논리 전개상 오류를 지적해두고자 한다. 그것은 다름 아닌 예술고정론의 오류이다. 주겸지는 헤겔의 3분 변증법과 콩트의 3단계 법칙을 4분 변증법과 4단계의 법칙으로 발전시키고 있지만, 이것은 자신의 이상 세계인 예술 문화의 확립을 위한 의도된 도식으로 파악된다. 다시 말해, 콩트의 3단계 법칙에 예

---

202) 앞의 책.

술 유형을 첨가시키려는 의도로 변증법을 왜곡시키고 있다는 인상을 준다. 그가 변증법을 4분으로 나누어 예술 문화 속에서 종교, 철학, 과학을 하나로 융합시키고자 했지만 결국은 변형된 변증법에 지나지 않는다.

말하자면, 정립(즉자)−반정립(대자)−종합(즉자대자) 라고 했을 때, 즉자대자적 존재는 그 자신 속에 즉자 존재와 대자 존재의 요소를 포함하는 까닭에, 양자의 '종합'・'통일'로도 생각할 수 있다. 이 종합・통일의 즉자대자적 존재는 새로운 입장에서 보면 그 자신이 또다시 즉자태가 되고 그 다음으로 변증법 발전의 출발점이 된다. 문화철학이란 이처럼 역사 진보의 과정 속에 있는 끊임없는 변증법적 과정의 철학으로 보아야 마땅하다. 그럼에도 불구하고 주겸지가 예술을 완결된 문화로 못 박은 것은 그 자신이 수용한 진보의 논리 차원에서도 모순이 아닐 수 없다. 그렇다면, '예술' 단계란 무엇일까? 그것은 헤겔의 '모순의 논리' 내지는 마르쿠제의 '위대한 거절'이란 개념으로 이해해야 합당하다. 인류가 '낮은 문화・원시종교'→'형이상학'(정신・육체 이원론)→'과학'(논리형식, 모형의 정립)으로 발전해왔다면, 부단한 역사 이행 속에서의 모형의 초자아적 파괴가 다름 아닌 예술인 것이다. 마르쿠제가 예술의 원형적 내용은 바로 구속에 대한 부정이며 진리의 일차적 특성인 '위대한 거절'을 표현한 것이라고 한 의미가 여기에 있다. 즉, 구속과 억제는 문화에서 반드시 치르지 않으면 안 될 희생[203]이며 예술은 이 과잉억압에 대한 자유의 추동력을 부여하는 것이다. 주겸지 역시 강권에 대한 저항으로 예술을 상정하고 있기 때문에, 형식화된 보수적 과학 모형의 파괴, 미리 조작된 규칙에 대한 거부, 특정한 기득권만

---

203) 허버트 마르쿠제, 김인환 역, 『에로스와 문명』, 나남출판, 2004, 38쪽.

을 위한 사상 - 제국주의 · 복고주의 · 왕조주의 · 운명철학 - 의 분쇄
라는 차원에서 예술 문화를 이해해야 합당하다.

2. 문화분기의 원리

앞에서 주겸지가 문화의 횡적 측면에서 문화의 본질적 유형을,
지식 생활상 종교, 철학, 과학, 예술, 그리고 사회생활상 정치, 법률,
경제, 교육으로 구분하게 된 논리적 배경과 그 과정을 분석해보았
다. 또한 '문화철학'의 개념을 검토하면서 전자는 '문화철학' 연구의
범위인 이른바 '문화'적 의미이고 후자는 '문화사회학' 연구의 범위
인 이른바 '문명'적 의미임을 확인하였다. 그런데 이것은 문화의 횡
적 측면의 연구일 뿐이고, 주겸지는 또한 문화의 종적 측면의 연구
가 있다고 했다. 이것이 바로 여기서 말하고자 하는 '문화 분기의
원리'인 것이다.

주겸지는 이러한 문화 분기의 과학적 연구를 통해서 문화사를 하
나의 발전으로 여기고자 했다. 하지만, 하나의 규율을 가진 단계 법
칙은 실증과학 시대에 이르러서야 비로소 사람들에 의해서 중시되
기 시작했다는 것이다. 물론 과학의 시기 이전에도 일종의 문화 분
기의 학설이 포함되지 않은 적은 없었다. 예컨대, 신학자가 인류 행
위의 모든 산물은 모두 하나님이 만들었다고 생각함에 따라서 신학
적 문화분기설이 발생했고, 형이상학자가 사상이 인류 행위를 지도
하는 모든 원동력이라고 생각함에 따라서 형이상학적 문화분기설이
발생했다. 그러나 사실 진정한 과학적 문화분기설의 성립은 실증과
학 성립 이후에야 기대할 수 있다는 것이 그의 생각이었다.[204]

1) '신학적' 및 '철학적' 문화단계설

주겸지는 최초의 신학 시기에는 근본적으로 어떠한 분기의 원리도 알지 못했다고 간주한다. 즉, 근본적으로 역사의 법칙이 필요치 않았다는 것이다. 인류 자신이 활약했던 모든 산물들은 하나님의 예정에 의해 창조된 것이므로, 일체 모든 것은 운명적으로 정해진 것이니 또한 무슨 법칙이 필요했겠냐는 분석이다. 모름지기 역사 속에서 하나의 발전, 하나의 내부 관계적 법칙의 존재를 증명해내고자 한 것이 바로 '역사 법칙'이라고 볼 때, 신학자들은 도리어 사람의 사상과 행위의 모든 창조물은 능히 불변의 존재라 생각하는 일종의 선입관을 견지하고 있었다. 때문에, 어떠한 문화 분기의 원리도 필요치 않았음은 당연한 것이라고 주겸지는 판단했다. 그는 둘째 단계인 형이상학 시기에 이르러서 사학가들은 사상이 모든 것의 원동력임은 물론, 인류의 활동을 뜻대로 지도할 수 있는 것으로 여겼다고 설명한다. 그런데 이미 역사가 단지 임의적 낭만적 무규율적 자유적 표현인 이상에야 문화 분기가 어떻게 존재할 수 있겠느냐고 또한 그는 반문한다. 그러므로 그의 관점에서는 많은 형이상학 시기의 역사가들, 바꾸어 말해서 자산 계급의 역사학자들은 모두 역사 속에는 법칙이 없다고 공공연히 주장한다든가 혹은 역사는 그 과학이 될 수 없다고 말한다는 것이다.[205]

이처럼 신학적 역사가들은 이른바 역사 법칙이 필요치 않았고, 형이상학적 역사가들은 하나의 규율을 가진 역사 법칙을 바라지 않았다. 그런데 매우 모순적이게도 역사 법칙적 사상의 맹아는 사실

---

204) 『朱謙之文集』, 第6卷, 「文化哲學」, 福建敎育出版社, 2002, 269쪽.
205) 앞의 책, 277쪽.

그 필요치 않거나 바라지 않은, 역사 법칙을 지닌 이 사상 속에 함유되어 있다고 주겸지는 보았다. 신학자들은 역사 법칙이 필요하지 않다고는 했지만 그 필요치 않은 것은 단지 '과학적 역사 법칙'이고, 극단적인 데에 다다르게 되면 그들은 단지 '신학적 역사 법칙'만을 원한다고 말한다는 것이다. 이와 동일하게 형이상학자들 역시 하나의 '과학적 역사 법칙'은 바라지 않는다고 하면서도 극단적인 데에 이르게 되면 단지 '형이상학적 역사 법칙'만을 원한다고 실토한다는 것이다.[206] 그러므로 주겸지는 다음과 같이 말한다.

> "한 측면에서 말하면 물론 신학 시기, 형이상학 시기는 결코 문화의 분기가 없다고 말할 수 있다. 이것은 '부정'인 것이다. 그러나 또 한 측면에서 말하면 신학, 형이상학 시기는 각자 그 시대를 대표하는 법칙 즉 신학, 형이상학적 문화단계설이 존재한다. 이것은 '긍정'인 것이다. 동시에 '부정'이면서 또한 '긍정'이라고 말할 수 있다. '부정'의 한 측면에서 보면 응당 역사의 법칙은 실증적·과학적 시기에 이르러서야 비로소 성립될 수 있겠지만, '긍정'적 측면에서 말하면 신학사가 이래부터 즉 역사 법칙은 존재했다."[207]

즉, 과학 시기에 과학적 문화 분기가 있는 것처럼 결국 신학 시기에는 신학적 문화 분기가 있고 형이상학 시기에는 형이상학적 문화 분기가 있다는 것이 그의 결론이다.

이상의 주장을 토대로 해서 주겸지는 '신학적 문화단계설'과 '철학적 문화단계설'을 아우구스티누스와 헤겔의 저서 속에서 각각 그 원리를 찾고 있다. 그는 아우구스티누스를 신학적 문화단계설의 대표적인 인물로 꼽았는데, 아우구스티누스가 지은 『神國論』(De

---

206) 앞의 책.

207) 앞의 책.

Civitate Dei)에는 이른바 '문화 분기의 원리'가 함유되어 있다고 했다. 그가 소개하고 있는 아우구스티누스의 兩期說, 三期說, 六期說은 다음 표와 같다.[208]

양기설	· 기독 이전 - 복음준비시기		· 기독 이후 - 복음전파승리시기
삼기설	· 인류의 소장시대 ······자연통치시대	· 성인시대 ······법률통치시대	· 노년시대 ······인애통치시대
육기설	· 소장시대 ⓐ 幼稚시기 (아담~노아) ⓑ 幼童시기 (노아~아브라함)	· 성인시대 ⓐ 제1기 (아브라함~다윗) ⓑ 제2기 (다윗~바빌론의 도망) ⓒ 제3기 (곧바로 기독 탄생까지)	· 노년시대 (기독 기원 이후 심판의 날까지)

또한 그는 헤겔을 '철학적 문화단계설'의 대표적인 인물로 생각했다. 헤겔이 1822년에서 1823년 겨울까지 베를린에서 강의한 『역사철학』, 그 제2편 제3장 「세계 역사의 구분」 속에 문화 단계의 원리가 함유되어 있다고 보았다.[209]

"정신의 제1시대는 동양의 세계이다. 예를 들어 중국과 몽고의 제국은 '신권 정치의 전제 정체'이고, 인도는 '신권 정치의 귀족 정체'이고, 페르시아는 '신권 정치의 군주 정체'이다. …… 정신의 제2시대는 그리스인의 세계를 포괄하는데 '아름답고 원만한 자유의 제국' 바로 그것이고, 로마인의 세계는 '로마의 제국'이 바로 그것이다. …… 정신의 제3시대는 게르만의 세계인데, 마침내 하나의 '현실 정신의 제국' 다름 아닌 '구체 자유의 제국'을 형성하는 데에 이른다. …… 결국 그는 게르만 민족이 바로 세계정신의 대표임을 극력 제창했다. 따라서

---

208) 앞의 책, 269~270쪽.
209) 앞의 책, 270쪽.

역사 단계의 원리 속에서 협의의 국가주의적 정신에 집중했던 것이
다. 문화사 발전의 제2기는 많은 역사가들이 역사 연구 속에서 '본국
역사가 마땅히 그 첫 번째 위치를 차지해야 한다.'고 제창했는데, 헤
겔의 이론은 바로 이러한 철학적 문화사 단계설의 영향인 것이다
."[210]

주겸지는 이 설명을 바탕으로 해서 헤겔의 '철학적 문화단계설'을
다음과 같이 알기 쉽게 표로 정리하고 있다.[211]

	정신단계	자유단계	자유발달단계	지리단계	정치단계	논리단계
제1단계	정신이 자연성 상태의 내부에 침잠하는 직접적 단계.	한 사람만의 자유	유아시대	동양인의 세계	신권정치	즉자적
제2단계	정신이 자연성에 탈출해서 자유의 의식에 들어가는 단계.	약간의 사람만의 자유	① 청년시대 ② 성년시대	① 그리스 세계 ② 로마 세계	자유의 제국 로마제국	대자적
제3단계	정신 사물의 본체적 자기 의식적 단계	인류자유	노년시대	게르만인의 세계	현실 정신의 제국	즉자대자적

2) '사회적·과학적' 문화단계설

주겸지는 진정한 역사 법칙인 문화분기설이 중시된 때는 사실 세
번째 시기인 즉 실증적 · 과학적 시대라고 했다. 이때에 이르러서야
역사를 사회과학 중의 하나로 인정한다거나 혹은 역사학을 각종 사

---

210) 앞의 책, 272쪽.
211) 앞의 책, 270~271쪽, 참조.

회과학의 방법학으로 인정했던 것이다. 이렇게 된 후로 역사 법칙은 비로소 사학 속에서 하나의 중요한 위치를 차지할 수 있게 되었다. 본 시기는 양대 다른 이른바 사회적·과학적 문화단계설을 만들어내는데 이것이 바로 실증주의와 유물주의이다. 주겸지의 말을 보면,

"실증주의가 지식 법칙 즉 사회사관이 역사를 다루는 방법이 된다면, 유물주의는 물질 법칙 즉 경제사관이 역사를 다루는 방법이 된다. 전자가 콩트를 중심으로 해서 史的 심리주의로 경도되었다고 한다면, 후자는 마르크스를 중심으로 해서 사적 논리주의로 경도되었다. 전자가 17, 18 양 세기 동안 과학 개념이 발달시킨 하나의 繼起的 과학 체계라고 한다면, 후자는 독일 고전 철학의 하나의 계기적 변증법 체계라고 할 수 있다."[212]

이 두 종류의 각기 다른 문화사 단계설은 사회사와 경제사의 연구에 대해서 모두 막대한 공헌을 가지는 것은 사실이다. 하지만, 냉정히 말해서 유물사관과 유물변증법을 응용하여 비록 사회 병리적 사회사와 경제사를 설명할 수는 있을지라도, 사회 생리를 그 중심으로 하는 사회사와 경제사를 설명하기엔 부족하다는 것이 주겸지의 입장이다. 이처럼 유물사관과 유물변증법에 대한 냉소적인 태도는, 물론 이때가 그의 학문 전개 과정에 있어서 아직 전기 즉 마르크스·레닌주의 비수용 시기인 탓이기도 하겠지만 그 적절성 여부 측면에서는 다소 균형감각을 잃은 듯하다. 그는 자신의 견해를, 즉 "마르크스가 사회문제를 연구함에 있어서 모든 깨달은 바는 단지 사회 진화의 결함만을 보았고 사회 진화의 원리는 보지 못했다. 그런 까닭에 마르크스는 다만 社會病理家일 따름이고 社會生理家라고는 말할 수 없

---

212) 앞의 책, 272쪽.

126

다."라고 했던 孫中山의 비판적인 말로 대신하고 있다.213)

마르크스는 『공산당선언』 제1절에서 "이제까지 사회의 모든 역사는 계급투쟁의 역사이다."라 했다. 주겸지는 이 말을 기점으로 삼아 마르크스가 1849년 『임금 노동과 자본』에서 제시한 단계설(고대 사회, 봉건 사회, 유산자 사회)과 엥겔스가 1884년 『가족, 사유 재산 및 국가의 기원』에서 제시한 단계설(고대적 노예제, 중세적 농노제, 근세적 임금노동제)을 한데 합쳐서 마르크스-엥겔스의 단계설이라 명명했다. 이 마르크스-엥겔스의 단계설이란 바로 '고대(그리스·로마)적 노예제, 봉건적 농노제, 근세유산자적 임금노동제'인 것이다. 그는 이처럼 마르크스파의 변증법을 근거로 해서 성립된 역사관만이 진정한 의미의 계급투쟁의 역사관이라고 했다.214) 그는 사회의 병적 사실과 병적 원리를 말살하지 않고 병적 현상과 병적 법칙을 발견하고자 한다면, 유물변증법을 적용하는 것보다 더 적당한 것은 없다고 했다. 왜냐하면, 변증법을 응용하면 사회가 진화할 때 발생된 병의 증상을 간파할 수 있기 때문이라는 것이다. 그러므로 사회사와 경제사의 병적 측면, 즉 사회 병리를 말하고자 한다면 유물사관, 유물변증법이 學理上 매우 유용한 것이라고 했다.215)

그러나 주겸지는 결국 유물변증법이 중시하는 바는 소극적인 이성적 측면에 있을 뿐이라고 비판한다. 아울러서 헤겔 논리학의 전 체계 속에서는 소극적인 이성적 측면 외에도 오히려 사변적인 혹은 적극적인 이성적 측면이 존재한다216)는 사실을 주지시킨다. 그런 까닭에 저 상호 배척적 대립물의 투쟁사는 결코 인류 사회 경제의

---

213) 앞의 책.
214) 앞의 책, 273쪽.
215) 앞의 책, 272쪽.
216) 앞의 책, 273~274쪽.

全史일 수는 없고, 단지 사회사, 경제사를 해석하는 반쪽의 역사일 따름이다. 뿐더러, 이러한 소극적 이론은 孫中山이 비판한 바와 같이 사실 사회 진화의 결과만을 해석했을 뿐이지 사회 진화의 원인에 대해서는 결코 해석하지 못했던 것이다.

이러한 점에서 주겸지는 사회 진화를 중심으로 한 사회생리학적 단계설의 중요성을 강조하고 있다. 이것은 이미 앞에서 논했던 유명한 소위 '3단계의 법칙'이 그 대표이다. 이 법칙은 근본적으로 지식 법칙을 물질적 법칙보다 더욱 중요하게 본다. 사회학의 시조로 일컫는 콩트는 비코(Vico), 튀르고(Turgot), 콩도르세(Condorcet), 생시몽(Saint-Simon)의 계통을 계승하여 하나의 매우 유명한 제의를 하였다. 그는 인류 지식의 진화를 3단계로 나누었다.

"첫째, 신학 단계: 이 시기의 모든 이론 기초는 바로 신이고, 모든 현상을 불가사의한 초자연력으로 그것을 설명한다. 둘째, 형이상학 단계: 이 시기는 추상적 개념, 바로 사람들의 마음에 잠복해 있는 사상을 가지고 일체를 해결한다. 셋째, 실증적·과학적 단계: 이 시기는 오로지 관찰을 위주로 하여 사실에서 획득한 법칙을 모아 정리하고 배열한다. 그럼으로써 모든 것을 설명하고 그 사용된 방법은 완전히 과학적이다."[217]

도표로 나타내보면 다음과 같다.[218]

	지식 단계	물질 단계	이론 기초	역정	시대 구분
제1단계	신학 단계	군사 단계	상상	인지 발전의 시작	상고부터 중세까지
제2단계	형이상학 단계	법률 단계	추론	인지 발전의 과정	문예부흥부터 18세기까지
제3단계	실증·과학 단계	산업 단계	관찰	인지 발전의 귀착점	19세기

---

217) 앞의 책, 274쪽.
218) 앞의 책.

사실 콩트의 이 '3단계의 법칙'은 그에 의해서 발명된 것이 아니라, 그의 훨씬 이전부터 점차로 이 학설은 형성되어 왔다. 그렇다면, 콩트의 진정한 공헌은 도대체 어디에 있는 것일까? 그것은 콩트가 인류 지식의 진화 법칙을 제창함에 있고, 더욱이 물질 진화의 3단계 법칙에 확실히 공헌함에 있다고 주겸지는 생각했다. 콩트는 물질적 진화 법칙을 매우 명백하게 알려주고 있는데, 즉, 첫째, 군사 단계; 둘째, 법률 단계; 셋째, 산업 단계가 그것이다.[219]

주겸지는 여기서 우리들이 사는 현대는 바로 산업 시대, 즉 경제가 모든 것을 지배하는 시대라고 강조한다. 그런 까닭에, 그는 사회 진화가 역사의 중심이 됨을 알아야 할 뿐만 아니라, 또한 확실히 산업 즉 '민생'이 사회 진화의 중심이 된다고 지적했던 것이다. 콩트의 단계설은 이후 두 가지 경향으로 발전하였다. 하나는 밀(J. S. Mill), 스펜서(Spencer), 버클(Buckle), 람프레히트(Lamprecht) 등 사회학적 사관의 발전이고, 또 하나는 힐데브란트(Hildebrand), 크니스(Knies), 슈몰러(Schmoller), 뷔쳐(Bücher) 등 경제학상 역사학파의 발전이 그것이다.[220]

요컨대, 주겸지는 진정한 제3기의 사회사와 경제사는 사회병리학적 원리를 포함할 뿐만 아니라, 또한 사회생리학적 원리 즉 사회 진화적 원리를 지닌다고 보았다. 동시에 진정한 제3기의 문화단계설은 '사회 병리'와 '사회 생리'를 마땅히 포함해야 하며, 일대 종합적인 사회사와 경제사의 방법이 되어야 한다고 했던 것이다.[221] 그러나 위에서 분석해본 결과, 그는 사회병리학적 단계설과 사회생리학적 단계설 중 그의 문화철학적 입장에서는 후자에 더 초점을 맞

---

219) 앞의 책.
220) 앞의 책.
221) 앞의 책, 272쪽.

추고 있음을 확인할 수 있다. 이로 인해 마르크스의 사상을 단편적
으로 바라보는 오를 범하고 있다. 더욱이 유물사관과 유물변증법이
사회 병리적인 방면만을 설명할 수 있고 사회 생리적인 방면을 설
명하기엔 정말 부족한 것인지에 대한 진위는 의문으로 남는다. 이
것은 정확한 근거의 제시 없이 손중산의 비판에 부화뇌동하는 면이
있기 때문이다. 하지만,

> "문화철학은 신학 시대에 있어서는 신학적 문화분기설이 신학 시기
> 의 역사를 해석할 수 있음을 잘 안다. 이와 동일하게 형이상학 시대
> 에 있어서는 형이상학적 문화분기설이 형이상학 시기의 역사를 해석
> 할 수 있다. 그러나 현대의 문화로부터 착안해본다면 현대는 과학 시
> 대인 까닭에, 당연히 과학적 문화분기설을 채용하여 과학의 시기를
> 해석해야만 할 뿐이다."[222]

위의 말에 비추어볼 때, 신학적, 형이상학적 문화분기설의 역사적
가치를 긍정하면서도 무엇보다 과학적 문화 분기의 견해에 무게를
두고 있다는 점에서 주겸지 문화철학의 가치를 확인할 수가 있다.

---

222) 앞의 책, 277쪽.

제5장 각 문화 유형의 개념

앞장에서 '문화의 횡적 분석－문화유형학'과 '문화의 종적 분석－ 문화 분기의 원리'를 살펴보았다. 주겸지는 문화철학의 연구에 있어서 이처럼 문화사의 연구법을 채용하는 것 외에도 각 문화 유형의 본질적 연구를 중시한다. 그는 네 가지의 문화 유형, 즉 종교·철학·과학·예술은 사용되는 각종 방법의 차이로 인해서 구분된다고 했다. 이를테면, 만약 종교 방법－연역법－을 통해서 연구해낸 것을 최후까지 분석한다면 모두 종교라고 할 수 있다. 같은 이치로 만약 철학 방법－변증법－을 통해서 연구해낸다면 모두 철학이라고 할 수 있다. 과학 방법－귀납법－을 통해서 연구해낸다면 모두 과학이라고 할 수 있다. 그리고 예술 방법－직관법－을 통해서 연구해낸다면 또한 모두 예술이고 할 수 있다. 왜냐하면, 종교, 철학, 과학, 예술이 종교다워지고, 철학다워지고, 과학다워지고, 예술다워지는 이유는 그 자료의 차이에서 오는 것이 아니라, 바로 그 방법의 특이함에서 오는 것이라고 그는 생각했기 때문이다.

또한 그는 헤겔 논리학상의 전문 용어를 채용하여 재차 방법론적 해석을 가하고 있다. 종교적 방법－연역법－은 몰자적 방법이고, 철학적 방법－변증법－은 즉자적 방법이고, 과학적 방법－귀납법－은 대자적 방법이다. 그리고 예술적 방법－직관법－은 바로 즉자대자적 방법인 것이다. 더 나아가서 지식의 체계로 논하자면 몰자적 방법은 막스 쉘러가 말한 바대로 '해탈적 지식'을 형성하고, 즉자적 방법은 '본질적 지식'을 형성하고, 대자적 방법은 '실용적 지식' 혹은 '정복적 지식'을 형성한다고 했다. 마지막으로, 즉자대자적 방법은 응당

'감상적 지식' 혹은 '표현적 지식'이라고 했다.

더구나, 이상의 지식적 진화는 또한 각종 방법이 뒤섞인 결과에 의한 것이므로, 매 방법은 모두 문화 영역의 전부를 점령한 적이 있다고 했다. 주겸지 식대로 한다면 현대는 의심할 것도 없이 과학적 시대이므로, 모든 종교, 철학, 예술은 귀납법적 색채를 띠지 않을 수 없을 것이다. 하지만, 문화 진화는 도리어 과학 시대라고 해서 완결된 것은 아니다. 역사의 단계적 발전에 따라서 과학 시대 역시 시대적 가치를 지니는 데 불과하다고 하겠다. 그는 미래에는 새로운 예술 시대가 그것을 대신할 것으로 예측했다. 미래의 모든 종교, 철학, 과학은 반드시 한 시기에 존재하여 모두 직관법적 색채를 띠게 된다는 것이다.

이러한 생각들은 여러 가지 논란을 불러일으킬 수가 있을 것이다. 그러나 먼저 문화철학의 연구 범위에 속하는 종교적·철학적·과학적·예술적 문화 개념에 대해서 순차적으로 각각 살펴보고 그 장단을 논하도록 하겠다.

1. 종교적 문화 개념

종교적 관념 형태는 '몰자적', 즉 주겸지가 말한 대로 '자신을 망각한 상태'로서 전적으로 우주 생동 감정의 정신적이고 경건적인 성질에 해당된다. 그리고 우리들이 우주 앞에 서면 스스로 보잘것없다는 생각을 품게 됨으로써, 그것이 가장 존엄하고 가장 위대한 불가사의한 정신 능력을 가짐에 따라 각 사람의 생명을 지배한다는 것과 같은 믿음을 갖는 것이다. 그러므로 '즉자적' 관념 형태가 철학으로서 주관적 상태(Subjective)에 해당된다면, '몰자적' 관념 형태는 바로 종교로서 투영된 상태(Projective)인 것이다. 아울러, 몰자적 관념 형태에서는 일체 모두가 감각적 혼돈 상태 속에 있어서 자아적 관념이 스스로 명확하지가 않다고 하겠다. 주겸지는 몰자적이라고 하는 이 단계는 비록 헤겔 변증법에서 주의를 기울이지 않고 있지만 사실인즉슨 더없이 중요하다고 했다.[223]

주겸지는 방법론상에서 각 문화 유형의 관계를 관찰해보면, 또한 각 문화 유형을 파악해낼 수가 있다고 주장한다. 사용하는 방법이 같지 않기 때문에 귀속된 문화 유형 또한 같지가 않다는 것이다. 즉 종교가 종교다운 까닭은 종교적 방법을 운용하기 때문이며, 철학이 철학다운 까닭은 철학적 방법을 운용하기 때문이며, 과학이 과학다운 까닭은 과학적 방법을 운용하기 때문이다. 또한 예술이 예술다운 까닭은 예술적 방법을 운용하기 때문이다. 그렇다면, 종교의 한 특수 형태를 구성하는 방법은 도대체 무엇인가? 방법론상에서 보면 각종 문화적 유형은 각종 다른 방법에 의해서 형성된다고 그는 생각했다. 자세히 보면, 연역법(신앙)-종교: 변증법(내성)-철학: 귀납법(관찰, 실험, 비교, 역사)-과학: 직관법(표현)-예술이 그것이다.[224] 재차 각종 방법의 상호 관계에 따라서 상세하게 배열해보면 다음과 같다.[225]

	제1시기	제2시기	제3시기	제4시기
종교	연역적 연역법	변증적 연역법	귀납적 연역법	직관적 연역법
철학	연역적 변증법	변증적 변증법	귀납적 변증법	직관적 변증법
과학	연역적 귀납법	변증적 귀납법	귀납적 귀납법	직관적 귀납법
예술	연역적 직관법	변증적 직관법	귀납적 직관법	직관적 직관법

223) 앞의 책, 280쪽.
224) 앞의 책, 282쪽.
225) 앞의 책, 283쪽.

변증, 귀납, 직관의 각 방법에 관해서는 다음 각 장에서 논하기로 하고, 여기서는 종교적 방법인 연역법이 무엇인지를 먼저 논해보도록 하겠다. 주겸지는 연역법은 신앙에 의지해서 성립되고 그 특색은 모든 사상의 가장 보편적인 형식에 배치되어 있다고 했다.

> "서방의 아리스토텔레스, 테오프라스투스(Theophrastus)와 유클레무스(Euclemus) 및 스토아학파, 그리고 중세기의 스콜라 학자가 발양시킨 '3단 논법'(Syllogism) 혹은 인도의 因明(hetu-vidyā, 고대 인도에서 일어난 논리학으로 五明의 하나 - 역주), 중국의 墨辯을 막론하고 모두 이 방법을 응용하여 종교적 교의를 옹호하였다."[226]

그는 종교적 방법인 연역법을 설명함에 있어서 인도의 '인명'과 중국의 '묵변'을 그 예로 들고 있다. 因明의 경우를 보면 이것이 어떠한 경지에까지 진보했든 간에, 다소의 종교성을 지닌다는 점은 어쨌든 부인할 수 없다고 했다. 예를 들어서,

> "『因明大疏』에서 말한 '因明을 구하는 것은 邪論을 파하고 正道를 건립하기 위해서이다.' 또, 『니야야경』(Nyāya-sūtra, 尼夜耶經 또는 正理經 - 역주)에서 말한 '량제量諦'(pramāna, 정리학파의 16제 중 하나. 참 지식을 획득하는 방법. 現量・比量・聖言量 또는 聖教量・譬喩量 네 가지 종류가 있음. - 역주)의 내부에는 '聖教量'이 있는데, 즉 성인의 말을 모든 언어 사상의 표준으로 여긴다는 것이다. 陳那의 『新因明』은 마땅히 매우 개혁적이라 해야 하겠지만, 여전히 '자신의 교의에 위배된다.'(自教相違)라는 一條가 들어있다."[227]

---

226) 앞의 책.
227) 앞의 책.

한편, 『入正理論』에서는 "자신의 교의에 위배된다고 함은 勝論師가 '소리는 항상하다'라는 宗(주장명제)을 세우는 것과 같다."라 했다. 바이셰쉬카학파(Vaiśeṣika, 勝論學派)에서는 "소리는 무상하다."(聲是無常)를 주장했다. 그 三支論을 도식해보면, "소리는 무상하다."(聲是無常) - 宗: "지어진 것이기 때문에"(所作性故) - 因: "지어진 것은 모두 무상하다. 마치 병 등과 같이"(凡所作者皆是無常, 例如瓶等) - 喩이다.[228] 이와 같은 삼지론법은 주겸지의 관점에서는 古因明의 五分作法을 간략히 한 것에 불과하며 사실 서양의 3단 논법에 해당한다. 그것을 한번 고쳐보면, "지어진 것은 모두 무상하다."(凡所作者, 皆是無常) - 대전제: "소리는 지어진 것이다."(聲是所作性) - 소전제: "그러므로 소리는 무상하다."(故聲無常) - 결론[229]이 된다.

그는 이러한 연역법은 사실 선례가 마음속에 있어야만 그것을 특별한 사건으로 추론할 수 있다고 보았다. 선례란 陳嘉靄의 『因明學』속에서는 바로 '선입관(成見)'이라 했는데, 주겸지는 그것을 '종교적 교의'로 단정했다. 이 삼지론법의 성립 시기에 있어서는 그 의거한 바는 '관찰'이 아니라 '신앙'이라는 것이다.[230] 연역법의 모든 기능은 즉 하나의 표준적 대전제를 세워서 교의를 옹호하는 데에 있다고 그는 생각했다. 그리고 그것의 목적은 논변으로써 타인의 언론과 주장을 찔러 승리함은 물론 단지 종전의 모든 옛 지식에 정리를 가하는 것에 있다고 보았다. 때문에, 연역법은 신지식에 대한 어느 정도의 발명에는 매우 어려움이 있어서 옛 것을 그대로 답습하여 종교 교의를 옹호하는 유일한 방법으로 변하였다[231]는 것이다.

---

228) 앞의 책.

229) 앞의 책.

230) 앞의 책, 283~284쪽.

136

또한, 중국의 예를 보자. 예컨대, 주겸지는 『墨子』「天志篇」에서 이러한 '노예 근성적 논리'의 좋은 예를 찾아볼 수 있다고 말한다. 墨子는 '天志'를 가지고 모든 일을 측량해 갔고, 하나의 대전제를 정하여 우리들의 언담과 사상의 표준으로 삼았다. 주겸지는 묵자가 삼단 논법을 응용하여 '천지'가 의로움을 바라고 불의를 싫어하는가에 대해서 어떻게 증명하고 있는지를 다음과 같이 보여주고 있다.

(대전제) "천하에 의로움을 얻으면 살고 의로움이 없으면 죽으며, 의로움을 얻으면 부하고 의로움이 없으면 가난하며, 의로움을 얻으면 다스려지고 의로움이 없으면 어지럽다."(天下有義則生, 無義則死; 有義則富, 無義則貧; 有義則治, 無義則亂.)

(소전제) "그러므로 하늘은 사람이 살기를 바라고 죽이는 것을 싫어하며, 부하기를 바라고 가난한 것을 싫어하며, 다스려지기를 바라고 어지러운 것을 싫어한다."(然則天欲其生而惡其死, 欲其富而惡其貧, 欲其治而惡其亂.)

(결론) "이것이 내가 하늘은 의로움을 바라고 불의를 싫어한다는 것을 알게 된 까닭이다."(此我所以知天欲義而惡不義也)232)

주겸지는 여기서의 대전제는 반드시 믿을 만한 것이 아니기 때문에, 사실 이러한 삼단 논법은 생각할 수가 없다고 했다. 만약 어떤 이가 하늘이 꼭 사람이 살기를 바라고 죽이는 것을 싫어하지만은 않다는 것을 찾아낼 수 있다면, 곧 묵자의 결론은 성립될 수가 없기 때문이다. 주지하다시피, 삼단 논법에 있어서 그 대전제의 근거

231) 앞의 책, 284쪽.
232) 앞의 책.

는 모두 명확한 것만은 아닌 까닭에, 그 결과 역시 때때로 오류가 발생하기 쉽다. 예로 韓愈의 이른바 "뿔은 내가 그것이 소임을 알게 한다."라는 문장을 대전제로 해서 삼단 논법으로 그것을 서술해 보면, "이 짐승은 뿔을 가지고 있기 때문에 이 짐승은 소이다."라는 말이 되고 만다. 이것은 분명히 크나큰 독단이 아닐 수 없다. 그러나 종교적 방법은 확실히 이와 같아야만 성립될 수 있다는 것이 주겸지의 판단인 것이다.[233]

주겸지는 연역법 속에서도 긴 발전의 역사가 있고, 종교 방법 그 자체 또한 논리적 필연 법칙에 따라서 진화한다고 했다. 그러므로 종교 방법 – 연역법 – 속에서도 동일하게 '연역적 연역법'은 진정한 '종교적 종교' 시대를 형성하고, '변증적 연역법'은 '철학적 종교' 시대를 형성하고, '귀납적 연역법'은 '과학적 종교' 시대를 형성한다. 더 나아가서 '직관적 연역법'은 '예술적 종교' 시대를 형성한다.[234] 그가 스스로 "나는 종교에 반대하지 않을 뿐만 아니라 내 자신이 하나의 범신주의의 신도임을 선하는 바이다. 이를 뒤집어보면, 즉 '직관적 연역법'을 기초로 해서 '예술적 종교'의 선전을 주장한다는

---

233) 앞의 책.

234) 앞의 책: 또한 주겸지는 불교를 그 예로 들어서 다음과 같이 설명하고 있다. 즉, "중국의 불교를 보면 제1기인 화엄종은 우주관적 종교이고, 제2기인 선종은 인생관적 종교이고, 제3기인 정토종은 사회관적 종교라고 할 수 있다. 아울러, 인도의 베단타교(吠檀多敎)와 같은 경우인즉슨, 제1기 창시자인 바다라야나(Bādarāyana, 婆陀羅衍)가 저술한 『베단타경』은 우주 대원리인 '梵'(Brahman의 음역 – 역주)에 대해서 설명하고 있는데, 이것은 우주관적 종교임을 보여주는 예라 하겠다. 제2기인 가우다파다(喬陀婆陀, Gauḍapāda)가 저술한 『만두캬 카리카』(Māndūkya-kārikā, 曼陀括耶頌)는 우리들 심성의 不變常住한 '我'에 대해서 설명하고 있는데, 이것은 인생관적 종교임을 보여주는 예이다. 제3기인 마하트마 간디(Mahatma Gandhi)는 종교적 성향의 정치 영수로서 비협력 운동을 제창했는데, 이것은 사회관적 종교임을 보여주는 예이다."(앞의 책, 286쪽.)

의미이다."235)라고 한 말을 보면, 그가 지향하고자 하는 바가 무엇인지를 미루어 짐작할 수 있다. 또 말하기를,

"내가 보기엔 종교는 문화유형학상에서 단지 많은 유형 중의 그 하나라고 할 수 있다. 그리고 문화사에 있어서도 다만 한 시기의 중요한 위치를 차지하다가, 때가 지나면 종교는 곧 수구적 존재로 변하여 강자가 다수 사람들을 노예로 만드는 것을 돕는다. 그러므로 우리들의 과학시대에 있어서 '반종교적 운동'을 제창함도 옳다고 하겠다. 하지만, 종교가 종교다운 까닭은 필경 그것의 본질적 존재를 가지고 있기 때문이다. 종교 형식이 비록 점점 바뀌고 소멸할 수 있을지라도, 종교가 종교다운 까닭의 본질은 도리어 영원히 존재할 뿐더러 불멸한다."236)

이 말에 비추어 보면 주겸지는 종교의 역사적 순기능과 역기능을 정확하게 꿰뚫어보고 있다. 아울러, "종교가 종교다운 까닭의 본질은 도리어 영원히 존재할 뿐더러 불멸한다."고 한 말에서, 종교적 종교는 철학적 종교, 과학적 종교, 예술적 종교로 점점 바뀔 수 있을지라도, 가장 밑바닥의 한 층까지 밀고 나가보면 결국은 신앙이 그 바탕이 된다는 사실을 알 수 있다.

2. 철학적 문화 개념

주겸지에 의하면 철학적 관념 형태는 '즉자적' 즉 헤겔의 이른바 '자기 자신에 의거한다는 것'이라고 했다. 철학자는 왜 자기 의식

---

235) 앞의 책, 289쪽.
236) 앞의 책.

(자각)을 중시하고 정신적 자유를 중시하는가? 왜 종교와 다르게 우주 인생에 대한 진의를 신앙에서 구하지 않고 합리적 연구에서 찾는가? 주겸지는 이 질문에 대해서 철학이 '자기 자신에 의거함'을 그 근본으로 삼기 때문이라고 대답한다. 이를테면, '나는 이렇게 생각한다', '나는 하려고 한다', '나는 본다', '나는 나 자신을 안다'라고 하는 이 모든 비판은 나의 주관적 관찰과 비평에 의한 것이며, 모든 학문을 나 자신의 의식에 의거해서 해결하고자 한 것이라고 했다. 그러므로 진정한 철학자는 교의를 위배하면서까지 새로운 설을 스스로 제창함은 물론, 종교적 권위하에 굴복당하여 당시 문물에 대해 감히 반항적이고 비판적인 태도를 취하지 못하는 자는 사실 철학자라고 할 수 없다고까지 그는 단언해 마지않았다. 더군다나, 철학 속에서는 각각 자기 자신에 의거하기 때문에, 일치된 진리나 일정한 정설은 존재하지 않는다. 철학자가 견지한 태도가 비록 때때로 종교, 과학, 더 나아가서는 예술에 가까울 수도 있겠지만, '철학'에 한에서만은 곧 이 '즉자적' 관념 형태는 변할 수가 없다는 것이다.[237]

앞에서 몰자적 관념 형태에서는 일체 모두가 감각적 혼돈 상태 속에 있어서 자아적 관념이 스스로 명확하지가 않다고 했지만, '즉자적' 관념 형태에서는 흡사 아동이 처음 '나'라고 외치는 그 소리와도 같다. 이때에는 이미 나를 자각하여 다른 많은 사람들과 관계를 가지는 한 개인의 자아가 존재한다고 하겠다.[238] 주겸지는 즉자적이란 사실 몰자적 전개로부터 온 것이라고 말한다.

---

237) 앞의 책, 280쪽.
238) 앞의 책.

"철학이란 사실 '종교'로부터 점점 분리 독립되어 나온 것이다. 그러므로 철학은 종교와 무관할 수가 없다. 철학의 제1시기에는 실제로 단지 종교적 철학만이 존재할 뿐이고, 소위 진정한 의미의 철학(철학적 철학)이란 존재하지 않는다. 철학의 분류는 일반적으로 형이상학, 인식론과 논리학으로 나누어진다. 형이상학은 우주관적 요구이고 종교적 관념 형태는 우주관적 태도라고 말할 수 있으므로 매우 연원적임을 알 수 있다. 그러나 철학과 종교는 논리적 기초가 같지 않기 때문에, 문화적 개념 또한 분별하지 않을 수가 없는 것이다."239)

그는 철학을 종교와 분별하면서 그 차이점을 두 가지로 제시하고 있다. 첫째, 종교는 전체적이고 철학은 개인적이며, 둘째, 종교는 권위적이고 철학은 비판적이라고 한 것240)이 그것이다. 여기서 특히 인상적인 점은 후자의 설명 중에 나온, 즉 "철학은 최초 하나의 의문 부호(?)임에 반해서 종교는 최초에 하나의 찬탄 부호(!)라고 해야 한다"241)라고 한 말이다. 나는 이 말 속에 철학과 종교의 본질이 오롯이 담겨져 있다고 본다. 말하자면, 우주 사이의 현상 변화에 있어서는 어디서든 의심은 존재하기 때문에 의문으로부터 해결의 방법을 생각해낼 수 있는 것, 이것이 바로 철학인 반면에, 우주 사이의 현상 변화에 대해서 어디서든 모두 찬미적 대상이 되어 마치 신의 업적이 까마득히 높아 아래로 만물을 내려다보는 것처럼 느껴지기 때문에 그의 앞에서 헌송하기를 그치지 못하는 것, 이것이 바로 종교라고 하겠다.

이와 동시에 주겸지는 '몰자적' 관념 형태로부터 '즉자적' 관념 형태로 나아가는 속에서 인류 지식은 피할 수 없는 관념 투쟁이 발생

239) 앞의 책, 281쪽.
240) 앞의 책, 281~282쪽.
241) 앞의 책, 281쪽.

한다고 보았다. 그는 옛 그리스에서의 소크라테스, 근세의 데카르트, 스피노자, 루소 등 여러 대사상가나 대철학자의 희생은 종교와 철학의 충돌에서 비롯된 것이라고 했다. 실제로 이것은 인류 지식이 문화선상의 제1시기(종교시기)로부터 문화선상의 제2시기(철학 시기)로 나아가는 중에 응당 존재하는 논리의 필연에 불과하다는 것이다. 뿐더러, 그것을 미루어 보면 문화선상의 제3시기(과학 시기)에서도 종교의 세력은 여전히 남아 있다고 했다. 종교의 문화 개념과 과학의 문화 개념이 다른 까닭에, 구세력을 대표하는 종교는 여전히 종교와 과학이 충돌하는 큰 원인이 될 수 있다는 것이다.[242]

주겸지는 철학 관념의 변천 역시 네 시기로 나눌 수가 있다고 주장한다. 즉 '종교적 철학 시기', '철학적 철학 시기', '과학적 철학 시기', 그리고 '예술적 철학 시기'가 바로 여기에 해당된다. 하지만, 그는 진실로 철학이 철학다운 시기는 '철학적 철학 시기' 다름 아니라고 단언한다. 그렇다면, 철학이 철학다운 이유인 '철학적 철학'은 어떤 방법을 사용하는 것일까? 더 나아가서 '철학적 철학'이 변해서 '종교적 철학', '과학적 철학', '예술적 철학'으로 됨은 무슨 방법을 사용하는 것일까? 그는 '변증법'을 철학적 방법으로 여겼다. 따라서 철학 시대는 '변증법'을 완성시킨 헤겔에 이르러서 그 최고의 수준에 달했다고 볼 수 있다. 그렇지만, 주겸지는 변증법 역시 일단의 길고도 매우 복잡한 역사를 가진다고 했다. 즉, 변증법의 역사적 발전은 철학의 역사적 발전과 병행하는데, 연역적 변증법 - 종교적 철학시기: 변증적 변증법 - 철학적 철학시기: 귀납적 변증법 - 과학적 철학시기: 직관적 변증법 - 예술적 철학시기[243]가 그것이다.

---

242) 앞의 책, 282쪽.
243) 앞의 책, 295쪽.

　주겸지에 따르면 변증법인즉슨 '반성'에 의해서 성립되고, 그 특색은 모든 사상의 변동과 대립물의 통일에 주의를 기울이는 데에 있다. 엄격히 말해서, 그는 관념론적 변증법 즉 변증법적 변증법만이 변증법의 본래 모습이며, 유물론적 변증법은 변증법의 제3시기 즉 귀납법적 변증법의 한 형태라고 생각했다. 원칙적으로 그는 헤겔의 변증법을 그 정통으로 삼고 있다. 즉, '즉자적', '대자적', '즉자대자적'의 변증법적 역정, 즉 二度의 부정에 의해서 정신을 최초의 의식으로 복귀시키는 것, 그는 이처럼 정신이 최초 의식에 복귀하는 활동형식이 바로 변증법의 일반적 성질이라고 했다. 그러므로 변증을 헤겔의 입장에서 보면, 정신 자체를 제거해 버리면 어떠한 다른 물건도 존재할 수가 없게 되는 것이다. 변증법은 단지 정신 자체가 갖춘 '활동의 법칙'일 따름이다. 주겸지의 문화철학에 있어서만큼은 관념론적 변증법이야말로 최고 수준의 '철학 방법'인 것이다.[244]

　변증방법의 발전을 이해하게 되면 동시에 철학사상의 발전을 알 수 있다. 그는 '횡적 변증법'과 '종적 변증법'으로 나누어서 설명하고 있다.

　　"최초 변증법의 기원은 한편에서는 제논의 '靜學的 변증법'으로부터 소크라테스의 '산파술'로 발전하였고, 플라톤, 아리스토텔레스를 거쳐서 탈하이머(Thalheimer)의 이른바 '횡적 변증법'이 형성되었다. 또 한편에서는 헤라클레이토스의 '動學的 변증법'에 의한 것인데, 변증법을 가지고 운동의 실재를 증명하였다. 다 알다시피 '만물은 유전한다.', '有와 非有는 동일한 것이다.', '모든 것은 존재하기도 하고 존재하지 않기도 한다.'는 대원리를 말한 것이다. 이렇듯이 모순과 그 발전에 의해서 만들어진 실재관은 사실 진정한 의미의 철학 방법의 비조라 할 수 있다. 탈하이머는 그것을 '종적 변증법'이라 부르기도 했다."[245]

---

244) 앞의 책, 295~296쪽.

횡적 변증법과 종적 변증법은 문화사의 제1시대, 즉 종교 시대에 있었기 때문에 모두 종교 방법하의 지배를 받아 종교의 호신부가 되지 않을 수가 없었다. 횡적 변증법은 농후한 '연역성'을 지니는 까닭에 얼마나 진보하든 간에 항상 신비한 색채를 띠게 마련이었다. 그러나 종적 변증법은 진정한 철학 방법이기 때문에 '신비의 겉껍데기 속에서 도리어 합리적 핵심을 발견함'에 있었다. 이 철학 방법은 어떤 때에는 종교의 한 호신부가 되는가 하면, 또 어떤 때에는 과학적 방법으로 해석되기도 했지만, 그것 자체는 틀림없는 철학 방법이라고 주겸지는 생각했다.[246]

그의 관점에서 보면 변증법의 역사 과정에는 원래 두 측면의 변증법, 즉 '대립적 변증법'과 '종합적 변증법'이 존재한다. 그의 말을 보면,

"만일 '我'를 변증법의 기점으로 세운다면, '아'는 '非我'와 '아'의 대립을 동시에 가져서 '아'의 부정이 된다. 또한, 만일 '有'를 변증법의 기점으로 삼게 되면, '유'는 '비유'와 '유'의 대립을 동시에 가져서 이것 역시 부정이 된다. 그러므로 변증법은 처음부터 우주 사이에 대립의 법칙이 존재함을 인정해야만 한다. 재차 이 대립적 법칙은 결과적으로 여전히 통일로 귀결되어야 하므로, 그 사상이 반드시 두 개의 서로 반대되는 부분이 존재하든 관계가 없다. 이 두 개의 상반된 부분은 그 뜻이 비록 반대되기는 하지만, 그 극점까지 규명해보면 상반되는 것도 서로 같은 점이 있음과 동시에 모두 존재하게 된다. 이런 이유로 모든 모순은 원활하게 융통되는 것이다."[247]

---

245) 앞의 책, 296쪽.

246) 앞의 책.

247) 앞의 책.

144

　이처럼 변증적 방법은 그 대립적 법칙에서 보면 혁명적 성질을
분별할 수 있고, 그 종합적 법칙에서 보면 보수적 성질을 띤다고
하겠다. 변증법 그 자체가 원래 혁명적이면서도 보수적인 것처럼
이것은 하나의 모순적 존재인 것이다.

　이것은 본디 철학자 그룹이 두 가지의 성향을 가진 데서 비롯된
것이다. 한 파가 소극적 파괴적 비판적 혁명적인 데 반해서, 한 파
는 적극적 건설적 변호적 보수적이다. 후자가 철학자로서 종교에
접근한 까닭에, 사용된 철학 방법 역시 종교의 보수적 변증법에 가
깝다. 전자는 철학자로서 유물적 과학파에 접근한 까닭에 사용된
철학 방법이 과학의 혁명적 변증법이 됨은 당연한 것이라 하겠
다.248) 주겸지는 변증법의 보수적 성질을 설명함에 있어서,『莊子』
「齊物論」의 ‘兩行法’을 그 예로 들고 있다.249) 焦竑이 『莊子翼』권1
에서, “齊物(세상의 모든 사물을 고르게 하는 논리 - 역주)이란 상
대와 내가 없고, 옳음과 옳지 않음이 같고, 완성과 파괴가 조화되고,
많은 것과 적은 것이 하나이고, 큰 것과 작은 것이 균일하다고 함
에서 시작하여, 고금을 참고하여 삶과 죽음, 꿈과 깨어남이 동일하

---

248) 사실 절대 정신과 변증법으로써 관념철학을 완성시킨 헤겔은 그의 제자
　　들에게 달리 해석되고 계승되었다. 이것은 이른바 헤겔학파의 좌파와 우
　　파를 의미한다. 이 학파가 나누어지게 된 직접 동기는 슈트라우스가 1835
　　년에 지은 『예수의 생애』에 있었다. 구파로 불렸던 보수적인 우파는 노년
　　헤겔이 종교와 철학을 종합함으로써 현실을 인정했다고 보면서 이를 계
　　승하려고 했다. 이에 반해 청년 헤겔학파로 불렸던 좌파는 헤겔의 철학을
　　급진적으로 해석하면서 현실을 혁명적으로 개혁하려는 입장이었다. 이 중
　　청년 좌파의 대표자격인 마르크스와 엥겔스는 철학을 통해서 특히 노동
　　세계의 현실을 변화시키려고 했던 것이다.
249) “聖人은 是非를 조화시키고, 자연의 균형(天鈞, 즉 萬物 齊同의 도리 - 역
　　주)에서 쉰다. 이러한 것을 兩行(대립된 두 쪽이 다 순조롭게 뻗어 나가
　　는 입장 - 역주)이라고 한다.”(「齊物論」, 聖人和之以是非而休乎天均, 是之
　　謂兩行.)

다는 것을 그 다음에 두었다."(齊物者, 始之以無彼我, 同是非, 合成毁, 一多少, 均大小, 次之以參古今, 一生死, 同夢覺.)라고 했다시피, 본편은 '양행'법을 견지하여 절대 무차별의 원리를 증명해내고자 한 것이었다. 주겸지의 설명을 들어보자.

"옳다는 의견(是)이 있으면 반드시 옳지 않다는 의견(非)이 있게 마련이다. '옳음'과 '옳지 않음'이 표면상 비록 극단적으로 반대되는 것 같지만, 실제로는 전혀 서로 다르지가 않다. 이른바 '사물에는 본래 그래야 할 것이 갖추어져 있고, 또 본래 좋다고 할 만한 데가 있어서 어떤 사물이든 그렇지 않은 것이 없고 좋지 않은 데가 없는 것이다.'(「齊物論」, 物固有所然, 物固有所可, 無物不然, 無物不可.) (만물이 고르게 됨은) 어느 쪽의 입장에 서서 말하든 관계없이 시비는 모두 존재의 이유를 가지고 있다. 때문에, 부득이 그 양행에 맡길 수밖에 없다. 왜냐하면, 시비란 단지 편견에서 생기는 까닭에 만약 전체적으로 보면 옳거나 옳지 않거나 한다든가 모두 옳거나 모두 옳지 않거나 하여, '헛되이 애를 써서 한쪽에 치우친 편견을 내세우면서 실은 모두가 하나임을 알지 못한다.'(勞神明爲一, 而不知其同也)"

또한, 그는 이 방법적 응용을 「소요편逍遙遊」과 「변무편騈拇篇」에서 찾고 있다.

"이 편의 대의는 변증법으로써 그 소요 자득한 종지를 드러내는 데 있다. 다시 말하면, 상대적 차별 속에서 그 절대적 무차별을 내타내는 것이다. 흡사 차별상의 크기는 큰 것과 작은 것 이상의 예는 없는 듯하다. 하지만, 큰 것은 鯤鵬과 같고 작은 것은 매미, 비둘기와 같아서 모두 동일하게 소요 자득한다. 곤붕은 큰 것으로 자족하고 매미와 비둘기는 작은 것으로 자족한다. 큰 것과 작은 것이 비록 차별은 존재하지만 분방 자득함에는 동일하다. 이것이 바로 절대 무차별이다."250)

　　"대소와 장단은 모두 저절로 그것의 소요에 존재하고, 만물은 모두 자기의 본성에 만족할 수 있음을 보여준다. 이러한 점에서는 차별이란 조금도 존재하지 않는다고 할 수 있다."251)

　　요컨대, 주겸지에 의하면 장자는 '양행'의 변증법으로써 우리들에게 상대적 원리가 결국은 '절대', 즉 서로 반대되면서도 일정한 조건 아래서는 서로 비슷하여 잘 어울린다는 원칙에 귀결됨을 알리려고 했다는 것이다. 이로부터 그는 장자의 "천지의 유구함이 나와 함께 살아 있고, 만물의 다양함도 나와 함께 하나가 된다."(「齊物論」, 天地與我並生, 萬物與我爲一)라는 결론을 얻게 된다. 이 문구는 현실에 존재하는 모든 것을 신성시한다는 헤겔의 "현실적인 것은 이성적이요, 이성적인 것은 현실적이다."(『법철학강요』)라는 말과 함께 그야말로 보수 철학자의 마음속 최고의 경지 바로 그것이고, 또한 변증법 속에 보수적 성질이 갖추어져 있음을 보여주는 예라고 했다.

　　다음으로 변증법의 혁명적 성질을 살펴보도록 하자. 변증법 그 자체는 보수적 한 측면을 가지고 있음과 동시에 혁명적 한 측면도

---

250) "鯤의 크기는 몇 천 리나 되는지 알 수가 없다. 이 물고기가 변해서 새가 되면 그 이름을 鵬이라고 한다. 붕의 등 넓이는 몇 천 리나 되는지 알 수가 없다. …… 붕이 남쪽 바다로 날아갈 때는 파도를 일으키기를 3천 리, 회오리바람을 타고 하늘 높이 오르기를 9만 리 …… 매미와 비둘기가 그를 비웃으며 말한다. 우리는 있는 힘껏 날아올라야 느릅나무나 다목나무에 머무르지만 때로 거기에도 이르지 못해서 땅바닥에 동댕이쳐진다. 그런데 어째서 9만 리나 올라가 남쪽으로 가려고 하는가?"(「逍遙遊」, 鯤之大不知其幾千里也, 化而爲鳥, 其名爲鵬, 鵬之背不知其幾千里也. …… 鵬之徙於南冥也, 水擊三千里, 搏扶搖而上者九萬里, …… 蜩與學鳩笑之曰, 我決起而飛槍楡枋, 時則不至而控於地而已矣, 奚以之九萬里而南爲?)

251) "물오리는 비록 다리가 짧지만 그것을 길게 이어주면 괴로워하고, 두루미의 다리는 길지만 그것을 짧게 잘라주면 슬퍼한다. 때문에 본래부터 긴 것을 잘라서는 안 되며 본래부터 짧은 것을 이어주어도 안 된다."(「駢拇篇」, 鳧脛雖短, 續之則憂: 鶴脛雖長, 斷之則悲: 故性長非所斷, 性短非所續.)

가지고 있다. 왜 변증법은 혁명적 성질을 띠고 이른바 혁명적 변증법이 존재하는 것일까? 주겸지는 러셀(Russell)의 말을 채용하여 변증법이 '파괴적 공구임'을 보여주고 있다. 즉, 러셀은 독일의 사회민주주의를 설명함에 있어서,

> "① 변증법은 한편 사물의 현상을 인정하는가 하면, 또 한편 결국 소멸로 돌아간다는 사실도 인정한다. ② 변증법은 역사상 진화의 사회 형식이 변동하여 고정되지 않는다고 생각하기 때문에, 그 과도적 성질을 헤아릴 수 있을 뿐더러 그 일시적 존재도 헤아릴 수 있다. ③ 변증법은 어떠한 사물도 그 자신에 가해지는 것을 원하지 않는다. 그 본질로 보면 비판적이고 혁명적이다."252)

또한, 주겸지는 논리학의 모든 체계 중에서 변증법은 소극 이성적 측면을 대표하는 데 불과하다고 했다. 이에 대한 논리적 근거로 헤겔 논리학에서의 세 측면, 즉 ① 추상적·오성적 측면: ② 변증적·소극 이성적 측면: ③ 사유적·적극 이성적 측면을 제시하고 있다. 정작 주겸지 자신은 변증법의 혁명 방법론에 대한 공헌을 세 가지 점으로 파악했다. ① 변증법은 반동적 사상을 일으킬 수 있다. ② 변증법은 근본적으로 뒤엎도록 가르친다. ③ 변증법은 혁명의 신조를 창조할 수 있다.(『혁명철학』)253) 결국, 변증법 그 자체는 철학과 동일한 것으로, 어떤 때는 종교적 방법 쪽에 서기도 하고, 또 어떤 때는 과학적 방법 쪽에 서기도 한다. 이른바 학문의 최고봉에 이르렀다는 철학자 헤겔은 그의 가장 큰 공적은 변증법을 제기하여 사상의 최고 형식으로 삼았다는 데 있다. 그리고 그의 변증법은 보수

---

252) 『朱謙之文集』, 第6卷, 「文化哲學」, 福建教育出版社, 2002, 296쪽.
253) 앞의 책.

148

적인 것과 혁명적인 것, 이 두 성질을 동시에 구유하고 있는 것이다.

주겸지는 철학은 일종의 '즉자적' 즉 주관적 학문이기 때문에, 철학자의 주관 경향에 따라서 종교에도 접근할 수 있고 동시에 과학에도 접근할 수 있다고 여겼다. 철학적 방법 즉 변증법에 관해서 말하자면, 어떤 때는 종교의 보수적 측면에 접근하는가 하면, 또 어떤 때는 과학의 혁명적 측면에 접근하기도 한다. 그런 까닭에, 마르크스파는 이 신비한 겉껍데기로부터 합리적 핵심을 발견해 나갔던 것이다. 그렇다면, 관념적 변증법 즉 변증법적 변증법 역시 전화해서 유물변증법 즉 과학적 변증법이 될 수 있다[254]고 하겠다.

변증법의 역사는 주겸지의 연구 결과에 의하면 중세 이후 변증법적 발전은 크게 네 단계로 나누어 볼 수 있다.[255]

제1단계	종교적 변증법	Proklo 중세 제2시기의 辨證家 신학자는 다음과 같다. Justinus 저,『大辯證書』『小辯證書』 Lactantius 저,『신의 법칙』 Augustinus는 『하나님의 城』에서 신의 정치는 항구 불변함을 극력 변증하였다.
제2단계	철학적 변증법	Rousseau Kant, Fichte, Schelling, Hegel.
제3단계	과학적 변증법	Feuerbach, Marx, Engels, Plechanow, Lassalle, Dietzgen, Lenin, Deborin.
제4단계	예술적 변증법	Bergson, Croce, Nicolai Hartmann, Dilthey, Kroner.

위 표에서의 '종교적 변증법'이 형성시킨 '종교적 철학'이란 엄격

254) 앞의 책, 297쪽.
255) 앞의 책.

하게 말해서 '철학'이 아닌 단지 '종교'일 뿐이다. 주겸지는 그 사용된 변증법 역시 종교 방법의 부속품일 따름이며, 진정한 변증적 변증법 즉 진정한 의미의 철학 방법은 아니라고 했다. 그는 진정한 철학 방법은 오직 관념론적 변증법 즉 변증법적 변증법뿐이고, 진정한 철학은 오직 독일 전통파의 철학, 즉 칸트, 피히테, 셸링에서부터 헤겔에 이르기까지의 철학밖에는 없다고 단정한다.[256] 아울러서,

"제3단계인 이른바 '과학적 변증법' 즉 '유물론 변증법'으로 말하면, 실제로는 단지 철학 방법과 과학 방법의 종합일 따름이다. 과학 시대는 원래 특수한 과학 방법인 '귀납법'을 가진다. 유물변증법은 귀납적 방법을 취하여 그 기초로 삼는가 하면, 또 변증법의 혁명적 성질을 취하여 형이상학적 체계를 벗어나기도 한다. 그런 까닭에 유물변증법은 엄격하게 말해서 단지 과학 방법의 일종이고 철학 방법 그 자체는 아니다. 제4단계에 이르러서 크로너(Kroner)는 변증법 속에서 '환상적 직관'을, 그리고 하르트만(Hartmann, Nicolai)은 변증법의 신비성과 예술성을 꿰뚫어 보았다. 크로체는 헤겔과 베르그송의 직관법을 결합시켜서 하나로 삼고자 하였다. 사실을 말하자면, 이 제4단계의 변증법은 철학적 변증법이 아니라 예술적 변증법에 해당된다. 그것이 형성시킨 새로운 철학 역시도 철학적 철학이 아닌 예술적 철학인 것이다."[257]

그러므로 주겸지에게 있어서는 결국 관념적 변증법만이 진정한 철학 방법이며, 관념론적 철학만이 진정한 철학인 셈이다. 즉, 진정한 의미의 철학 방법은 '변증법'뿐인 것이다.

앞에서 살펴본 바에 의하면 종교적 변증법 즉 연역적 변증법은 '종교적 철학'을 형성시키고, 철학적 변증법 즉 변증적 변증법은 '철

---

256) 앞의 책.
257) 앞의 책, 297~298쪽.

학적 철학'을 형성시킨다. 그리고 과학적 변증법 즉 귀납적 변증법
은 '과학적 철학'을 형성시키고 예술적 변증법 즉 직관적 변증법은
'예술적 철학'을 형성시킨다. 같은 이치로 철학의 역사적 발전에 있
어서도 이상 순서에 따라 네 시기로 발전하게 된다. 즉, 종교적 철
학 시기 – 형이상학과 우주철학 시기; 철학적 철학 시기 – 인식론과
자아철학 시기; 과학적 철학 시기 – 사회론과 경험철학 시기; 예술
적 철학 시기 – 생명론과 신이상철학 시기[258]가 그것이다.

3. 과학적 문화 개념

피어슨(Pearson)은 "과학의 본체는 그가 사용하는 방법에 달려 있
지, 취한 자료가 어느 것인가에는 상관이 없다."고 했다. 이렇듯이 과
학이 과학다운 원인은 과학의 방법을 응용하는 데 있는 것이다. 주겸
지는 과학의 방법 즉 귀납법이 과학의 뼈대라고 했다. 만일 귀납법에
숙련되면, 자연의 모든 것이 과학의 대상이 된다. 이와 동일한 이치
로, 종교가 종교다운 원인은 종교의 방법 즉 연역법을 응용하기 때문
이라고 말할 수 있다. 철학이 철학다운 원인은 철학의 방법 즉 변증
법을 응용하기 때문이다. 아울러, 예술이 예술다운 원인은 예술의 방
법 즉 직관법을 응용하기 때문이다.[259] 바꾸어 말해서, 각종 지식은
각종 다른 방법에 의해서 형성되는데, 연역법은 '종교'를, 변증법은
'철학'을, 귀납법은 '과학'을, 직관법은 '예술'을 각각 형성하는 것이다
  그러나 이 견해 역시 어떤 불변의 진리는 아니다. 주겸지는 과학의

---

258) 앞의 책, 298쪽.
259) 앞의 책, 313쪽.

진정한 과학 방법의 운용은 '과학적 과학' 시기에만 해당된다고 했다. 만약 '종교적 철학' 시기라면 귀납법말고도 연역법이 겸용된다. 철학적 과학 시기에는 또한 변증법이 겸용된다. 그런데 과학에 대해 언급하자면 항상 과학적 특수 방법이 없을 수가 없다. 같은 이치로 종교, 철학, 예술 역시 이와 같다. 종교 방법의 완전한 운용은 단지 '종교적 종교' 시기에만 존재하고, 철학 방법의 완전한 운용은 단지 '철학적 철학' 시기에만 존재할 뿐이다. 게다가, 예술 방법의 완전한 운용은 단지 '예술적 예술' 시기에만 존재한다. 그러므로 앞에서 말한 하나의 방법이 하나의 지식을 형성한다고 한 것 역시도 상대적이고 비절대적인 견해일 따름이다.[260] 이제 과학이 과학을 형성하는 원인인 특수 방법 즉 '귀납법'에 대한 주겸지의 설명을 들어보기로 하자.

"'귀납법'은 보통의 과학 방법으로서 관찰, 실험, 비교와 역사통계적 방법에 의해서 성립된다. 이 방법은 베이컨(Francis Bacon)에게서 시작된 셈이다. 그는 그의 저작 『新工具』(Novum Organum)에서 먼저 자연의 사물을 관찰하여 원리와 원칙을 탐구해야만 하며, 단지 주관의 이성에 의거하여 억지로 모든 사물과 매치시킴은 온당치 않다고 했다. 그는 이러한 형태의 진리 탐구 방법을 '귀납법'이라고 일컬음으로써 당시 한창 성행하고 있던 '연역법'과 대립시켰다. 귀납법이란 주지하다시피 특수한 사실로부터 보편적 원리를 추론한 것이다. 예컨대, '갑이라는 물체에 중량이 있고, 을이라는 물체에 중량이 있다. 어떤 종류의 물체이든 모두 중량은 있다. 그러므로 모든 물체는 중량을 가진다.'라는 식의 논법이 여기에 해당한다. 그 절차는 아래 나열한 세 항으로 간추려 볼 수 있다. ① 모든 사실들을 그러모은다. ② 모든 사실들을 취하여 분석하고 비교한다. ③ 연구해 얻은 현상의 원인을 발견하여 종합개괄의 쓰임으로 삼는다."[261]

---

260) 앞의 책.

베이컨은 또한 이성을 절대 배척하지 않으면서 연역법을 완전히 무용한 것으로 여겼다. 주겸지는 베이컨의 연역법에 대한 비판을 다음과 같이 소개하고 있다.

"(베이컨은) 특히 연역법은 단지 '거미의 방법'이라 하면서, 마치 거미가 줄을 칠 때에 한 가닥 한 가닥 모두 뱃속에서 토해내듯이 이미 존재한 것 외에는 아무것도 발명할 수가 없다고 했다.(사실상 인도의 『베다』, 즉 「曼特迦」에는 다음과 같은 비유가 있다. '한 마리의 거미가 실을 뽑아 그물을 치는 것처럼 세계가 눈부시게 펼쳐져 있지만, 여전히 즉 자신인 브라만에게서 나온 것이다.' 이러한 종교적 교의는 바로 거미의 방법에 의해 응용된 결론이다.) 반면에, 사실을 지나치게 중시하여 단지 지식만을 축적하고 이성의 안배를 가하지 않는다면, 또한 개미가 음식물을 채집하는 방법과 비슷하므로 이것은 '개미의 방법'이라고 말할 수밖에 없다."[262]

또한, 베이컨은 그 자신의 것을 '꿀벌의 방법'이라고 주장했는데, 이것이 이른바 '귀납법'인 것이다. 주겸지에 따르면,

"꿀벌은 花蜜을 채집하여 향기롭고 감미로운 산물을 빚어낸다. 귀납법은 흡사 수집한 사실에 대해서 조직하고 정리하려는 노력과 같다. 베이컨 이후, 콩트가 실증주의를 제창함은 물론 밀은 논리학 혁명을 실행하였다. 이리하여 과학 방법의 중요성이 점점 대중에게 받아들여졌다. 밀은 인과율을 근거로 삼아서 귀납의 규정 5조를 설명하였다. 이 때문에 드디어 귀납의 논리학이 크게 이루어졌다. 그 조목은 ① 合同的 방법; ② 正負合倂的 방법; ③ 차별적 방법; ④ 同變的 방법; ⑤ 잉여적 방법이 그것이다."[263]

---

261) 앞의 책, 313~314쪽.
262) 앞의 책, 314쪽.

여기서 제시된 귀납적 논리학은 실제로는 과학 방법이다. 과학 방법은 그 이미 아는 많은 사실들을 열거하기만 하면, 아직 모르는 큰 범위를 탐지할 수 있다. 뉴턴은 사과가 땅에 떨어지는 것을 보고 지구 인력을 깨달았다. 이는 그가 만유인력의 한 特例를 발견한 데 불과하다. 지구가 태양을 도는 것과 달이 지구를 도는 것, 그리고 조수와 석수의 이치는 동일한 원인이라 여겼다. 그러므로 만유인력 법칙의 발견은 변함없이 귀납적 방법을 성공적으로 응용한 것이라 할 수 있다.

그런데 주겸지는 많은 학자들은 순수한 귀납법에 만족하지 못할 것임은 물론, 연역적 귀납법만을 과학적 방법으로 인정할 뿐이라고 우려했다. 그는 이렇게 된 배경에 대해 설명하기를,

"예를 들어 이탈리아의 갈릴레이는 물체가 아래로 떨어지는 속도는 물체의 경중에 따라서 변한다고 한 아리스토텔레스의 가설을 부인하였다. 그리고 다른 어떠한 압력에 따른 간섭이 없다고 한다면 모든 물체가 무게와 상관없이 동일한 속도로 낙하한다는 사실을 발견해냈다. 그는 사실 수학연역법을 채용한 것이다. 또한, 뉴턴이 달이 지구를 도는 이유가 지구 인력 때문이라고 말하게 됨도, 먼저 연역적 추산을 사용한 뒤에 귀납법의 증명을 통해서 실증한 것이다. 이것이 곧 소위 '연역귀납법'(deductive inductive method) 다름 아니다. 크로포트킨(Kropotkin)은 그의 저작 『근대과학과 아나키즘』에서 변증법을 극력 배척하고 연역귀납법이 과학 방법임을 주장하였다."264)

그렇다면 진정한 의미의 과학 방법은 연역귀납법인가, 아니면 귀납법인가? 주겸지에 의하면, 많은 사람들은 수학 추산을 따르

263) 앞의 책.
264) 앞의 책.

154

는 것이 바로 연역법이라고 생각하지만, 근대 과학자인 포앵카레 (Poincaré)가 저술한 『과학과 방법』이란 책에 따르자면, 수학적 발명 역시도 다른 것 속에서 같을 것을 찾고자 하는 귀납에 의지하고 있지 결코 연역적이 아님을 이미 증명하고 있다고 했다.[265] 어쨌든, 주겸지의 입장에서는 과학 방법은 오로지 귀납적 방법일 뿐이고, 이른바 수학 방법도 일종의 특별한 귀납법에 불과했다.

한편, 귀납법은 사회과학상의 응용에 있어서는 즉 歷史法 혹은 통계법에 해당된다. 주겸지는 이 점에서 가장 선명한 표현은 이른 바 '역사학파'라고 했다. 그는 역사학파의 경제학자인 독일의 크니 스가 그의 저작 『역사적 방법에 입각한 정치경제학』에서 주장한 다음과 같은 내용을 그 예시로 제시하고 있다. 즉,

"경제학은 마땅히 그 이론을 세우는 기초를 역사적 생활 속에서 찾아야 하며, 그것의 결론은 역사의 통계적 방법을 응용하지 않으면 안된다는 것이다. 경제학은 고전학파가 주장한 바와 같은 추상적 연역 방법이 아니라, 마땅히 역사의 귀납적 연구 방법을 사용해야 한다. 만일 고전학파가 소수의 자명한 진리를 원칙으로 삼아서 추상적이고 고정 불변의 '경제인'에게 출발하여 연역해낸다면, 당연히 그 절대성을 본질로 하는 자연법이 됨은 당연하다고 하겠다. 반대로 역사학파인즉 슨 우리들이 경험하고 있는 모든 실제적 사회의 사안에 입각해서 완전히 역사의 통계적 방법을 응용한 결과 경제생활의 역사적 진화를 자연히 중시하게 된다. 말하자면, 귀납법의 사회과학 속에서의 채용은 역사 진화 법칙의 견해와 밀접한 관계를 가진다."[266]

물론 이처럼 귀납법을 사회과학상에 응용하는 것에 대해서 빌브

---

265) 여기에 관한 구체적인 설명은 앞의 책, 314~316쪽에 보인다.
266) 앞의 책, 316쪽.

란트(Wilbrandt)를 비롯해서 많은 학자들의 비판이 있었다. 그러나 주겸지는 역사학파의 사회과학상 공헌을 인정하면서, 당시의 비판들은 역사학파의 근본 방법에 관해서만큼은 결코 논박하지 못했다고 했다. 그는 역사학파의 공헌에 대해 다음과 같이 인정했다.

"역사를 기술한 많은 저작, 즉 가격, 임금, 신용, 화폐 등의 역사를 출판했을 뿐만 아니라, 이 역사의 통계적 연구로부터 이른바 경험의 법칙을 확립시켰다. 이러한 태도야말로 진정으로 사회과학적 방법을 응용한 것이라 하겠다. 사회과학과 자연과학은 모두 똑같이 귀납법적인 것을 사용하고자 한다."[267]

그런데 귀납법 속에서도 역사 진화적 단계를 면할 수는 없다고 했다. 즉 고전학파―연역법적 귀납법; 마르크스파―변증법적 귀납법; 역사학파―귀납법적 귀납법이 그것이다. 주겸지는 우주의 법칙은 모두 먼저 사실이 존재한 다음에 비로소 언론이 발생되기 때문에 사회과학에서는 완전히 귀납법을 채용해야만 한다고 주장한다. 그리고 많은 종류의 재료를 모으는 것이 바로 사회과학의 이론을 건립하는 그 첫 번째 단계가 된다고 보았다. 마르크스파는 변증법을 경제학상에 응용한 것으로 변증법 역시 역사적 형태를 중시하지 않는다고는 할 수 없지만, 이러한 역사 형태의 파악은 철학 방법(변증법)이 사용되지 과학 방법(귀납통계법)이 사용되지는 않는다. 이와 반대로 진정한 의미의 과학 방법은 자연과학 방면에서든 아니면 사회과학 방면에서든 막론하고 귀납적 방법이 사용된다고 주겸지는 생각했다. 오직 귀납 방법만이 진정한 의미의 과학 방법이라는 것이다.[268]

---

267) 앞의 책, 317쪽.
268) 앞의 책.

주겸지의 관점에서 보면 과학은 對自的 학문이기 때문에, 모든 과학은 귀납적 방법, 즉 관찰, 실험, 비교와 역사통계에 의한 방법이 사용되어야 한다. 다만, 다른 측면에서 보면 귀납 방법 그 자체는 일단의 발전적 역사를 가진다. 귀납법의 발전은 연역적 귀납법부터 변증적 귀납법까지, 변증적 귀납법부터 귀납적 귀납법까지, 다시 귀납적 귀납법부터 직관적 귀납법까지가 그것이다. 이상의 순서에 따르면, 종교적 과학 시기-연역적 귀납법; 철학적 과학 시기-변증적 귀납법; 과학적 과학 시기-귀납적 귀납법; 예술적 과학 시기-직관적 귀납법[269]으로 과학사의 네 시기가 된다. 그러나 주겸지의 입장에서 보면 과학의 역사적 발전에 있어서 제1시기의 종교적 과학은 엄밀하게 과학이 아님은 물론, 제2시기의 철학적 과학 역시도 진정한 의미의 과학은 아니다. 오로지 제3시기의 '과학적 과학'만이 '귀납적 귀납법'을 응용한 진정한 의미의 과학 그 자체라고 할 수 있다. 즉, 진정한 의미의 '과학의 시대'인 것이다.

4. 예술적 문화 개념

예술이란 무엇인가에 관한 질문에 고금의 수많은 사상가들은 각양각색으로 그 해답을 모색해 왔지만, 끝내는 예술의 보편적 정의를 포괄할 수 있는 대답은 없었다. 만약 보통 사람들이 이 질문을 받게 된다면 일반적으로 "예술의 기본 관념이 근거하는 것은 '美'이다."라고 대답할 것이다. 그런데 주겸지는 여기에서 그치지 않고 또 "미란 무엇인가?"라는 질문을 던짐으로써 예술의 보편적 정의를 찾

---

269) 앞의 책.

고자 하였다. 우선 다음 말을 보자.

"종교적 예술가에게는 미란 자신이 하나님의 가슴속에 존재하는 것
이고, 철학적 예술가에게는 미란 순수하게 개인의 주관에 의존하여
존재하는 것이며, 과학파적 예술가에게는 미란 객관독립해서 존재하
는 것이라 생각될 것이다. 그런 까닭에, 자연이 곧 미이고, 미는 곧
자연계 속에서 나온다고 하겠다. 그러나 만일 당신이 진정한 예술가
라면 대답은 서로 같지 않을 것이다. 당신은 초현상계의 예정된 모형
을 모방할 필요도 없다. 왜냐하면 그것은 단지 종교적 예술일 뿐이기
때문이다. 당신은 또한 완전히 내심의 유희에 기대어 그것을 표현해
내지 않을 수 없다. 만일 그렇게 한다면 철학적 예술이 될 따름이다.
당신은 당연히 자연계를 잊을 수 없겠지만, 자연계는 결코 순수 미적
인 것은 아니다."[270]

그는 예술이 비록 자연을 소재로 하기는 하지만 자연을 초과한다
고 했다. 예술과 자연의 차이는 즉 예술과 과학의 차이라고 보았다.
말하자면, 전자가 '이상화'를 가지고서 예술가의 자유 활동으로 삼
는다면, 후자는 '현실화'를 가지고서 과학자의 필연 활동으로 삼는
다. 전자는 근본적으로 정서적 충동이고 후자인즉슨 理智의 結晶이
다. 그는 양자의 차이를 알면 과학이 왜 '대자적'이고 예술이 '즉자
대자적'인지의 그 이유를 이해하게 될 것이고 했다.

그렇다면, 주겸지에게서 예술이란 무엇인가? 그는 예술을 기본적
으로 '생명 예술' 내지는 '종합 예술' 차원에서 접근하고 있다. 먼저,
그는 예술 세계의 기본 요칙을 '진실한 감정의 흐름(眞情之流)'으로
해석했다.

---

270) 앞의 책, 325쪽.

"진실한 감정의 흐름, 이 모든 표현을 넓은 의미에서 말하면 모두 미감 활동이고 모두 예술이라고 할 수 있다. 그러나 보통의 일반인들이 인정하는 예술이란 단지 인류 정신의 감정적 표현을 가리켜서 말한 것이기 때문에, 좁은 의미로 말하면 예술의 원천은 진실한 감정의 큰 흐름으로부터 나와서 문학, 희극, 회화, 음악, 무용, 건축, 조각이라는 일곱 가지의 다른 분파로 집대성된다."[271]

그는 이처럼 예술은 생명의 흐름을 표현하는 것이기 때문에, 진정한 예술가는 마땅히 대담하게 자신을 자유롭게 표현해야 한다고 했다. 그리고 그들이 진실한 감정이 불타고 있음을 느낄 때에는 그들은 곧 진실한 감정의 불을 환경에 흩뿌리는 충분한 능력을 가진다는 것이다. 그들은 표현하고 그들은 창조한다. 그들은 끝없는 情火의 광명을 예술 방법으로 사용하여 세계를 눈부시게 비춘다. 이것이 바로 예술이 '생명의 상징'임을 증명하는 것이라고 했다.[272]

이와 동시에 그는 생명의 흐름은 그것으로부터 음악적 운율로 전파해 나오고, 음파가 반복되고 굽이치는 곳에서는 도리어 회화적 가상을 이루어 표현된다고 했다. 음악은 동적이고 시간 감각을 사용한다. 한 곡절 한 곡절 '참된 시간' - 진실한 감정의 흐름상에 이어지기 때문에 '시간 예술'이라고 부른다.[273] 예술 전체에서 보면 오직 이 시간 예술만 존재하고 공간 예술은 존재하지 않는다고 주겸지는 말한다. 이른바 공간 예술은 실제로 변천 역정인 '참된 시간' 속에서 반드시 합쳐지고, 잠재된 시간 예술이 되어야만 비로소 가치를 갖는다고 했다.[274] 현대 예술을 '음악과 종합적 예술'의 경향

---

271) 앞의 책, 326~327쪽.
272) 앞의 책, 327쪽.
273) 앞의 책.
274) 앞의 책.

으로 파악하고 있는 그의 생각을 다음 말에서 확인할 수 있다.

"이제는 어떠한 예술이든 막론하고 모두 음악과 부합되는 곳이 있
어야 한다. 심리학 방면에서 '색채 청각'이라 일컫는 것, 즉 색과 음의
감각적 교착이 바로 내가 위에서 말한 공간 예술(色)과 시간 예술(音)
의 전이인 그것이다. 현재 각종 예술의 경계는 융합되어, 그 오로지
문예만을 관장했던 일곱 여신은 합해져서 하나가 되었다. 이른바 문
학, 희극, 회화, 음악, 무용, 건축, 조각은 모두 함께 조화된다. 그리고
소리와 빛이 서로 통하고 감각 기관이 교차하여 정감을 표현해내고
위대한 예술 세계를 창조함도 바로 음악 세계이다. 영국의 문학 비평
가인 페이터(Walter Pater)는 『文藝再生集』 중, 그의 名文 「조르조네
학파」(The School of Giorgione)에서 '회화, 조각, 시가와 기타 일체
예술은 모두 음악의 원리와 상태 쪽으로 기울어지고 있다.'고 말한다.
현대 예술이 음악과 종합적 예술의 경향임을 알 수 있다."[275]

이상 살핀 바를 토대로 한다면 주겸지에게서의 이른바 '예술적
문화'란 사실 '생명적'·'종합적' 개념임을 알 수 있다. 때문에, 그는
문화사의 제4시기인 예술 시기를 '생명 시기', '종합 시기'로 이름
붙였던 것이다. 어쨌든 그는 예술 문화를 말하려고 한다면, 제3시기
의 과학적 견해를 버리고서 제4시기의 예술이 예술적 문화 개념 되
는 이유를 돌아보지 않으면 안 된다고 했다. 베르그송이 본능과 개
성으로부터 예술을 설명했던 것, 니체가 예술은 즉 생활이라고 제
창했던 설, 더 나아가서 카펜터(Carpenter)가 그의 저작 『천사의 날
개』 속에서 다룬 「생명 예술」 등은 예술이 예술다운 까닭의 진수를
자못 분명하게 나타낸 예라고 했다. 그러므로 우리들 역시 예술의
자기 시대를 완성하기 위해서 백척간두에서 다시 진일보하여 그 가

---

275) 앞의 책, 328쪽.

장 높은 이상향에 존재하는 예술적 문화를 철저하게 더욱 선양해야만 한다[276]고 그는 주장한다.

주겸지에게서의 예술적 방법은 '직관법'으로서 표현에 의해 성립된다. 그의 이론은 크로체에게 의지한 바가 크다. 이탈리아의 크로체는 모든 표현은 예술이고 예술은 '抒情的 직관'이라고 했다. 사람들은 진실한 감정의 흐름이 충만할 때에, 좋으면 자연히 웃고 싶어지고 고통스러우면 자연히 울고 싶어진다. 이러한 희로애락의 표현이 직관적 표현이고, 소리, 언어, 신체에 의해서 표현된다. 즉, 소리에 의해서 음악이 만들어지고, 언어에 의해서 시가가 만들어진다. 신체에 의해서 무용이 만들어지고, 기타 건축, 회화, 연극 등도 감정 표현에 의해서 설명될 수 있다. 주겸지가 모든 예술은 표현에 의해서 성립된다고 했듯이, 제2기의 철학적 예술이 정서적 표현이고 제3기의 과학적 예술이 경험적 표현이라면, 제4기의 예술은 바로 직관적 표현에 의해서 성립된다고 하겠다. 그에 의하면 직관적 표현이 매우 높으면 높을수록 더욱 예민해져서 곧 한층 예술적 예술로 표현된다고 했다. 따라서 심령적 秘奧, 몽환적 장면 그리고 예술적 삼매경으로 사람들을 이끌어 들어가도록 한다는 것이다.[277]

비록 베르그송이 여기에 눈이 닿았기는 했지만, 철학자였던 베르그송으로서는 여전히 이지적 요소가 아무래도 다분했다. 때문에, 그의 앎(知)이 설령 심미적 직관을 가졌다고 하더라도, 그에게는 무엇보다도 철학적 직관이 중시되고 있다는 것이 주겸지의 생각이다. 베르그송의 말을 보면,

---

276) 앞의 책, 328~329쪽.
277) 앞의 책, 329쪽.

"철학자들이 대상을 인식하는 방법에는 두 파가 있다. 하나는 외면에서 선회하는 것이고, 하나는 대상의 내부를 향해 들어가는 것이다. 전자가 視點을 기반으로 해서 기호를 사용해 표시한다면 후자는 이러한 것들을 사용하지 않는다. 전자의 인식이 상대적이라면 후자의 인식은 절대적이다."[278]

여기서 주겸지는 인식 절대는 오로지 직관법만을 사용해야지 분석적 방법을 사용해서는 안 된다고 했다. 즉, 직관은 일종의 지적 同情이라서, 대상의 내부에 도달할 수 있음은 물론 저 형언할 수 없는 유일한 상황을 체인할 수 있다는 것이다. 그런데 직관 가운데 베르그송이 본 것은 단지 '無表現'적 직관일 뿐이고 '有表現'적 직관은 아니다. 바꾸어 말하자면, 철학 방면의 단지 내성적 직관(또는 이지적 직관)일 뿐이고 예술 방면의 서정적 직관은 아니라는 말이다. 이와 반대로 서정적 직관은 반드시 표현을 가지는(有表現) 까닭에, 이 점에서 주겸지는 저 "직관과 표현은 일치한다."고 주장했던 크로체의 미학설을 역시나 채용함으로써, 직관이 예술의 유일한 방법임을 주장하고 있다. 『미학』에 담겨져 있는 다음의 말을 한번 보자.

"지식의 형태는 두 가지이다. 상상력을 통해 획득되는 직관적 지식과 지성을 통해 얻어지는 논리적 지식이 그것이다. 전자는 개별자, 즉 개별적인 사물에 관한 지식이며 후자는 보편자, 즉 개별적인 사물 간의 관계들로 구성된 지식이다. 그러므로 지식은 이미지를 만들어 내거나 개념을 만들어 낸다."[279]

---

278) 앞의 책, 330쪽.

279) 앞의 책: 베네데토 크로체 저, 이해완 역, 『크로체의 미학』, 예전사, 1994, 25쪽, 참조.

162

　그렇다면, 예술이란 어떤 종류의 지식 방법을 사용하는 것일까? 이에 대해 주겸지는 크로체의 다음 말에 주의를 기울인다. 이를테면, "비평가가 예술상의 작품을 판별할 때는 반드시 예술적 추상 이론을 배척해야 하고 직관적 지식을 순수하게 견지해야 한다.", "우리들이 하나의 아름다운 예술품을 감상할 때, 그것은 결국 우리들에 의해서 표현된 자신의 직관인 것이다." 이러한 크로체의 말을 근거로 하여 주겸지는 예술은 창작자, 감상자, 비평가를 막론하고, 예술이라면 모두 직관적 표현일 따름이라고 했다. 예술의 오묘함은 그 작품 속에 무수한 논리 개념이 충만해 있는가에 달려 있는 것이 아니라, 그 작품이 개념을 얼마나 포괄하는가에 관계없이 결국 하나의 직관에 달려 있을 따름이라는 것이다. 반대로 철학상의 의론은 직관을 얼마나 포함하는가에 관계없이 결국은 여전히 하나의 개념에 그칠 따름이다. 이것이 바로 철학적 작품과 예술적 작품 간의 차이이고, 또한 理知 방법을 운용하는가 아니면 직관 방법을 운용하는가의 차이라고 했다.[280]

　이상 살펴본 것처럼 주겸지에게서의 직관이란 바로 표현인 까닭에 직관적 모든 표현은 아름다움을 느끼는 활동이고 예술인 것이다. 즉, 소리에 반영되어 음악을 이루고, 색선에 반영되어 회화를 이루고, 형체에 반영되어 조각을 이루고, 동작에 반영되어 무용을 이룬다. 그리고 문학에 반영되어 문학을 이룬다. 모든 예술은 서정적 직관일 뿐더러 직관과 표현이 일치된 경지이다.[281] 요컨대, 그는 문화사의 제4시기 즉 예술 시대는 종교, 철학, 과학을 막론하고 이미 직관적 방법을 모두 채용하고 있다고 보았다. 직관적 방법이야말로 예

---

280) 『朱謙之文集』, 第6卷, 「文化哲學」, 福建教育出版社, 2002, 330쪽.
281) 앞의 책, 331쪽.

술이 예술이게끔 하는 유일한 방법이라고 그는 단언했던 것이다.

주겸지는 예술의 역사적 발전을 통해서 예술이 예술이게끔 하는 유일한 방법적 발전, 즉 직관법적 발전을 간파할 수가 있다고 보았다. 이것 역시 직관법과 타 방법의 관계에 따라서 예술사의 네 시기를 형성한다. 즉, 종교적 예술 시기 - 연역적 직관법; 철학적 예술 시기 - 변증적 직관법; 과학적 예술 시기 - 귀납적 직관법; 예술적 예술 시기 - 직관적 직관법[282]이 그것이다.

주겸지에 따르면, 예술의 유형으로 말하자면 종교적 예술 시기는 조각이 대표가 되고, 철학적 예술 시기는 회화가 대표가 된다. 과학적 예술 시기는 건축과 소설, 희곡이 대표가 되고, 예술적 예술 시기는 음악, 문학이 대표가 된다. 그러므로 예술의 역사적 발전은 아래의 순서에 따라서 말할 수 있다고 했다. 즉, 첫째는 조각 시대, 둘째는 회화 시대, 셋째는 건축 시대, 넷째는 음악 시대가 그것이다. 또한, 그는 만약 문학을 그 속에 포괄시켜서 오로지 문학만을 가지고 말한다면, 문학의 역사적 발전은 제1기가 서사시 시대, 제2기가 서정시 시대, 아울러 제3기가 희곡·소설 시대라고 했다. 희곡을 그 예로 들어보면, 단테(Dante)가 쓴 『신곡』(Divine Comedy)이 제1기이고, 괴테(Geothe)가 쓴 『파우스트』(Faust)가 제2기이다. 그리고 입센(Ibsen)이 사회문제를 대상으로 하여 사회극을 쓴 것이 제3기이고, 마테를링크(Maeterlinck)의 독창적인 『靜劇』이 제4기에 해당된다.[283] 주겸지가 말하는 소설의 발달에 있어서 제1기는 실제로 문예사에 있어서의 고전주의이고, 제2기는 낭만주의이고, 제3기는 사실주의·자연주의이고, 제4기는 신낭만주의·유미주의·상징주

---

282) 앞의 책, 332쪽.

283) 앞의 책.

의·미래주의·표현주의에 상당한다.

이상의 예술의 역사적 발전을 통해서 예술도 그 시대성을 지님을 주겸지는 증명하려고 했다. 말하자면, 종교적 예술 시대에는 모든 예술은 종교 신비화되고, 철학적 예술 시대에는 모든 예술은 철학 自我化되고, 과학적 예술 시대에는 모든 예술은 실증 과학화된다. 그러나 그는 오직 예술적 예술 시대가 된 연후에야 모든 예술은 비로소 완전히 예술화가 될 수 있다고 했다. 이처럼 예술화적 일체 예술만이 진정한 의미의 예술적 이상향인 것이다.284) 아울러, 그의 문화철학의 최종 목적지인 예술적 문화에 대해 다음과 같이 단호한 의지를 피력하고 있다. 즉, 예술의 최대 이상은 예술인 자신의 예술 시대를 창조하는 데 있다. 이 시대의 예술인은 사회와 세계를 개조하기 위해서, 이제 더 이상 자신의 진심이 마비되는 것을 원치 않으며 문화사의 제4시기에는 그 완전한 책임을 지려고 한다. 예술의 세계는 어떤 파가 존재해서 일을 완결시키는 것은 아니다. 예술인은 마땅히 그 자신을 예술적 시대에 철저히 실행하여 예술이 예술이도록 하는 이유의 시대를 창조해야 된다285)는 것이다.

본 장에서는 주겸지의 각 문화 유형 - 종교적·철학적·과학적·예술적 문화 개념을 순차적으로 살펴보았다. 이러한 문화적 분류는 앞 장에서 이미 지적했던 헤겔의 3분 변증법과 콩트의 3단계 법칙을 4분 변증법과 4단계의 법칙으로 변형한 바에 기반을 둔다. 때문에, 변증법의 왜곡이라는 동일한 한계 속에 있는 것이다. 한편, 문화 유형들에 역사학적 방법을 응용하여 연쇄적 관계로서의 역사 발전 과정으로 분화시킴과 동시에, 방법론상에서 각 문화 유형의 관

---

284) 앞의 책, 339쪽.
285) 앞의 책.

계를 관찰해보면 각 문화 유형을 파악해낼 수 있다고 본 것은 다층적인 문화를 효과적으로 파악할 수 있는 모형의 제공이라는 점에서 평가할 만하다. 하지만, 방법론상 일방적으로 '연역법→종교': '변증법→철학': '귀납법→과학': '직관법→예술'로 분류하는 식의 태도는 몇 가지의 특성에만 기대어 지나치게 일반화하고 있다는 비판을 받을 수가 있다. 또한, 이러한 산술적인 대입은 이 유형화로부터 벗어난 문화의 다양성과 예외성을 무시할 수 있다는 점에서 문제의 소지가 있다.

제6장 문화의 지리상 분포

1. 세계문화의 지리기초

주겸지가 문화의 지리상 분포를 논함에 있어서 헤겔(『역사철학』 제2편 「특수적 서론」, '세계사의 지리적 기초')에게 의탁한 바가 크다. 그가 헤겔의 생각을 정리한 내용을 보면,

"세계 역사 속에서 매 세계 역사적 민족은 줄곧 하나의 형태만이 존재할 뿐인데, 이것이 바로 민족적 자연 의지, 혹은 민족의 주관적 본성이라는 것이다. 그렇지만, 그 측면에서 이러한 성질 규정은 다름 아닌 특수적 외부적 자연으로써 존재하고, 이러한 자연적 존재는 그 각종 정신 형태의 관통 중 정신 원리의 정신 원리 되는 까닭과 서로 부응한다."[286]

주겸지는 이러한 헤겔의 문화지리학의 형이상학적 이해를 통해서 하나의 세계 문화 민족은 반드시 하나의 특수적이고 외부적인 지리적 기초를 가진다는 사실을 간파해냈다. 여기서의 지리적 기초란 인류 문화와 상관관계에 있는 다름 아닌 기후, 지형을 말하는 것이다. 기후로 말하자면 "한대와 열대는 인류가 일종의 자유로운 운동에 도달할 수 없게 하고, 더 높은 정신을 향한 흥취와 활동의 풍부한 수단을 획득하지 못하게 한다." 때문에, 한대와 열대는 모두 세계사 민족의 지반이라고는 할 수 없다. 다시 말해서 세계 문화의

---

286) 앞의 책, 341쪽.

민족적 지반일 수는 없고, 세계 역사의 출연 무대, 즉 세계 문화의 출연 무대가 될 수 있는 것은 원래 오직 온대밖에 없다. 특히 북온대는 남온대와 비교해서 대략 그 크기가 여섯 배나 되기 때문에 인구의 밀도 역시 크다. 그런 까닭에 결국 세계 문화의 발원지가 된 것이다.[287]

더 나아가서 지형학적 측면에서 말하자면, 헤겔은 "역사에 있어서 중요한 문제가 되는 자연 특성의 보편적 관계는 바다와 육지의 관계이다. 육지에 관해서 말하자면 세 개의 기본적 구별이 있다."라고 했다. 첫째, 넓은 황무지와 들판으로 이루어져 있는 물 없는 고지; 둘째, 큰 하천이 관류하고 관개의 편의가 있는 협곡 지대, 즉 과도의 지대; 셋째, 해안과 직접적인 관계를 갖는 연해 지방이 그것이다.[288] 간단히 말해서 '고원'(고지), '평원', 그리고 '연해지'(해양)로 정리할 수 있겠다. 주겸지에 따르면 고원은 종교적 문화를 발생시키고, 평원은 철학적 문화를 발생시키고, 연해지는 과학적 문화를 발생시킨다[289]고 했다. 먼저, 주겸지는 인도가 고원 문화를 대표한다고 보았다.

"고원은 엄격한 의미에서 높은 산과 험한 고개에 제약을 받는 탓에, 문화가 발생되기엔 그렇게 용이한 곳은 아니다. 가장 일찍 문화가 발생된 곳은 반드시 풍부하고 넉넉한, 비교적 넓은 低地이다. 그 좋은 예가 바로 인도이다. 인도의 지형은 천연적으로 고원에 가로막힌 형세인데, 북방과 서북의 일대는 거대한 고지가 존재한다. 특히 히말라야산이 西藏 고원과 등지면서 東向·東南向하여 많은 대산맥과 이어져 있다. 남부는 데칸 고원이 있고 동고츠산맥과 서고츠산맥이 양쪽

---

287) 앞의 책.
288) 앞의 책, 342쪽.
289) 앞의 책, 343쪽.

으로 둘러싸고 있다. 이것은 사면이 모두 산과 같아서 고대의 교통이
불편한 때에는 문화가 존재하지 않음이 당연한 것이다. 그런데 매우
교묘하게도 온대선 내에 북부 고산과 남부 고원 사이에 끼여서, 도리
어 그 일대의 면적이 넓은 저지, 이른바 갠지즈 강(恒河) 유역이 가
로 놓여 있다. 갠지즈 강 유역의 문화는 종전의 사람들은 단지 표면
상에서 관찰했던 까닭에 그것이 고원 문화임을 알지 못했다. 실제인
즉슨 이 분명한 인도식 문화는 바로 고원 문화의 變式的 표현을 대표
하기에 충분하다."[290]

이처럼 인도는 지형의 첫 번째 요소를 대표함은 물론 이 고지의
원리는 인도에서 가장 우세한 기초가 된다는 것이 주겸지의 견해이
다. 즉, 고원 지대의 자연현상은 지나치게 단순하기 때문에 그것의
종교 신앙 또한 매우 열렬하다. 불교를 건립했던 석가모니는 그의
가정이 고산에 있었다시피 인도의 종교 문화는 특히 그 대표적인
예증이 된다고 했다. 그는 또한 고원 문화의 한계를 다음과 같이
지적한다.

"고원 문화는 불변성을 지닌다. 인도의 종교 신앙이 시작된 이후로
부터 비록 종파가 번창하기는 하였지만, 종교적 생활 방법인즉슨 지
금껏 변화가 발생한 적이 없다. 그것들의 종교 관념은 처음부터 정체
되어 앞으로 나아가지 못하고 있는 상태이다."[291]

이것은 중국 문화의 부흥에 대한 그의 신조인 "인도의 종교 문화
는 이미 과거에 속하는 것이므로 현대 문화와의 괴리가 너무나 심
한 편이기 때문에, 중국 문화의 견지에서 본다면 당연히 거절되어

---

290) 앞의 책, 342쪽.
291) 앞의 책.

야 마땅하다"292)는 주장의 밑바탕을 이룬다. 또한, 주겸지는 중국을
평원 문화로 꼽고 있다.

　　"헤겔이 말한 '큰 하천이 관류하고 관개의 편의가 있는 협곡 지대,
즉 과도의 지대'는 長江(양자강)과 大河(황하)가 형성시킨 평온한 골
짜기의 유역이 그 가장 좋은 예인데 바로 중국이 여기에 해당한다.
중국 경내에는 세 줄기의 대하가 있다. 황하는 고지에서 아래로 빠르
게 흘러 지나가는 지점으로 대체로 삼각주 성질의 평원이다. 장강은
세 줄기의 강 중 가장 큰 것일 뿐만 아니라, 고원을 벗어난 뒤 河床
(강바닥) 또한 그것이 가장 길고 흘러 지나가는 지점은 구릉이 기복
을 이루는 지구여서 중국의 가장 비옥한 지역이다. 珠江이 흘러 지나
치는 유역은 하나의 양호한 내지 수로이다. 또한 지도상에서 그것은
위도 20도에서 40도 이상에 위치하여 기온이 온난함을 알 수 있다.
인류가 안정되게 살기에 가장 적당한 거주지인 까닭에 인구 밀도가
가장 크고 문화 역시 가장 쉽게 발달하였다. 그러나 우리들이 주의를
가져야만 할 것은 이 문화는 높은 산과 험한 고개에 제약을 받는 '종
교적 문화'(인도)와 이미 다름은 물론, 또한 연해의 생활과 교통의 발
달이 이룩한 '과학적 문화'(서양)와 다르다는 사실이다. 중국 문화는
단지 그 평원의 문화를 이룰 뿐이다. 이를테면 헤겔이 설명한 지형의
두 번째 요소와 같다."293)

　　이 말에 의하면 중국은 지형의 두 번째 요소를 대표할 뿐더러 이
평원의 원리는 중국에서 가장 우세하다는 사실을 알 수 있다. 주겸
지는 헤겔에 근거하여, 즉 철학적 문화는 원래 오직 중용적 문화임
은 물론 낮과 밤, 협곡 평원과 산맥 대립의 변증적 문화이기 때문
에,294) 중국 문화를 철학적 문화로 규정했던 것이다. 마지막으로,

---

292) 앞의 책, 386쪽.
293) 앞의 책, 342쪽.

주겸지는 서양이 해양 문화를 대표한다고 보았다.

"유럽 문화는 이 지형의 세 번째 요소인 바다가 그 근본 원리가 된
다. 바다가 불러일으킨 활동은 완전히 고유한 하나의 과학 활동인 것
이다. 바다는 전적으로 독특한 문화 정신을 이룬다. 유럽에서는 마치
그렇게 고정적이고 고원적인 것과 같은 핵심이 없는 까닭에, 이러한
핵심은 유럽에서는 부차적인 것에 속한다. 다름 아닌 평원적 원리도
뒤를 향해 물러나야 한다. 유럽은 고원과 협곡 평원과 같은 그러한
대립은 없고, 오직 바다가 육지보다 더욱 중요한 교통의 요로가 되어
왔다. 지중해, 흑해, 발트 해, 북해, 영국 해는 이러한 수로 교통의 시
대에 있어서 지형상 유럽이 각 주의 가장 알맞은 위치를 차지했다고
할 수 있다. 가령, 헤겔이 '그것과 바다의 관계는 그야말로 매우 중요
하며, 이것은 유럽과 아시아 두 주 사이의 하나의 영원한 구별점이
아닐 수 없다. 유럽의 국가는 오직 그것이 바다와 관계를 맺을 때에
만 비로소 진정한 의미의 유럽의 국가가 될 수 있다. 아시아의 생활
에 결핍된 것, 모든 특유성에 대한 초월은 즉 자신의 생활에 대한 초
월인 바다에 있다는 것이다. 개별적 인신의 자유적 원리 때문에 유럽
적 국가 생활이 된 것이다.'라 한 것과 같다."[295]

위의 인용문에 비추어보면 서양은 지형의 세 번째 요소를 대표한
다고 하겠다. 그리고 이 해양의 원리는 서양에서 가장 우세하다. 즉
유럽은 각 나라마다 거의 모두 자신의 해안선을 가지고 있기 때문
에, 유럽의 문화는 바로 해양에 대한 관계가 낳은 문화인 것이다.
아울러, 주겸지는 서양의 해양 문화에 대해서 그 장단을 다음과 같
이 지적하고 있다.

---

294) 앞의 책, 343쪽.
295) 앞의 책.

"지구상에서 아득히 멀리 떨어져 있는 사람들은 모두 항행에 지장이 없으므로, 공업이 발달하고 상업이 넓게 지구의 곳곳에 퍼지게 하였다. 나쁜 측면에서 말하자면 제국주의가 식민지에 대한 침략을 일으켰고, 좋은 측면에서 말하자면 이른바 과학적 문화를 발생시켜 종교적, 철학적 문화를 대체시켰다."296)

한편, 주겸지는 이 지형상의 세 요소를 대표하는 인도, 중국, 유럽은 모두 구세계에 있어서 인구가 가장 많은 세 지역이며, 이 세 지역에 의해 발육된 세 종류의 다른 문화는 매 문화마다 세계 인구의 4분의 1에 영향을 주었다고 했다. 문화 발전의 시간 순서로 말하자면,

"인도의 종교 문화는 기원전 3000년에서부터 327년에 이르기까지가 문화사의 제1시대가 된다. 중국의 철학적 문화는 가령 春秋·戰國의 출발로부터, 즉 기원전 770년부터 1660년 明이 망하기까지가 문화사의 제2시대라고 할 수 있다. 서구의 과학적 문화는 엄격히 말해서 응당 중세기의 문예부흥과 종교 개혁 이후로부터 시작하여 현대에 이르러서야 비로소 매우 신속한 진보가 있었다. 이것이 문화사의 제3시대가 되는 셈이다."297)

이것은 뒤에서 다시 언급되겠지만, 그는 인류 문화사의 발전 단계를 크게 종교 → 철학 → 과학으로 구분한다. 이 가운데 인도 문화는 첫 번째 시기인 종교 시대를, 중국 문화는 두 번째 시기인 철학 시대를, 서양 문화는 세 번째 시기인 과학 시대를 각각 대표한다고 했다. 재차 그는 문화 발전의 위치 차원에서 다음과 같이 말하고 있다.

---

296) 앞의 책.
297) 앞의 책, 344쪽.

"인도 문화는 북위 30도의 남에서 발육되었다. 땅은 열대에 가깝고 세계의 중요 종교인, 즉 유태교와 기독교가 모두 乾투한 땅에서 발생했고 회교 역시 예외는 아니다. 중국 문화는 북위 40도의 남에서 발육되었고 그리스와 위도가 동일하다. 중국 문화의 정신 방면에 편중되어 있는 철학이 그리스의 철학사상과 상당 부분 교묘하게 일치한다."298)

지금껏 서술한 문화 지리적 연구는 단지 구세계에 관한 것이다. 구세계는 본질상에서 우리들의 관찰 대상 즉 세계 문화 역사의 무대이기 때문에, 주겸지는 구세계 속에 헤겔이 일부러 아프리카를 끼워 넣음으로써 고지의 원리를 대표하게 한 것 같다고 생각했다. 그리하여 헤겔의 이른바 삼 대주의 '정신적 성격'의 학설이 이루어진 것이라고 했다. 그러나 아프리카는 땅이 열대여서 우리들의 토론의 문제가 될 수 없기 때문에 마땅히 제외되어야 하며, 신세계의 아메리카와 오스트레일리아에 관해서는 그것이 유럽인에 의해서 발견된 까닭에, 오늘에 이르기까지 아직 어떠한 독립적 문화도 존재하지 않는다고 판단했다. 즉 아메리카주의 문화에 관해 말하자면, 비록 새로운 세계의 문화를 창조하고 건설하느라고 한창 노력하고 있지만, 여태껏 서구의 과학적 문화의 범위를 벗어난 적은 없다는 것이다. 때문에 여기서 제외시키고 있다. 이상 주겸지의 세계 문화의 지리적 기초에 관해 고찰해보았다. 하지만, 이와 같은 입론은 주겸지 자신의 독창적인 견해가 아니라 헤겔의 역사철학을 모방하고 있다는 점에서 그 가치성은 재고될 필요가 있다. 더욱이, 각종 문화의 본질과 발전은 기후 및 지형과 상당한 관계를 맺고 있는 것은 사실이지만, 그것을 불변의 진리인 양 고정시켜서 도식화하는 태도는 성급한 일반화의 오류에 빠질 수가 있다. 다시 말해, 지리적 조

---

298) 앞의 책.

건이 인간의 삶의 방식을 규정한다는 식의 논리를 무리하게 강조하게 되면, 일면 인간이란 환경 억압을 당하면서도 돌진하고 도약하는 인간의 의지 등의 다른 요소들을 간과할 수도 있기 때문이다.

2. 세계문화의 지리분포

주겸지는 당시 한창 열띤 토론의 대상이 되었던 '동서 문화의 문제'에 관해서 이 문제를 해결하기 위해서는 선행적으로 무엇이 동방이고 무엇이 서방인지 하나의 표준을 정해야 된다고 했다.

"내 생각에는 설명의 편리를 위해서 일반적인 해석 즉 중국, 인도가 동방 문화를 대표하고 유럽이 서방 문화를 대표한다는 견해를 채용함이 좋을성싶다. 그런데 동방 문화를 개괄적으로 말하여 어떤 이는 단지 중국 문화만을 위주로 하는가 하면, 어떤 이는 인도 문화를 겸하여 논하기도 하는 데 모두 일리가 있는 말이다. 다만 중국 문화와 인도 문화를 함께 섞어서 서구 문화와 비교하는 식의 생각은 근본적으로 틀렸다고 보지 않을 수 없다."[299]

이 말에 비추어보면 그는 동방 문화를 중국과 인도로, 그리고 서방 문화를 서구로 나누는 데 대해서는 일정 부분 동조하면서도, 중국과 인도를 동질적인 하나의 문명권으로 고정시켜서 서구와 비교하는 식의 생각에는 반대하고 있다. 이것은 양수명이 동방 문화는 최소한 중국 문화와 인도 문화의 양대 체계로 구분되어야 하며, 동

---

299) 앞의 책, 345쪽.

방 제 민족 모두를 혼합해서 말할 수는 없다고 한 것[300]과 그 맥이
같다고 해야 할 것이다. 결론적으로 말해서, 양수명이 세계는 유럽,
중국, 인도로써 문화의 3대 계통으로 삼음이 옳다[301]고 한 것과 같
이, 주겸지 역시 세계 문화를 3원론, 즉 인도, 중국, 서양이라는 문
화의 세 근본 단위로 파악하고자 했다. 물론 세계 문화를 말할 때
단지 이 세 가지만으로는 부족한 듯이 보일지 모르지만, 고등 문화
를 대표하는 유형에 관해 말하자면, 오히려 중국, 인도, 그리고 서
구만이 존재할 뿐이라고 했다.[302] 더구나, 이러한 세 종류의 고등

---

300) 熊呂茂, 『梁漱溟的文化思想與中國現代化』, 湖南教育出版社, 2000, 121쪽.

301) 『梁漱溟全集』, 第1卷, 「東西文化及其哲學」, 山東人民出版社, 1989, 391쪽.

302) 주겸지는 자신의 세계 문화 3원론에 대한 세간의 비판을 염두에 두어 다
음과 같은 합리적인 논리를 제시하고 있다. 이를테면, "인류학자, 역사학
자, 고고학자는 모두 세계 문화의 발원지를 다섯 가지로 보고 있다. 하나
는 인도, 둘은 이집트, 셋은 메소포타미아, 넷은 중국, 다섯은 중앙아메리
카(멕시코와 페루)가 그것이다. 陣嘉喜 선생은 「동방 문화와 우리들의 큰
임무」(東方文化與吾人之大任)란 글에서 '中美 문화의 한 계통은 머지않아
중도에 단절되어 세계 문화에 그다지 영향을 주지 못했던 까닭에 논할 거
리가 못된다. 그 외에 이집트 문화, 메소포타미아 문화는 사실 그리스 문
화를 낳은 원천이다. 오늘날 유럽 각 나라의 문화도 사실 그리스 문화와
헤브루(Hebrew, 猶太) 문화가 혼합되어 만들어진 것이다.'라 했다. 때문에
결국은 인도, 중국, 서양만이 세계 문화의 세 근본이 된다. 아울러, 슈펭글
러는 그의 저작 『서구의 몰락』, 제2권에서 아홉 개의 고등 문화를 거론한
적이 있다. 즉, ① 이집트 문화; ② 바빌론 문화; ③ 인도 문화; ④ 중국
문화; ⑤ 그리스·로마 문화; ⑥ 아라비아 문화; ⑦ 멕시코 문화; ⑧ 서
구 문화(혹은 파우스트 문화); ⑨ 러시아 문화가 여기에 해당된다. 하지
만, 사실대로 말하자면 동일한 이유에서 이집트 문화, 바빌론 문화(메소포
타미아 문화)와 그리스·로마 문화는 똑같이 서구 문화의 원천이 된다.
러시아 문화인즉슨 서구 문화의 파생이고, 멕시코 문화는 말할 필요도 없
이 아라비아의 종교 문화여서 또한 거의 같은 위도에 위치한 인도의 문화
속에 포괄시켜 말할 수 있을 법하다. 그러므로 결국에 가서는 인도, 중국,
서구만이 오직 세계 문화의 세 근본이 되는 셈이다. 뿐더러, 구세계 중 인
구가 많은 세 지표로 말하더라도 중국, 인도, 그리고 서구만이 존재할 따
름이다."(『朱謙之文集』, 第6卷, 「文化哲學」, 福建教育出版社, 2002, 345쪽.)

문화는 주겸지에게 있어서는 사실 비교적 독립적인 각각의 문화이고 세 종류의 다른 대등병칭적인 가치를 대표한다고 하겠다.

그는 '세계 문화의 지리상적 3원론'에 대한 이론적 근거로 양수명의 '문화의 세 방향(三路向)설'과 쉘러의 '지식의 세 형식'을 대응시킴으로써 자신의 학설을 강화하고 있다. 전자는 ① 서양 문화는 '의욕의 앞으로 향한 요구'(意欲向前要求)를 그 근본정신으로 삼는다: ② 중국 문화는 '의욕의 自爲·調和·持中'(意欲自爲調和持中)을 그 근본정신으로 삼는다: ③ 인도 문화는 '의욕의 자신을 반성하여 뒤로 향한 요구'(意欲反身向後要求)를 그 근본정신으로 삼는다(양수명)가 그것이고, 후자는 ① 실용적 지식 – 서구의 자연정복적 지식: ② 교양적 지식 또는 본질적 지식 – 중국 및 그리스의 지배 계급적 지식: ③ 해탈적 지식 – 인도의 불교적 지식(쉘러)[303]이 그것이다. 이 두 동·서양 학자의 설을 정리해보면 '의욕의 자신을 반성하여 뒤로 향한 요구'인 인도 문화는 '해탈적 지식'으로서 주겸지가 말한 '종교적 문화'이고, '의욕의 자위·조화·지중'인 중국 문화는 '교양적 지식'으로서 그가 말한 '철학적 문화'이다. 그리고 '의욕의 앞으로 향한 요구'인 서양 문화는 '실용적·자연정복적 지식'으로서 그가 말한 '과학적 문화'인 것이다.

특히, 주겸지의 문화철학은 중국사상사상 엄밀한 의미에서 양수명의 문화철학의 계승·발전이라고 해야 할 것이다. 주겸지는 양수명이 말한 것이 자신의 문화철학의 출발을 위한 길잡이임을 스스로 인정하고 있다시피,[304] 서양 문화는 理智 중심의 물질문화, 중국 문화는 直觀 중심의 도덕 문화, 인도 문화는 現量 중심의 종교 문

---

303) 앞의 책, 348쪽: 또한 주겸지는 미래 세계인 예술형을 '감상적 지식'·'표현적 지식'으로 표현한다.

304) 앞의 책, 245쪽.

화305)라고 하는 양수명의 이론은 그대로 주겸지에게 계승되어 세계 문화 체계로 유형화되고 있다. 부연하자면, 양수명은 문화란 한 민족의 생활양식이고 생활은 의욕을 표현하는 것으로 다른 민족의 문화 표현은 다른 특질을 갖고 있게 마련이라고 했다. 그는 이를 기초로 하여 서방·중국·인도 세 방면의 문화로 구분하여 '문화의 세 방향설'을 제기했던 것이다. 이 세 종류의 문화 방향(路向)은 모두 의욕이 취하는 세 갈래 다른 방향에 의하여 나타난 것이다.306) 그런데 주겸지의 '문화 4단계'인 종교적 문화, 철학적 문화, 과학적 문화, 예술적 문화는 바로 이와 같은 양수명의 '문화의 세 방향설'을 거울삼은 것307)이라고 할 수 있다.

이제 본격적으로 주겸지가 주장하는 문화의 지리적 분포 이론을 살펴보자. 이미 논급했듯이 그는 문화의 근본 유형을 지식 생활상 네 유형으로 표현할 수 있다고 했다. 이를테면, 종교, 철학, 과학, 예술이 그것이다.(『문화사회학』에서는 사회생활상 네 유형, 즉 정치, 법률, 경제, 교육으로 표현했다. 이것은 지식 생활의 네 유형에 대해 의존적 관계에 있다.) 이 네 문화 유형은 본질적 존재인 한편 역사적 존재이기도 하다. 특히, 예술은 세계 문화의 조화와 종합임은 물론 문화의 이상향으로서, 앞으로 우리들에게 다가올 미래 세계에 해당한다. 그 나머지 세 종류의 지식 문화는 세계 인구가 가장 많이 거주하는 세 구역, 즉 인도, 중국, 서구에 각기 대응된다.

---

305) 崔洪植, 『梁漱溟의 文化哲學에 관한 硏究』, 成均館大 大學院 博士學位論文, 2002, 180쪽.

306) 권용옥, 「양수명의 文化三路向 說에 대한 연구」, 『중국학연구』 제23집, 2002, 8쪽.

307) 熊呂茂, 『梁漱溟的文化思想與中國現代化』, 湖南敎育出版社, 2000, 273쪽.

시기 / 문화 구역	제1시기: 종교 단계	제2시기: 철학 단계	제3시기: 과학 단계	제4시기: 예술 단계
인도: 종교	종교적 종교	철학적 종교	과학적 종교	예술적 종교
중국: 철학	종교적 철학	철학적 철학	과학적 철학	예술적 철학
유럽: 과학	종교적 과학	철학적 과학	과학적 과학	예술적 과학
미래: 예술	종교적 예술	철학적 예술	과학적 예술	예술적 예술

현 세계 문화의 체계는 종교형에 속하거나 철학형 혹은 과학형에 속한다. 문화의 전파로 말하자면 인도 문화에 의해 전파된 것이거나 중국 문화 혹은 서양 문화에 의해 전파된 것이다. 문화의 유형으로 말하면 종교 문화는 인도가, 철학 문화는 중국이, 과학 문화는 서양이 각각 그것을 대표하지만, 모든 문화는 결국 예술 문화를 향해서 나아가게 된다. 세계사에 있어서의 문화 구역은 여러 단위가 존재할 수 있겠으나,308) 종합해보면 중국, 인도, 서구 세 문화 단위로 귀결될 따름이다. 이 문화 단위의 특징은 다음과 같다.

① 문화의 유형: 인도 문화는 종교 문화이고 중국 문화는 철학 문화이며, 또한 서양 문화는 과학 문화이다. 인도문화사는 종교 문화의 발전사이고, 중국문화사는 철학 문화의 발전사이다. 그리고 서

308) 주겸지는 24단위로 나누고 있다. 즉, (1) 인도드라비다 문화; (2) 인도아리안 문화; (3) 이집트 문화; (4) 바빌로니아수메르 문화; (5) 바빌로니아셈족 문화; (6) 히타이트 문화; (7) 헤브루 문화; (8) 페니키아 문화; (9) 중국 문화; (10) 일본 문화; (11) 인도지나 문화; (12) 匈族 문화; (13) 크레타 문화; (14) 그리스 문화; (15) 에트루리아 문화; (16) 로마 문화; (17) 페르시아 문화; (18) 아라비아 문화; (19) 멕시코 문화; (20) 마야 문화; (21) 잉카 문화; (22) 게르만 문화; (23) 슬라브 문화; (24) 歐西문화가 그것이다.(『朱謙之文集』, 第7卷, 「比較文化論集·世界史上之文化區域」, 福建教育出版社, 2002, 256~280쪽, 참조.)

양문화사는 과학 문화의 발전사이다.

② 문화의 구조: 인도 문화에도 철학, 과학, 예술은 있지만, 모두 종교 문화가 중심이 되어 '종교적 철학', '종교적 과학', '종교적 예술'을 형성한다. 중국 문화에도 종교, 과학, 예술은 있지만, 모두 철학 문화가 중심이 되어 '철학적 종교', '철학적 과학', '철학적 예술'을 형성한다. 마찬가지로 서양 문화에도 역시 종교, 철학, 예술은 존재하지만, 모두 과학 문화가 중심이 되어 '과학적 종교', '과학적 철학', '과학적 예술'을 형성한다.

③ 문화의 발전: 인류문화사의 발전 단계는 크게 종교 시대 → 철학 시대 → 과학 시대 → 예술 시대로 구분할 수 있다. 이 가운데 인도 문화는 첫 번째 시기인 '종교 시대'를 대표하고, 중국 문화는 두 번째 시기인 '철학 시대'를 대표하고, 서양 문화는 세 번째 시기인 '과학 시대'를 대표한다.

④ 문화의 접촉: 인도문화사 중 '과학 시대'는 서양 과학 문화의 영향이다. 중국문화사 중 '종교 시대'는 인도 종교 문화의 영향이며, 그 '과학 시대'는 서양 과학 문화의 영향이다. 서양 문화로 말한다면, 서양문화사 중 '종교 시대'는 인도 종교 문화의 영향이며, 그 '철학 시대'는 중국 철학 문화의 영향이다.[309]

---

309) 앞의 책, 第7卷, 「比較文化論集・序」, 254~255쪽; 앞의 책, 「比較文化論集・中國文化之本質, 體系及其發展」, 344~345쪽: 주겸지는 문화인류학자들의 문화 발전에 대한 연구, 즉 고전진화론파와 비판파를 종합하여 각지의 문화는 독립과 발전의 현상을 지님과 동시에 또한 採借와 분파의 현상을 지닌다고 했다. 고전진화론파는 모건, 타일러 등이 문화의 역사적 과정을 연구하면서 그 독립과 발전적 사실에 주목했고, 한편 '비판파'는 독일의 지리학자인 훔볼트(Humboldt), 리터(Ritter), 라첼(Ratzel) 등의 문화분파설(diffusion theory)에 대한 견해를 계승함으로써, 그들은 문화 변천의 가장 주요한 지배자를 '분파' 혹은 각 민족 역사상의 접촉을 가지고서 설명할 것을 주장했다. 말하자면, 미국의 보아스(Boas), 위슬러(Wissler), 크뢰버, 로이(R. H. Lowie), 골든와이저(Goldenweiser) 등이

여기서 특히 흥미로운 것은 인류문화사의 발전단계상 그 문화 유형의 배열에 있어 양수명과 차이를 보이고 있는 점이다. 양수명은 인류 사회의 발전 단계를 3단계로 구분하였고 매 단계마다 해결해야 할 문제를 제시했다. 이를테면, 제1단계는 인간과 자연 관계의 단계인데 생존 문제를 해결해야 하는 물질 문제로 서방 문화의 특징이라 했고, 제2단계는 인간과 인간관계를 해결해야 하는 단계로 중국 문화의 특징이라 했으며, 제3단계는 물질 문제도 아니고 또 인간 간의 문제도 아닌 인류 자신의 번뇌 문제, 즉 老·病·死의 문제로 인도 문화의 특징이라 했다.[310] 아울러 그는 인류 문화는 서양→중국→인도로 순차적으로 방향을 전환한다고 주장한다. 그런데 양수명은 여기서 인류 문화 발전의 법칙성을 규명하기 위해서 보다 일반적이고 보편적인 원칙을 정립하지 않고 단지 몇 가지 특수한 사례를 들어서 설명하고 있을 뿐만 아니라, 정신의 작용만을 강조한 나머지 문화 3단계 방향설은 역사 발전의 필연성에 근거했다기보다는 우연성에 의존하여 설명하고 있다는 점에서 그 한계를

여기에 속한다. 주겸지는 이 두 파의 견해를 확대하여 동서 문화를 설명함은 물론 비판적으로 받아들이고 있다. 그는 말하기를, "진화론파에 의하면 중국, 인도, 서구의 문화적 역정은 모두 마땅히 內在·生長的 현상이고 각자 독립·발전적이다. 발전 중에 비록 채차 혹은 분파가 있기는 하지만, 그들에게는 다만 우연한 특성으로서 별로 중시할 것이 못된다. 이와 반대로 비판파에 의하면 중국, 인도, 서양의 문화적 역정은 그 흩어짐(散布)과 합침(匯合)이 문화 생산의 類同(여러 사실을 해석하여 그 유사한 점을 찾아내어 어떤 현상의 원인을 찾는 것 – 역주)에 매우 중요하게 관계한다는 것이다. 그러므로 문화의 변천은 결코 어떠한 내재적 원칙에도 근거되지 않는지라, 마땅히 '채차', '분파' 혹은 '민족 접촉'의 개념으로써 이러한 문화의 연합, 互結, 아울러 類化를 연구해야 한다고 했다. 하지만, 우리들의 입장에서 보면 이 두 파의 견해는 모두 옳기는 하지만, 단지 한 면의 진리만을 본 것뿐이다."(앞의 책, 第6卷, 「文化哲學」, 345~346쪽.)

310) 권용옥, 「양수명 동서문화관의 현대적 의의」, 『중국학연구』 제21집, 2001, 6쪽.

드러내고 있다.[311] 이에 반해, 주겸지의 문화 진화 개념에는 베르그
송의 '지속'과 헤겔의 '지양'이라는 개념이 동시에 내포되어 있다.
더 나아가서 헤겔의 논리주의와 콩트의 심리주의를 종합함은 물론
변증법적인 역사진화의 연구법을 채용함으로써 양수명에 비해 보다
객관성과 타당성을 확보하고 있다. 이러한 의미에서 주겸지의 문화
철학은 중국사상사 차원에서 볼 때 양수명의 계승임과 동시에 분명
발전된 형태라고 할 수 있다.

　다시 주겸지로 돌아와서 논해보면, 인도, 중국은 과거에 이미 존
재했던 문화이고 서양은 현존하는 문화이다. 예술인즉슨 세 방면을
포괄하여 미래에 장차 존재할 문화이다. 과거의 문화 정통 속에서
인도는 종교 문화에서 예술 문화로, 중국은 철학 문화에서 예술 문
화로, 서양은 과학 문화에서 예술 문화로 이를 것이다. 그 발전 진
행 가운데 반드시 현 단계인 과학 문화의 절차를 거쳐야 하며 중국
이 밟고 있는 경로는 이와 비교적 비슷하여 서세동점의 시련과 위
기는 서양 과학 문화의 세례에 불과하다고 주겸지는 보았다.[312] 이

---

311) 崔洪植, 『梁漱溟의 文化哲學에 관한 硏究』, 成均館大 大學院 博士學位論
　　文, 2002, 178~180쪽, 참조.
312) 『朱謙之文集』, 第6卷, 「文化哲學」, 福建敎育出版社, 2002, 380쪽; 양수명은
　　당시 중국 문화 위기의 원인을 '中國文化早期過熱說'로 설명함으로써 또
　　한 주겸지와 그 견해를 달리하고 있다. 말하자면, 양수명은 서방 문화를
　　인류 사회 발전의 제1단계적 문화라고 부르고, 중국 문화를 인류 사회 발
　　전의 제2단계적 문화라고 부른다. 동시에 또한 양수명은 인류 사회의 발
　　전 단계는 초월할 수 없다고 보았다. 즉, 인류 사회의 발전은 제1단계를
　　충분히 발전시킨 후에 비로소 제2단계로 진입하는 것이 정상적인 발전
　　추세라고 보았다. 이러한 견지에서 볼 때 중국 문화의 실패의 원인은 제1
　　단계를 거치지 않고 제2단계로 진입했기 때문이라는 것이다. 이를 기초로
　　그는 이른바 '중국 문화조기과열설'을 제기한다. 즉 중국 문화의 병폐와
　　중국 사회가 직면한 일체의 문제는 모두 중국 문화가 조기에 과열되었기
　　때문에 일어난 문제라는 것이다.(권용옥, 「양수명 동서문화관의 현대적
　　의의」, 『중국학연구』 제21집, 2001, 7쪽.)

제 각 문화 구역으로서의 인도, 중국, 서양을 순차적으로 살펴보고, 끝으로 그가 말하는 미래 大同世界로서의 예술적 문화 구역에 대해 논해보도록 하겠다.

1) 종교적 문화 구역 – 인도

앞에서 이미 지적한 바대로 주겸지는 인도를 종교적 문화로 규정하고 있다. 자신의 입론의 근거로 쉘러의 용어를 사용하여 '해탈적 지식'에 대입시키고는 있지만, 사실 그 모태는 양수명에게서 연원한다. 주지하다시피 세계의 문화가 세 갈래로 각기 상이하게 된 원인을 양수명은 모두 의욕이 취하는 다른 방향 때문이라고 보았다. 그 중 인도 문화를 양수명은 다음과 같이 말한다. "원래 인도인은 서방인이 행복을 요구하는 것과 같지도, 중국인이 知足을 바라는 것과 같지도 않다. 그들은 이러한 생활을 해탈하려고 하는 데에 노력한다. 앞으로 향하는 것도 아닐 뿐만 아니라 중용을 지키는 것도 아니다. 그들은 뒤집어 뒤로 향하는 것, 즉 우리들이 말한 세 번째 방향에 해당한다."[313]고 했다. 다시 말해서, 인도 문화는 '의욕의 자신을 반성하여 뒤로 향한 요구'를 그 근본정신으로 삼는다는 것이다.

이와 같은 양수명의 주장을 계승하여 주겸지는 세계의 문화가 각기 달라진 이유를 민족의 타고난 성품과 역사 상황의 차이로 보고, 세계상 종교적 성향이 강한 민족은 단연 인도인과 유태인이라고 단언한다. 물론 해탈적 지식이 유한자인 인류가 자신을 초월하기 위해서 더 위대한 무한자의 天性을 동경하는 데서 나온 것이므로, 종

---

313) 『梁漱溟全集』, 第1卷, 「東西文化及其哲學」, 山東人民出版社, 1989, 394쪽.

교가 없는 세계 민족은 하나도 존재하지 않을 것이다. 하지만, 타고
난 성품과 역사 상황으로 인해 인도는 종교적 문화 구역이라는 것
이 주겸지의 주장이다.

"어느 국민이건 얼마쯤 그 종교적 발달을 가진다손 치더라도, 국민
의 타고난 성품과 역사 상황의 차이 때문에, 어떤 민족은 철학에 능
하고 어떤 민족은 예술에 뛰어남은 물론. 어떤 민족은 과학, 공업을
위주로 하기 마련이다. 이와 동일선상에서 종교가 발달하는 쪽으로
기운 민족도 있다. 전 세계에 있어서 종교에 치우친 국민을 들어보라
고 한다면 무엇보다도 인도인과 유태인을 꼽을 수 있을 것이다."314)

그런데 그는 셈족의 종교와 그 종교사상은 아리안족과 같은 종교
적 상상과 철리에 비한다면 사실상 부족한 점이 있다고 했다. 즉,

"그들(셈족)은 인생의 일상적 필요에 충실할 줄만 알아서 자신의
종교를 중심으로 삼아 그 다른 모든 종교는 배척한다. 반대로 아리안
족의 종교인즉슨 종교사가들이 말한 바대로 신비롭고 고상한 운치와
아득한 詩想 속에 심원한 철리가 더해져 있다."315)

또한, 주겸지는 여러 자료를 통해서 인도 종교는 특히나 아리안
민족의 가장 오래된 원시적 신앙을 보존하고 있을 뿐만 아니라, 인
도의 문화 역시 기타 아리안족의 문화와 비교해서 오래된 것임을
논증한다. 결국 인도 종교의 연구는 대체로 아리안족 종교 연구의
중심을 이룬다는 것이다.

---

314) 『朱謙之文集』, 第6卷, 「文化哲學」, 福建敎育出版社, 2002, 348쪽.
315) 앞의 책, 349쪽.

184

　"일반적으로 학자들의 소견에 근거하면 인도 언어의 연구는 언어학의 기본이 된다고 한다.(유럽 각 국민의 언어와 인도·페르시아 두 국민의 언어는 언어 계통상에서 동일하다) 이와 동일하게 인도 종교의 연구 역시 기독교가 하나밖에 없는 종교라고 생각하는 편견을 버리게 하여, 일반적인 종교 연구에 대한 흥미를 더욱 깊고 넓게 불러일으키도록 해줄 수 있다. 이를테면, 비교 언어학적 결과에 기초하면 인도인이 페르시아인, 즉 이란 민족과 갖는 친연(동일한 아리아인인데 하나는 인도로 갔고 하나는 페르시아로 들어갔다) 관계를 설명할 수 있다는 것이다. 더욱이 인도, 게르만 민족의 친연 관계를 설명함은 물론, 같은 선상에서 그들의 원시 종교 상태의 상호 유사성을 알게 해준다. 특히나, 그리스·로마 신화와 고대 독일 민족의 민간 숭배는 하나하나가 모두 태고의 인도, 게르만 시대로부터 발생한 것이 분명하다."[316)

　이에 더 나아가서, 인도 종교의 영향에 대한 기존의 연구 성과를 제시함으로써, 종교의 연구도 마땅히 인도의 종교사를 그 중심으로 삼아야 한다고 역설한다.

　"인도 종교의 영향에 관해서 말하자면, 인도 종교가 외국에 미친 영향 역시 매우 크다. 예를 들어서 그리스 후기의 철학인 신플라톤학파는 인도 종교의 감화를 깊게 받았다. 즉 분출론, 윤회론은 모두 인도사상에서 나온 것이다. 초기의 기독교 역시 그 범위를 넘어서지 않는다. 예수의 염세적 관념, 요한의 출세간적 고행은 모두 인도의 흔적임을 알 수 있고, 로마의 正敎 의식, 즉 염주, 剃髮은 결국 그 원천을 인도 밖에서 구할 수 없다."[317)

　요컨대, 그는 인도의 종교사는 대략 3,000여 년이고 땅의 넓이는

---

316) 앞의 책.
317) 앞의 책.

수만 리나 된다. 그 속에 종교적 형식이 갖추어지지 않은 것은 하나도 없을 뿐더러, 종교적 견해가 들어있지 않은 것은 하나도 없다[318]고 결론내리고 있다. 즉,

"인도는 그 문화사상 몇 천 년 동안 종교적 형식을 한 번도 벗어난 적이 없었다. 종교가 모든 종류·형식에 있어서 완전한 전형을 이룬다고 할 수 있다. 물론 인도에도 철학은 존재하지만, 그것은 '종교적 철학'이고 인도의 각 종파가 사용하는 방법 - 瑜珈의 방법 - 은 종교적 방법이다. 또한 각 종파가 토론한 문제 - 修行解脫, 有我無我, 宇宙緣起 - 는 모두 종교적 문제이다. 때문에, 인도는 '종교의 나라'이지 '철학의 나라'가 아니다."[319]

위의 인용문을 풀어보면, 인도의 종교는 종교적 측면에서 말한다면 단지 '종교적 종교'일 따름으로써 문화 유형의 원시적 종교 신앙을 대표한다. 다만 철학으로 논한다면 오직 '종교적 철학'만이 있을 따름이지 '철학적 철학'은 아니다. 이것을 양수명의 입장에서 이해하자면 인도철학은 인생의 세 번째 방향으로부터 본체를 연구해 생활을 싫어하고 포기함으로써 생활을 멈추어 최후에는 본체를 실증하게 되며 이 본체론 위에서 비로소 새로운 방법을 찾아낸다.[320] 그 본질을 말하자면 인도철학의 형이상학은 단지 인도 종교의 부속물, 즉 '종교적 철학'만이 있을 따름이다. 양수명은 이미 주겸지에 앞서서 "인도인의 문화 속에 담겨져 있는 것은 그다지 말할 만한 것이 없고, 유일하게 유독 흥성한 종교만이 있을 따름이다. 그리고

---

318) 앞의 책.

319) 앞의 책, 第7卷, 「比較文化論集·中國文化之本質, 體系及其發展」, 345쪽.

320) 권용옥, 「양수명의 文化三路向 說에 대한 연구」, 『중국학연구』 제23집, 2002, 21쪽.

철학, 문학, 과학, 예술은 그것에 부속되어 있다."[321]고 했다. 즉, "세계 민족 중 아마도 인도인만큼 종교를 갈망하는 민족은 없을 것이다. 세계 종교의 기형적인 번성과 최고의 진보는 인도 땅을 뛰어넘는 곳은 없다."[322]고 함으로써 인도가 종교 문화임을 확신했던 것이다.

되풀이되는 말이지만, 양수명은 인류 사회의 발전 단계를 3단계로 구분하였고 매 단계마다 해결해야 할 문제를 제시했다. 그중 제3단계인 인도 문화는 물질 문제도 아니고 또 인간 간의 문제도 아닌 인류 자신의 번뇌 문제, 즉 老・病・死의 문제로 인도 문화의 특징이라 했다. 이 단계에서는 어떻게 하면 인생에서 오는 부자유적 생명 문제를 해결할 수 있을까 하는 것이 또 이 시기의 인류에게는 피할 수도 없는 절박한 문제로 다가오게 된다. 여기서 출세의 학을 강구하게 되었고 이때에 곧 인도의 불교문화가 탄생한 것[323]으로 그는 보았다. 주겸지 역시 양수명과 견해를 같이하여 소위 '해탈적 지식'이란 곧 '출가주의'로서 반드시 더욱 높고 깊은 의미를 갖는다고 했다. 그들이 생활에 염증을 느껴 속세를 떠나려고 함은 사실 참생명 즉 죽지 않는 생명을 가장 심오하게 바라는 의미[324]라고 했다. 해탈적 지식인 종교적 문화를 그는 다음과 같이 이해했다.

"종교적 문화란 사람들에게 자살을 가르치지 않는다. 오히려 초월적 희망을 품게 하여 스스로 안위를 찾아 계속해서 생활할 수 있도록 한다. 종교적 '沒我'는 반드시 개체를 단멸시키려고 하는 것이 아니라,

---

321) 『梁漱溟全集』, 第1卷, 「東西文化及其哲學」, 山東人民出版社, 1989, 393쪽.
322) 앞의 책.
323) 熊呂茂, 『梁漱溟的文化思想與中國現代化』, 湖南敎育出版社, 2000, 133쪽.
324) 『朱謙之文集』, 第6卷, 「文化哲學」, 福建敎育出版社, 2002, 352쪽.

단지 개인을 원만한 無限 속에 융화시켜 '大我'를 실현해나가는 데 있
다. 그러므로 진정으로 종교적 出世 경험에 도달한 사람은 현존 세계
즉 그의 정감을 편안치 않게 하는 현존 세계에 대해서는 비록 벗어나
려고 힘써 노력하지만, 현존 세계 이외의 세계 즉 그의 정감을 편안토
록 하는 초월 세계에 대해서인즉슨 이 성과를 획득하기 위해서 비록
많은 희생의 피를 치르더라도 마다하지 않는다. 그들은 해탈을 바란
다. 왜냐하면, 이 현존 세계가 사실 너무나도 고통스럽다고 생각하기
때문이다. 소승의 『佛本行集經』은 부처가 왜 출가해 득도했는지를 서
술하고 있는데, 종교의 참된 필요는 이처럼 슬퍼하고 비참한 마음이
절실한 '해탈적 지식' 속에서 온다는 것을 간파토록 하게 한다."325)

　　이와 같은 주겸지의 종교에 대한 이해 방식은 종교를 '出世'로 규
정했던 양수명의 종교 연구와 일치한다. 양수명은 종교란 두 가지
조건을 갖추어야 한다고 보았다. 즉, '사람의 정서와 의지 방면에
대해 격려하는 것'과 '사람의 지식 작용에 대해 초월(超外)하는 것'
이 그 두 조건이라 했다. 이것은 본디 하나의 일로서 '지식의 세계
를 초월(超絶)함으로써 정서와 의지 방면의 위안과 격려를 도모한
다'고 함이 그것이다. 다시 말해서, '지식을 초월하는 길을 걸음으로
써 정서와 의지 방면의 격려와 위안을 도모'하는 일이 바로 종교라
는 것이다. 모든 종교는 이 한 가지로 귀결된다. 단지 이 일을 수행
하는 방법이 다를 뿐이다. 하지만, 통틀어 하나의 일 ─ 出世間(현존
세계를 초월하는 세계, 현존 세계란 우리의 지식 속의 세계이다)에
서 귀의처를 찾아 일삼는 바가 있는 것이다. 이 일을 하나 이루면
하나의 격려와 위안을 받을 수 있고, 그 일을 이루면 이룰수록 현
세에서 더 멀리 떠나 초월로 나아간다. 그러므로 이 일을 '출세의
사명'(出世之務)이라고 한다. 결국, 그는 종교란 '출세'를 가리킨다

---

325) 앞의 책.

고 했다.326) 이상의 종교에 대한 양수명의 이해를 바탕으로 해서 현존 세계를 정감이 편안치 않은 세계, 초월 세계를 정감이 편안한 세계로 보았던 주겸지의 종교 이해와 비교해볼 때, 이들이 종교를 '출세'와 '해탈'이라는 말로 규정한 목적이 어디에 있었는지를 충분히 이해할 수 있을 것이다. 이러한 의미에서 종교적 '沒我'는 반드시 개체를 단멸시키려고 하는 것이 아니라, 단지 개인을 원만한 無限 속에 융화시켜 '大我'를 실현해나가는 데 있다라고 한 주겸지의 말이 종교의 최종 지향점이 아닌가 생각된다.

한편, 주겸지는 인도의 종교 문화는 종전에 아리아 민족에게서 기원한 것으로 여겨졌지만, 현재는 20여 년 동안의 발굴 결과로 인도의 아리아 민족 이전에 존재했다는 사실을 알게 되었다고 했다. 즉 드라비다 문화라고 하는 매우 높은 문화가 존재했다는 것이다.327) 그의 설명에 의하면,

"이 민족은 몸이 단신이고 피부가 거무스레하여 니그로(negro) 계통에 속하였다. 처음에는 인도 북부에 거주했으나, 후에 아리아인의 압박으로 인해서 인도 남부로 이주했다. 四姓 중의 수드라는 사실 이 드라비다 민족인 것이다. 인도어로 계급을 바르나(Varna)라고 일컫는다. 이것은 본래 '색'을 의미하는 것으로 아리아인이 자신들을 원주민인 흑인과 구별하려고 사용한 말이지만, 사실은 그들보다 앞서 존재한 '드라비다 문화'를 가리킨다고 하겠다. 1922년 모헨조다로(Mohenjo-Daro) 등지에서의 발굴 성과, 그리고 1925년에 쓰인 보고서에 근거하자면 이 민족의 갈래임을 알 수 있다. 사실 대형 목욕탕을 중심으로 하는 종교 문화는 이후 불교문화와 매우 관계가 있다."328)

---

326) 『梁漱溟全集』, 第1卷, 「東西文化及其哲學」, 山東人民出版社, 1989, 420~421쪽, 참조.
327) 『朱謙之文集』, 第7卷, 「比較文化論集・中國文化之本質, 體系及其發展」, 福建敎育出版社, 2002, 345쪽.

위의 인용문에서도 드러났듯이 인도는 서양과 동속인 인도·유럽 민족이기는 하지만, 인도 문화는 사실 아리아족이 인도를 정복해 들어오기 전에 건립된 것이다. 최근 인도 모헨조다로 등지의 발굴과 언어학의 증명에 의하면 베다 문화 이전에 인도 선주민인 드라비다인에 의해서 창조된 문화가 이미 극히 발달된 것으로 알려지고 있다. 그런데 주겸지는 이 인도 문화의 개척자는 엄격하게 말해서 니그로 계통의 드라비다인, 즉 흑인종이 창조한 종교 문화로서 이후 세계의 종교 문화는 그 영향권하에 있다고 주장한다. 더 나아가서, 중국 문화는 '황인종'에 의해 창조된 철학 문화이고 서양 문화는 '백인종'에 속한 과학 문화라고 함으로써, '문화3원론'에 대한 다소 비판의 소지가 있는 '문화인종설'로까지 확장시키고 있다.[329]

여기서, 그가 특히 주목한 점은 인도의 드라비다인이 창조한 이 문화는 如來 불교문화와 더 가깝다고 하는 문제이다. 전통적으로 인도사상은 정통사상과 외도사상으로 분류된다. 이 둘을 구분하는 기준은 베다의 권위를 받아들이냐의 여부에 달려 있다. 즉 베다의 권위를 받아들이는 사상을 정통이라 하고, 그것을 부정하는 사상을 외도라고 한다. 이른바 육파철학이 이 정통사상에 속하고, 불교는 외도사상 중에 하나이다. 이 외도사상의 시원은 아리아인들 중심의 정통사상과는 달리 토착적인 배경을 지닌다는 생각이 정설로 받아들여지고 있다.[330] 주겸지는 여기에 토대를 두어 불교를 반베다 문화로 분류한다. 그는 인도에 앞서 존재한 드라비다인의 拜物敎가 기점이 되어, 베다(Veda, 吠陀) 시대의 다신교와 브라만교(婆羅門, Brahman) 시대의 일신교로 계승되었고, 인도 종교 문화의 발전은

---

328) 앞의 책.

329) 앞의 책, 「比較文化論集 · 中國文化之地理三周期」, 368쪽.

330) 이거룡, 「육파철학의 성립과 발전」, 『인도철학사』 Ⅲ, 한길사, 1999, 23~24쪽.

베다 시대로부터 계산하여 세 시기로 나눌 수 있다고 했다.

① 베다 문화(브라만 문화): 베다에 근거하여 그 교의를 조직했던 정통파는 브라만교가 그 대표라고 할 수 있다. 그 나머지는 베다의 교의는 인정하면서도 직접적으로 계승하지 않은 파인데, 즉 상키야학파(Sāṃkhya, 僧佉派・數論派), 니야야학파(Nyāya, 尼耶也派・正理論派・因明論派), 요가학파(Yoga, 瑜伽派), 바이셰쉬카학파(Vaiśeṣika, 吠世史迦派・勝論派) 등이 여기에 속한다.

② 반베다 문화(불교): 브라만교를 부정하여 불교 초기 500년 동안 四諦(苦・集・滅・道)가 널리 전해졌다. 이것이 小乘法으로서 즉 브라만에 반대한 시기이다. 인도의 불교는 두 시기로 나눌 수 있다. 붓다(Buddha, 佛陀)로부터 기원 2세기 龍樹의 출세까지가 小乘敎 시기이고, 용수 이후부터가 大乘敎 시기이다. 소승이 앞이고 대승이 뒤인데, 소승은 팔리어(Pali)로 되어 있고 대승은 범어(Sanskrit)로 되어 있다.

③ 新베다(베단타학파): 나중에 베단타학파가 흥기하여 또한 부정의 부정을 가하였다. 이때 바다라야나(Bādarāyaṇa, 婆陀羅衍) 등이 출현하여 거듭 교의를 발양함으로써 비로소 현재의 새로운 인도교가 있게 되었다.[331]

주겸지는 이상의 내용을 근거로 하여 인도문화사는 사실 하나의 종교 문화의 발전사라고 생각했다. 인도는 어떤 종교를 막론하고 모두 '해탈적 지식'을 주장한다는 것이다. 그러나 해탈에는 깊음(深)과 얕음(淺)의 두 의미가 있다고 했다. 즉, 얕음의 의미는 小乘의 『涅

---

331) 『朱謙之文集』, 第7卷, 「比較文化論集・中國文化之本質, 體系及其發展」, 345쪽.

槃經』에 열거된 여섯 外道[332]가 그 예이고, 깊은 의미는 반야의 空觀 즉 '있는 바가 없고 얻을 수 없음'(無所有不可得)이 그 예라 했다. 이것은 종교 지식 문화의 제일의라고 할 수 있지만, 인도 종교 문화의 최대 공헌은 그 영향을 인도 이외의 세계로 전파했다는 데 있다고 주겸지는 말한다. 중국에 영향을 미쳐 '중국 불교'를 이루게 함은 물론, 서양에도 '원시기독교'에 영향을 미쳤다는 것이다.[333]

2) 철학적 문화 구역 – 중국

주겸지는 계속해서 중국 문화를 '철학적 문화'로 규정한다. 셀러의 용어로 표현하자면 '교양적 지식' 혹은 '본질적 지식'으로 대신할 수가 있겠다. 그는 이러한 지식에 있어서 대단히 중요한 점은 적용되지 않은 곳이 없는 형이상학 방법으로서 종교와는 다르며,[334] 동

---

332) 여기서의 여섯 苦行外道는 다음과 같다. 즉 ① 自餓外道: 음식을 탐내지 않고 굶주림을 장시간 참아내는 것으로 수행을 삼는다. 이러한 고행을 통해서 결과의 원인을 터득할 수 있다고 여겼다; ② 投淵外道: 추운 날 깊은 연못에 들어가서 몹시 추운 고통을 이겨낸다. 이러한 고행을 통해서 결과의 원인을 터득할 수 있다고 여겼다; ③ 赴火外道: 항상 뜨겁게 몸을 달구어, 薰鼻 등의 뜨거운 괴로움을 감수한다. 이러한 고행을 통해서 결과의 원인을 터득할 수 있다고 여겼다; ④ 自坐外道: 항상 스스로 발가벗고 다니면서 寒暑에 구속받지 않고 빈터에 앉아 수행한다. 이러한 고행을 통해서 결과의 원인을 터득할 수 있다고 여겼다; ⑤ 寂黙外道: 공동묘지 사이에 주거하면서 침묵을 지켜 말하지 않음을 수행으로 삼는다. 이러한 고행을 통해서 결과의 원인을 터득할 수 있다고 여겼다; ⑥ 牛狗外道: 소나 개의 흉내를 내어 천상에 태어나기를 바란다. 이러한 고행을 통해서 결과의 원인을 터득할 수 있다고 여겼다.(『朱謙之文集』, 第6卷, 「文化哲學」, 福建敎育出版社, 2002, 352쪽.)
333) 앞의 책, 第7卷, 「比較文化論集・中國文化之本質, 體系及其發展」, 345쪽.
334) 앞의 책, 第6卷, 「文化哲學」, 355쪽.

192

시에 중국이 조상에게서 물려받아 축적한 문화로서 가장 숭고하고
도 절실한 것은 '사람'(人)을 중심으로 하는 문화라는 사실[335]에 무
엇보다도 주목했던 것이다. 때문에, 중국 문화는 본질적 지식에 해
당된다고 하였다.

그는 인도의 '해탈적 지식'과 중국의 '본질적 지식'을 인도는 不淨
觀, 중국은 淨觀이라는 서로 상이한 종교와 철학의 방법적 차원에서
비교·설명한다. 즉, 부정관은 우주와 인생을 허황된 꿈으로 여겨 인
생에 대해 소극적인 태도를 취하는 반면에, 정관은 생명을 존중하여
인생에 대해 긍정적인 태도를 취한다는 것이다. 그의 말을 보면,

  "만약 인도의 해탈적 지식과 중국의 본질적 지식을 서로 비교해본
  다면, 인도에는 不淨觀이 있는데, ① 觀身不淨(이 몸은 부정한 것으로
  알라는 것 - 역주); ② 觀受是苦(감각적인 것은 모두가 고통스러운 것
  으로 알라는 것 - 역주); ③觀身無常(이 몸은 떳떳함이 없어 끊임없이
  변하는 것으로 알라는 것 - 역주); ④觀法無我(모든 존재는 확정적인
  我의 體가 없는 것으로 알라는 것 - 역주)가 이것이다.[336] 이러한 방
  법에 의해 발생된 특수한 우주관이라면 우주는 죄악으로 충만해 있
  고, 인간은 탐욕스러움은 물론 성내고 어리석은 존재로 여겨질 게 뻔
  하다. 이와는 반대로 중국 문화를 대표하는 孔家인즉슨 형이상학적
  관점상에서 '생명은 아름답다'고 인식한다. 중국은 淨觀으로서 『易經』
  을 보면, ① 「大壯卦」에서 '바르고 커서 천지의 정을 볼 수 있다.'(正大
  而天地之情可見矣)라 했는데, 즉 '이 몸은 정한 것으로 알라는 것'(觀
  身是淨)이다; ② 「咸卦」에서 '그 감응하는 것을 관찰하면 천지만물의
  정감을 볼 수 있다.'(觀其所感而天地萬物之情可見矣)라 했는데, 즉 '감

---

335) 앞의 책, 第7卷, 「比較文化論集·中國文化之本質, 體系及其發展」, 347쪽.
336) 이상은 불교의 四念處로서 몸과 감각과 마음과 법에 있어 마음을 모아
    관하는 방법이다. 여기 ③ 觀心無常을 주겸지는 '觀身無常'으로 하고 있
    다.

각적인 것은 모두가 즐거운 것으로 알라는 것'(觀受是樂)이다: ③「恒卦」에서 '그 항구성을 관찰하면 천지만물의 정감을 볼 수 있다.'(觀其所恒而天地萬物之情可見矣)라 했는데, 즉 '생명은 영구히 유행하는 것으로 알라는 것'-'이 몸은 항구성이 있는 것으로 알라는 것'(觀身有常)이다: ④「萃卦」에서 '그 모이는 것을 관찰하면 천지만물의 정감을 볼 수 있다.'(觀其所聚而天地萬物之情可見矣)라 했는데, 즉 '모든 존재는 확정적인 아의 체가 있는 것으로 알라는 것'(觀法有我)이다."[337]

여기서 종교적 방법으로 제시되고 있는 부정관에 비추어보면 우주는 죄악으로 충만해 있고, 인간은 탐욕스러움은 물론 성내고 어리석은 존재일 뿐이다. 그러므로 우주와 인생의 허망함을 몽환에 비유하여 '환멸'과 '해탈적 지식'을 주장한다. 반면에, 철학적 방법으로서의 정관, 즉 중국 문화를 대표하는 孔家인즉슨 형이상학적 관점상에서 '생명은 아름답다'고 인식한다. 결국, 생명의 진리를 존중하여 인생은 살아볼 만한 가치가 있다고 여기는 까닭에 '교양적 지식'을 주장한다. 이러한 有情 세계에 대한 염원(欣求)이 바로 중국 문화의 특질이라는 것이 주겸지의 주장이다.

그렇다면, 중국 문화에는 종교와 과학은 존재하지 않는 것일까? 이 질문에 대해서 주겸지는 존재하기는 하지만 중국의 종교와 과학 문화는 단지 '철학적 종교', '철학적 과학'에 불과하다[338]고 대답한

---

337) 『朱謙之文集』, 第6卷, 「文化哲學」, 福建教育出版社, 2002, 355쪽: 앞의 책, 第7卷, 「比較文化論集 · 中國文化之本質, 體系及其發展」, 347쪽.

338) 한편, 주겸지는 중국 문화의 체계를 논하면서, 老家, 孔家, 墨家를 서로 비교하여 노가는 중국 문화상 '철학적 종교'를, 공가는 '철학적 철학'을, 묵가는 '철학적 과학'을 각각 대표한다고 했다. 그리고 이 세 유파를 세계 문화와 비교해보면 세 가지 유형에 가깝다고 했다. 즉, ① 노가-종교형-인도의 종교 문화에 가깝다: ② 공가-철학형-중국의 철학 문화를 형성한다: ③ 묵가-과학형-서양의 과학 문화에 가깝다.(앞의 책, 第7卷, 「比較文化論集 · 中國文化之本質, 體系及其發展」, 349~356쪽, 참조.)

다. 그는 중국은 단지 泛神사상만이 있었을 뿐 종교는 없었고, 手藝
만이 있었을 뿐 과학은 없었으며, 예술상에 있어서도 다만 상징주
의와 표현주의의 경향은 지녔지만, 사실주의와 자연주의에는 반대
했다[339]고 말한다. 먼저, 그의 중국종교관에 대해서 살펴보면, 중국
의 종교는 '철학적 종교'라서 허무하고 적멸함은 물론 아득하기 그
지없는 공론과는 다르다고 했다. 중국의 종교는 결코 유정 속 현상
세계를 뛰어넘는 것이 아니다. 즉 이 유정 속의 현상 세계에 존재
한다. 그러므로 엄격하게 말하여 종교가 아니라 철학이라 한 것이
다.[340] 중국의 종교 문화는 철학이 그 중심을 이루며, '철학적 종교'
란 바로 중국 고대의 범신론이라고 했다.

> "『역경』, 「說卦傳」에 '신이란 만물을 신묘하게 함을 말한 것이다.'
> (神也者, 妙萬物而爲言者也)라 했고, 「繫辭傳」에서는 '신은 방소가 없
> 고, 역은 형체가 없다.'(神无方而易无體)라 했다. 또한, 『論語』, 「八佾」
> 에서는 '공자가 제사를 지낼 적에는 조상이 앞에 있는 듯이 하였고,
> 신을 제사지낼 적에는 신이 있는 듯이 하였다.'(祭如在, 祭神如神在)
> 라 했고, 『中庸』에서는 '지극한 정성은 신과 같다.'(至誠如神)라 했다.
> 이 말들은 모두 범신론을 증명해줌은 물론, '사람' 중심적 종교임을
> 나타내준다."[341]

결국, 그는 중국에는 결코 종교가 없는 것은 아니지만 종교적 종
교에서만큼은 인도로부터 온 것으로 인도 문화에 의해 전파된 것이
며, 중국에는 오로지 이 '자기 정신'(自家精神)을 위주로 하는 '철학
적 종교'만이 존재할 뿐이고, 진정한 의식적 종교는 존재하지 않는

---

339) 앞의 책, 第6卷, 「文化哲學」, 362쪽.
340) 앞의 책, 355쪽.
341) 앞의 책, 第7卷, 「比較文化論集・中國文化之本質, 體系及其發展」, 347쪽.

다고 결론짓는다.

다음으로 주겸지의 중국과학관을 보면, 중국의 과학 문화인즉슨 '철학적 과학'에 불과하다는 것이 그의 생각이다. 중국에 비록 4대 발명이 있기는 하지만, 철학 문화에 제한을 받은 나머지 크게 발전하지는 못하였다고 했다. 다시 말해서, 중국의 과학 역시 '철학적 과학'의 극한성 때문에 중국은 진정한 의미의 과학이 성공하지 못하였고, 진정한 '과학적 과학'은 서양 문화의 전파를 기다려야만 했다는 것이다.

> "자연현상에 대해 말한 것을 보면, '비유컨대 북극성이 제자리에 머물러 있으면 여러 별들이 그에게로 향하는 것과 같다.'(『論語』, 「爲政」, 譬如北辰, 居其所而衆星拱之.)라는 말은 순수과학의 문제는 아니다. 연금술이 일찍이 발달한 적이 있었지만, 연단 사업은 중국에서는 문인들이 향을 피우고 악기를 연주하고 장기나 바둑을 두는 것과 같은 일종의 소일거리 정도여서, 당연히 과학 방법이라고는 할 수 없다. 인식의 대상에 관해 말하자면, 가령 金, 木, 水, 火, 土인 五行, 더 나아가서 陰陽은 모두 구체적인 사물이 아니라 추상적 의미에 속한다. 이로 볼 때 대상 역시 과학이 아님을 알 수 있다."[342]

그렇다면, 중국 문화의 그 본모습은 무엇인가? 주겸지는 자신이 중국의 문화와 역사를 고찰한 결과로써 중국 문화의 특질은 바로 '인생'에 있다고 말한다.

> "중국은 진정한 종교도 과학도 존재하지 않으며 오로지 진정한 인생 철학, 즉 일종의 '교양적 지식', '철학적 문화'만이 존재할 뿐이다. 문화의 분파상에서 말하자면 중국의 종교는 인도에서 전래된 것이고, 과학

---

342) 앞의 책.

은 서양에서 수입된 것이다. 진실로 중국이 독립적으로 발전시킨 문화라고 말할 수 있는 것은 오로지 철학적 문화만이 존재할 뿐이다."[343]

중국의 5,000년 동안 창립한 특수한 문화는 바로 철학이며, 철학은 사실 중국 문화의 기초가 된다는 것이 그의 생각이었다. 이 철학은 이미 '신'을 중심으로 하는 '종교적 철학'(인도형)이 아닐 뿐더러, '물질'(物)을 중심으로 하는 '과학적 철학'(서양형)도 아니다. '사람'을 중심으로 하는 '철학적 철학'은 곧 '생명론'적 철학이고 본질적 지식인 것[344]이다. 그런데 그는 이 '본질적 지식'의 특징은 각 시대별로 그 인식이 다르다고 했다.

"宋儒 때에는 '理'라 했고, 明儒 때에는 '心'이라 했고, 淸儒 때에는 '仁'이라고 했다. '理'는 천리, 이성, 우주론적 '생명관'이라는 생각은 18세기 유럽의 철학 시대에 영향을 끼쳤다. 心은 도심, 인생론적 '생명관'이라는 생각은 일본의 도쿠가와(德川) 明治維新의 철학 시대에 영향을 끼쳤다. '仁'이란 사람과 사람의 관계이고 사회론적 '생명관'이라는 생각은 戊戌維新 시기 譚嗣同의 '仁學'에, 또한 辛亥革命 시기 국부 孫 선생의 '博愛'에 각각 영향을 끼쳤다."[345]

이처럼 주겸지는 중국의 본질적 지식이 그 시대별, 즉 우주론적·인생론적·사회론적 기능으로 달리 인식되기는 했지만, 중국 문화의 '생명관적 철학'으로서의 모습은 변함이 없다고 보았다. 아울러, 그는 이러한 중국 문화의 특질을 현재적 관점에서 살아 있는

---

343) 앞의 책, 第6卷, 「文化哲學」, 358쪽.
344) 앞의 책, 第7卷, 「比較文化論集·中國文化之本質, 體系及其發展」, 347~348쪽.
345) 앞의 책, 348쪽.

언어로 표현해보면 '情'자와 '愛'자로 나타낼 수가 있다고 했다. 그는 중국 문화를 '철학'으로 전제한 다음에 동시에 중국철학을 '唯情哲學' 혹은 '사랑의 철학'으로 확대시킨다.[346] 다시 말해서, 중국의 형이상학이란 유정철학이라는 것이다.[347] 먼저 그의 말을 들어보자.

"중국 문화의 특질을 연구함에 있어서 가장 먼저 『주역』이라는 책에 주의를 기울여야 한다. 그 책 속의 수많은 말들은 단지 '情'자일 뿐이다. 『주역』에서 인식하는 우주 본체는 바로 가는 곳마다 모두 존재하는 '情'이고, 일체의 산천초목은 모두 정의 화신이다. 즉, 참된 情의 흐름(眞情之流)으로부터 유출된 것이기 때문에, '천지가 감응하여 만물이 화생하고, 성인이 인심을 감응시키어 천하가 화평하니, 그 감응하는 것을 관찰하면 천지만물의 정을 볼 수 있다.'(「咸卦彖」, 天地感而萬物化生, 聖人感人心而天下和平, 觀其所感而天地萬物之情可見矣.); '천지의 도는 항구하여 그치지 않는다. 그 항구성을 관찰하면 천지만물의 정을 볼 수 있다.'(「恒卦彖」, 天地之道恒久而不已也. 觀其所恒, 而天地萬物之情可見矣.); '췌는 바른 도로 모인다는 것이다. 그 모이는 것을 관찰하면 천지만물의 정을 볼 수 있다.'(「萃卦彖」, 萃聚以正也. 觀其所聚, 而天地萬物之情可見矣.); '큰 것이 장성한다는 뜻이다. 바르고 커서 천지의 정을 볼 수 있다.'(「大壯彖」, 大者壯也. 正大而天地之情可見矣.)라 말했던 것이다. 본체란 바로 우주 만물 사이의 '참된 정의 흐름'에 존재하는 이른바 '가는 것이 이 물과 같구나. 밤낮을 그치지 않는 도다.'(逝者如斯夫, 不舍晝夜)라는 말과 같다고 하겠다."[348]

위의 인용문에 비추어보면 본체란 가는 곳마다 모두 존재하는 '情'임을 알 수 있다. 일체의 산천초목은 모두 정의 화신이다. 즉,

---

346) 앞의 책.
347) 앞의 책, 第6卷, 「文化哲學」, 359쪽.
348) 앞의 책, 第7卷, 「比較文化論集·中國文化之本質, 體系及其發展」, 348쪽.

참된 情의 흐름(眞情之流)이라고 하겠다. 이 우주 안에 충만하여 본체 아닌 것이 없다. 만일 사람들이 대자연 속에서 묵묵히 체득할 수만 있다면, 감성으로부터 생겨나온 이 노래, 이 읊조림, 이 휘파람, 이 춤은 언제나 참된 정에 맡기지 않은 때가 없는 것이다. 곧 본체가 아닌 때가 없고 천지와 同流하지 않은 때가 없는 것이다.349) 예컨대 孔子의 蔬飮, 顔回의 簞瓢, 曾點의 春風沂咏 즉 "늦은 봄에 봄옷을 만들어 입고 관을 쓴 벗 대여섯과 아이들 육·칠명과 같이 기수에서 목욕하고 기우제 드리는 곳에서 바람을 쐬고 노래나 읊으며 돌아오겠다."(莫春者, 春服旣成, 冠者五六人, 童子六七人, 浴乎沂, 風乎舞雩, 詠而歸.)고 함이 그것이다. 이것은 참된 정이 충만해 마음이 침착하고 여유가 있어서 직접 천지만물과 상하로 同流하여 그 오묘한 곳을 터득했음이 분명하다.350) 결국, 우주의 본체란 '참된 정의 흐름'이며 '참된 정'(眞情)이 우주와 인생의 본체인 것이다.351) 주겸지는 이 영원히 지속되고 창신되는 '참된 정의 본체'를 바로 중국 문화의 참대상으로 보았다. 그는 『역경』이 바로 이러한 대상을 본떠서 우주의 여러 사물과 그 발전 변화의 통칙을 탐구한 것이라 했다. 즉,

  "『역경』은 몇 가지의 기본 관념을 포괄하고 있다. 즉, ① 卦, ② 彖, ③ 爻, ④ 辭, ⑤ 象이 그것인데, 이러한 기본 관념들은 모두 '참된 정의 흐름'의 자연 법칙을 명백히 말해주는 것일 따름이다. 때문에 말하기를,
  [卦]-괘를 만들어 '情'과 僞를 다한다. 비로소 팔괘를 만들어 신명

---

349) 앞의 책, 第6卷, 「文化哲學」, 359쪽.
350) 앞의 책, 361쪽.
351) 유명종, 『중국근대정치사상사』, 이문출판사, 1994, 108쪽.

의 덕을 통하고 만물의 정을 분류한다.(設卦以盡‘情’僞. 始作八卦以通神明之德, 以類萬物之‘情’)

[爻]－六爻가 발휘한다는 것은 널리 ‘정’에 통한다는 것이다.(六爻發揮旁通‘情’也)

[象]－효와 단은 ‘정’으로써 말해준다.(爻象以‘情’言)

[辭]－성인의 ‘정’은 말에 나타난다.(聖人之‘情’見乎辭)

[象]－성인이 천하의 ‘정’을 보고서 그 형용에 모의하고 그 물건에 마땅함을 형상하였다. 그러므로 상이라 이른 것이다.(聖人有以見天下之‘賾’而擬諸其形容, 象其物宜, 是故謂之象. －釋文은 京房의 『周易章句』에서 ‘賾은 情’이라 한 것을 인용했다)”352)

그의 말대로 한다면 이 일련의 중국 형이상학이 인생철학에 있어서 ‘사랑의 철학’(愛的哲學)을 이룬다고 하겠다. 그는 여기서 그치지 않고 儒家的 ‘仁’을 현대적 개념의 ‘사랑’(愛)과 병치시킨다.

“천지만물은 이 ‘情’이고 인생도 이 ‘정’을 가지는데, 이것이 바로 ‘仁’자이다. 그러므로 인생에 하나의 정의를 내려서 ‘仁이란 사람이다.’(『中庸』, 仁者人也)와 ‘인은 사람이다.’(『孟子』, 仁也者人也)라고 한 것이다. 인생이란 ‘인’이다. 이 ‘인’을 이해해야만 이 ‘사람’(人)을 이해할 수 있다. 때문에 殺身成仁이 곧 殺身成人인 것이다. 그렇다면, ‘仁’자의 의미는 무엇인가? 간단히 대답해서, ‘인’자는 곧 ‘사랑’(愛)이다. 『역경』의 「繫辭」에서는 ‘자리에 편안하여 仁을 돈독히 하기 때문에 사랑할 수 있는 것이다.’(安土敦乎仁故能愛)라 했다. 『논어』에서는 ‘번지가 인에 대하여 묻자, 공자가 사람을 사랑하는 것이다.’(樊遲問仁, 子曰愛人)라 했고, 또한 ‘널리 사람들을 사랑하되 仁한 이를 친히 해야 한다.’(汎愛衆而親仁)라 했다. 周子의 『通書』에는 ‘사랑을 일러 인이라고 한다.’(愛曰仁)라 했다. 韓愈는 『原道』에서 ‘널리 사랑하는 것을 인이라 한다.’(博愛之謂仁)

352) 『朱謙之文集』, 第6卷, 「文化哲學」, 福建敎育出版社, 2002, 360쪽; 앞의 책, 第7卷, 「比較文化論集・中國文化之本質, 體系及其發展」, 348쪽.

고 했다. 이상을 보건대, '仁'자가 곧 '사랑'임을 알 수 있다."[353]

그렇다면, 그가 '인'을 현대적 개념의 '사랑'으로 引伸시켰던 의도
는 어디에 있었을까? 사실, 주겸지의 중국 문화관은 양수명이 중국
문화를 '의욕의 自爲·調和·持中'을 그 근본정신으로 삼는다고 했
던 그 이해 방식(玄學)에서 크게 벗어나지 않았다. 때문에, 중국 문
화의 결점에 대한 진단도 그 궤를 같이한다. 이를테면, 교양에 편중
된 중국의 지식 문화는 오로지 심성만을 말할 뿐이어서, 그 유폐는
타협적, 중용적, 수구적 습관을 조성하는 데 이르렀기 때문에, 개조
와 진보를 바랄 수 없게 되었고, 따라서 크게 과학을 그르쳐 좌충
우돌 '復古'라는 올가미에서 벗어나지 못한다는 것이다.[354] 뿐더러,
중국의 '인간(人)적 문화'는 현재의 치열한 생존 경쟁 시대에 와서
는 사실 볼품없게 보임은 물론, 그 가치 또한 세상 사람들에게 인
식되기에는 그다지 쉬운 일이 아니라고 했다.[355] 그러나 그것이 문
화사의 제3시기인 지금이니까 작고 세세하다는 취급을 받지만, 세
계 문화의 전체로 보면 문화사의 미래 시기-제4시기-에는 결국
어느 날 중국의 인생 태도는 각 민족의 인생 태도로 변화될 것이라
고 했다. 즉, 그때의 지구상은 중국 문화로 인해 광휘 찬란한 세계
로 변화될 것[356]이라고 그는 豫斷했던 것이다. 주겸지가 생각하기
에 문제는 중국이 철학적 문화를 파악하여 서양의 과학적 문화 속
에 용해시킴으로써 제4시기의 '예술적 문화'를 향해서 비약적으로
발전할 수 있을지의 여부에 달려 있었다.

---

353) 앞의 책, 第7卷, 「比較文化論集·中國文化之本質, 體系及其發展」, 348쪽.
354) 앞의 책, 第6卷, 「文化哲學」, 359쪽.
355) 앞의 책, 361쪽.
356) 앞의 책, 359쪽.

설명이 다소 길어졌지만, 주겸지가 중국 문화의 전통적 개념인
'인'을 '사랑'으로 부활시킨 의도는 그가 제시하고 있는 구극적 미래
의 이상 세계, 즉 그의 '예술문화론'과 연관되어 있음에 주목할 필
요가 있다. 그에게서의 예술이란 기본적으로 '생명 예술' 내지는 '종
합 예술' 차원에서 접근되고 있다. 그는 예술 세계의 기본 요칙을
'진실한 감정의 흐름(眞情之流)'으로 해석했다.[357] 그리고 미래의
세계 문화인 예술 문화를 이른바 공자의 '대동 세계'와 결부시킴으
로써, 이것이 사해동포주의로서 인류애의 이상향임과 동시에 바로
중국 문화의 정화임을 확인시킨다.

> "인생의 참된 의미는 '사랑'이고, 修身, 齊家, 治國, 平天下도 모두 사
> 랑일 따름이다. 가장 절실한 개인의 사랑으로부터 시작하여 인류의 사
> 랑에까지 미침으로써 나중에는 『禮記』, 「禮運」의 大同적 이상에 도달하
> 게 된다. …… 이 대동 세계는 세상 사람이 다 내 형제나 다를 것이 없
> 다.(四海之內皆兄弟也)는 것이다. 이른바 '사해동포주의'란 인류애의 이
> 상향임과 동시에 중국 문화의 정화라고 말할 수 있다. 때문에, 이 문화
> 의 특질에서 본다면 중국 문화는 지금도 여전히 활발하게 존재하고 있
> 고, 또한 이번 대전이 끝나면 사실 세계가 지향해야 할 목표인 것이다
> ."[358]

이와 같은 주겸지의 말 속에는 지극히 중국 문화에 대한 부흥과
희망의 논리가 담겨져 있다. 다시 말해, 철학 문화가 예술 문화로
경도되는 바가 과학적 문화보다 한층 더 우수하다[359]고 하는 논리

---

357) 앞의 책, 326~327쪽, 참조.
358) 앞의 책, 第7卷, 「比較文化論集・中國文化之本質, 體系及其發展」, 348~
　　 349쪽.
359) 앞의 책, 第6卷, 「文化哲學」, 362쪽.

장치가 깔려 있는 것이다. 이것은 미래의 문화는 중국 문화가 서양 문화를 대신하는 시대가 될 것이라고 했던 양수명의 문화철학이 담고 있는 강한 '중화의식'과 같은 선상에 있다고 하겠다.[360] 물론 양수명의 문화철학이 문화상대주의의 범위를 확대하여 문화의 진보와 낙후의 구분을 없애버린 점[361]에 비해, 주겸지는 인도와 중국 문화는 서양의 과학 문화보다 낮은 단계에 있음을 인정한다는 점에서 확실히 객관적임에는 분명하다. 그럼에도 불구하고 미래의 문화 전망에 있어서 '민족성'-'중화민족주의'를 강조하는 식의 태도는 양수명의 한계에서 크게 벗어나지 못하고 있다.

3) 과학적 문화 구역 - 서양

주겸지는 서양은 과학 문화 구역으로서 쉘러의 표현대로 한다면 '실용적 지식' 혹은 '자연정복적 지식'을 대표한다고 말한다. 양수명

---

360) 앞에서 이미 언급했다시피 양수명은 인류 사회의 발전 단계를 3단계로 구분한다. 양수명은 자신의 당대를 세계 문화의 첫 번째 방향이 바야흐로 두 번째 방향으로 접어들려고 하는 과도기로, 그래서 중국 문화가 머지않아 다시금 도래하고 부흥할 수밖에 없는 그런 시기로 규정했다. 바로 이 지점에서 '공자의 철학', '공자의 생활'이 절실히 요청된다고 했다. 더 구체적으로 말해보면, 양수명은 서방 문화는 비록 발달된 공업 · 기술 · 과학 · 물질 문명 등을 창조했지만, 사회 모순을 더욱 가중시켰으며, 인간의 정신상의 고통과 생활상의 불안정을 초래했다고 생각했다. 이 때문에 서방 문화는 제일단계의 임무를 완성하고는 이미 곤경에 빠졌으니, 반드시 중국 문화로 轉入되어, '중국의 길' · '공자의 길'을 걸어야 한다고 했다. 그는 세계 미래 문화는 중국 문화의 부흥이라고 단언했던 것이다.(권영애, 「5 · 4시기 문화 보수주의의 담론구조 고찰」, 『중국어문논총』 18, 2000, 449쪽; 善峰, 『梁漱溟社會改造構想硏究』, 山東人民出版社, 1996, 37쪽, 각각 참조.)

361) 崔洪植, 『梁漱溟의 文化哲學에 관한 硏究』, 成均館大 大學院 博士學位論文, 2002, 180쪽.

은 '무엇이 서방 문화인가'라는 질문에 서방 문화는 '의욕의 앞으로
향한 요구'를 그 근본정신으로 하는 문화, 즉 '의욕의 앞으로 향한
요구'의 정신으로부터 발생된 '과학'과 '민주'라는 두 가지의 큰 독
특한 색채(異采)의 문화362)라고 대답한다. 여기서 주겸지는 특히
서양 문화는 '과학적 문화'라는 사실에 초점을 맞춘다. 과학 문화의
가장 큰 특징은 찬란한 물질문명을 이룩하는 데 있고, 이것은 실증
주의와 실용주의가 환경에 대해서 개조를 요구한 결과에 기초한 것
이겠지만, 주겸지는 이것만이 과학의 근본 원인은 될 수가 없다고
말한다. 그는 과학이 과학 문화이도록 하는 까닭은 과학 방법을 응
용해서 현상을 개변시키고, 깨뜨려 분석함으로써 연구하는 데 있다
고 보았다. 그는 이처럼 자연계를 인식하는 지식이야말로 근세의
자연과학을 성립시킨 원인이라고 했다.363) 주겸지는 무엇보다 쉘러
의 다음 말에 주목한다.

"자연과학은 자연을 정복하기 위해서 발생된 지식이기 때문에 자연
정복적 지식이라고도 일컫는다. 자연 과학의 가치는 지식 그 자체 내
에 있지 않다. 지식의 외부에서 하나의 목적(자연 정복의 의지)과 수
단이 되어야만 효용이 발생한다. 때문에, 또한 공용(혹은 실용)적 지
식이라고도 하는 것이다."364)

위의 쉘러의 말해 대한 주겸지의 생각은 이렇다. 즉, 확실히 과학
문화는 공리를 중시하는 문화와 분리될 수 없음은 물론, 자연계를 인
식하는 지식 역시 자연 정복적 지식과 분리될 수가 없다. 그렇지만,
주겸지는 자연과학의 참된 가치는 반드시 그것의 효용이 어떠하냐에

362) 『梁漱溟全集』, 第1卷, 「東西文化及其哲學」, 山東人民出版社, 1989, 353쪽.
363) 『朱謙之文集』, 第6卷, 「文化哲學」, 福建敎育出版社, 2002, 375쪽.
364) 앞의 책.

있는 것은 아니라고 보았다. 만약 효용으로 본다면, 이른바 서방의 과학 문화란 오직 비행기와 폭탄, 서양제의 소총과 대포만이 존재하는 것처럼 생각될 수도 있다. 바꾸어 말해서, 무력적 문화 혹은 패도적 문화만이 존재할 것이다. 그러나 과학의 가치에 대한 주겸지의 견해는 쉘러의 소견과 꼭 상반되게 지식 그 자체에 있었다.[365]

그는 과학 문화의 연구가 현상적, 사실적, 실질적이라는 점에서 과학 문화는 철학 문화와 다르다고 생각했다. 철학에서는 소위 '순수한 唯心的 구조'의 위험이 간파되기가 쉽지만, 과학에서는 쉽게 모면된다. 그러므로 현재의 일반적인 반과학자의 논조처럼 과학을 너무 비하한다든가, 지나치게 어리석게 그리고 勢나 이익을 좇는 식으로 보지 말아야 한다고 그는 경계한다. 더욱이, 철학 문화의 薰陶 속에서 오랜 시간을 지내온 중국은, 즉 양계초가 말한 바대로 '두루뭉술함'(籠統), '독단'(武斷), '허위', '인습'의 문화 빈약 시대를 일반적으로 이미 양성하고만 현재의 중국 상황에서는, 각별히 과학의 참된 문화를 제창하여 천성적으로 비과학적인 국민을 과학적인 국민으로 변화시켜야 한다고 그는 역설한다. 과학의 효과를 너무 과신하지는 말아야 하겠지만, 전반적으로 西化를 이룬 다음에야 중국은 문화 국민으로서의 직함을 회복할 수가 있기 때문에 서양의 과학 문화는 현재에도 매우 필요하다[366]는 것이다.

이렇듯이 서양 문화가 이미 과학적 문화라고 한다면, 종교, 철학, 그리고 예술적 문화란 존재하지 않는 것일까? 당연히 존재한다는 것이 주겸지의 대답이다. 다만, 서양의 종교와 철학은 처음부터 '과학적 종교'이고 '과학적 철학'일 뿐이다. 그리고 예술 역시 이 규칙에서

---

365) 앞의 책, 375~376쪽.
366) 앞의 책, 376쪽.

벗어나지 않는다. 먼저 그의 서양종교관에 대해서 살펴보자. 우리가 서양의 종교를 말할 때 헤브루(Hebrew)의 종교 — 기독교 — 를 연상하기 쉽다. 그러나 이 사상은 세계의 고등 종교의 발생지인 동방에서 온 것이라고 주겸지는 주장한다. 그 현세의 행복에 반대하는 것, 즉 소위 금욕주의를 볼 것 같으면 두말 할 것도 없이 인도 종교의 영향 바로 그것이라고 했다. '인류의 타락', '하나님의 은전'과 같은 겸손하게 자기를 낮추는 식의 敎典은 바로 아시아인의 종교적 특징으로서 이것은 서양의 종교라고는 할 수 없다는 것[367]이다.

이렇게 보면 예수교는 서양의 종교를 대표할 수가 없고, 서양의 종교는 별도로 존재해야만 한다. 주겸지는 슈펭글러가 『서구의 몰락』에서 말한 '파우스트 종교'를 서양의 종교, 즉 '과학적 종교'로 보았다.

"서양의 종교는 단지 '과학적 종교'일 따름이다. 슈펭글러의 말을 사용하자면 곧 '파우스트 종교'라고 하겠다. 파우스트 문화에 있어 그 정신의 근본 특성은 가장 단호한 무한적 의향, 그리고 무한적 요구와 몽상에 있으며, 행위에 있어서는 권력 의지의 새로운 교의로 표현된다. 이것이 바로 서양 '과학적 종교'의 특질이라고 말할 수 있다."[368]

앞에서도 말했듯이, 기독교로 말하자면 주겸지는 그 근원은 사실 매우 멀리 동방에서 온 것인지라 서양의 종교 문화를 대표하기엔 부족하다고 했다. 그 근거를 헤겔이나 쇼펜하우어 등 이른바 권위 있는 학자의 말을 통해서 증명하고자 했다.

---

367) 앞의 책.
368) 앞의 책, 第7卷, 「比較文化論集・中國文化之本質, 體系及其發展」, 345~346쪽.

"헤겔(Hegel)은 그의 『종교철학』에서, 유럽인의 종교가 초월적인 범위에 속하는 부분은 하나의 매우 먼 동방, 특히 시리아(Syria)에서 왔다고 지적한 바 있다. 쇼펜하우어(Schopenhauer)는 『의지와 관념의 세계』에서 인도로부터 온 것으로 보았다. 이 문제에 관해서는 전대에 이미 많은 사람의 토론을 거친 상태이다. 1922년 독일의 하스(Hans Haas)가 지은 『불교와 기독교의 상호관계문제 서목』(*Bibliographie zur Fragenach d. Wechse-Ibeziehungen zwischen Buddhismus und christentum, Leipzig*)에서 거론되고 있는 저자의 인명만도 5백 수십 사람이나 된다."[369]

주겸지에 따르면 원래 원시 기독교사의 연구는 세 시기로 나눌 수가 있다고 했다. 이를테면,

① 기번(E. Gibbon)은 『로마제국쇠망사』(*History of the Decline and Fall of the Roman Empire*)에서 원시 기독교와 유태교의 관계에 주목했다.
② 몽슨(Theodor Mommson)은 『로마사』(*The History of Rome*)에서 그것과 그리스교의 관계에 주목했다.
③ 1893년 릴리(A. Lillie)는 『원시기독교가 불교로부터 받은 영향』(*The Influence of Buddhism on Primitive Christianity*)에서 인도 불교가 원시 기독교에게 끼친 영향에 더욱 주목했다.[370]

이처럼 많은 학자들은 모두 복음서의 근원, 이른바 '詩的 복음서'는 사실 불교 전설의 영향이라고 주장했는데, 주겸지 역시 이것은 가능한 이야기라고 여겼다. 예컨대, ① 전파상에서 관찰해보면 에세

369) 앞의 책, 346쪽.
370) 앞의 책.

네파(Essenes) 등은 인도 종교의 흔적이 남아 있다; ② 교의상에서 관찰해보면 윤회설, 염세설, 금욕설, 세계주의의 전쟁에 대한 태도 등은 모두 불교와 관계가 있다; ③ 종교 의식상에서 관찰해보면, 두 종교는 승려의 동정 중시, 剃髮, 그리고 초, 향, 염주 등의 사용에 있어서 서로 일치한다.[371] 또한, 방법론상에서 관찰해보아도 증거가 매우 많다고 했다. 즉,

甲. 문헌학상에서 살펴보면, 그리스의 밀린다왕(King Milinda) 때에 이미 불교의 영향을 받았다. 현존하는 팔리어본의 『밀린다팡하』(Milindapanha, '밀린다왕의 물음'이라는 뜻 - 역주)와 晋譯의 『那先比丘經』이 그 증거가 된다. 그리스인이 모든 종교의 소개인으로 되어 있으므로 믿을 만하다.

乙. 민속학상에서 살펴보면, 카우츠키(Kautsky)가 『기독교의 기초』에서 일찍이 많은 예증을 들어서 누가(Luke)가 기록한 그리스도의 강생 이야기는 불교의 영향임을 증명한 적이 있다.

丙. 고고학상에서 살펴보면, 아소카(Asoka) 왕의 불교 전파는 그리스의 식민지에서 새로 발견된 기념비를 통해서 증명할 수 있다.[372]

이상을 통해서 그는 서양의 '종교 문화'란 사실 인도의 '종교 문화'의 영향임을 증명해내고자 했던 것이다. 다음으로, 주겸지의 서양철학관에 대해서 논해보자. 결론부터 말하자면, 그는 서양의 철학은 원래 '과학적 철학'일 따름으로 이른바 '실증론', '경험론', '기계론', '유물론', '자연주의' 등은 모두 '과학적 철학'에 해당한다[373]고 보았다.

---

371) 앞의 책.
372) 앞의 책.
373) 앞의 책.

"서양의 철학은 영국의 베이컨, 홉스(Hobbes), 로크(Locke), 흄
(Hume), 그리고 실증론자인 콩트, 스펜서(Spencer), 밀(J. S. Mill)을
祖述한 것임은 물론, 이들 경험론, 기계론, 유물론, 자연주의의 철학은
외부에서 출발점이 되었다. 독일의 관념론파와 꼭 대치하고 있는 형
세의 이 경험론 철학 사조는 처음부터 유럽의 철학계를 지배했었다.
이 철학은 근본적으로 보면 오히려 자연 과학의 방법에 의지해서 인
생을 지배했던 것이다."[374]

그러므로 철학적 철학이 아니라, 부득이 과학적 철학이라고 부를
수밖에 없다는 것이다. 그의 설명을 계속 들어보자.

"과학적 철학은 근본적으로 철학이 인생을 등한시하게 하고, 자연
과 유물의 연구에 경도되게 한다. 더 나아가서는 미국의 실험주의자
제임스(William James, 1842~1910), 존 듀이(John Dewey, 1859~
1952) 등은 근본적으로 형이상학을 제거하여 형이상학에 관해서는 대
부분 문제 삼지 않았다. 즉 독일에서의 이른바 관념론 철학파는 헤겔
에 이르러서 그 최고 수준에 달하였고, 가령 좌파의 슈트라우스
(Strauss), 포이어바흐, 마르크스, 라살(Lassalle, Ferdinand, 1825~
1864)은 절대적 관념론에서 방향을 바꾸어 절대적 기계론, 혹은 변증
법적 유물론이 되었다."[375]

이것은 서양철학이 결국 '과학적 철학'만이 존재하고 이른바 진정
한 의미의 형이상학은 없음을 보여주는 예라고 주겸지는 생각했다.
그는 서양의 형이상학 시대는 동방 문화의 영향을 적지 않게 받아
서 잠깐 동안 나타났다가 덧없이 사라져 버렸고 현재에 와서는 벌
써부터 '유물'이 되고 말았다[376]고 했다. 서구의 철학 시대가 중국

---

374) 앞의 책, 第6卷, 「文化哲學」, 378쪽.
375) 앞의 책.

철학에 의해 전파되었음을 논증한 그의 저작『중국사상이 유럽문화에 끼친 영향』을 중심으로 그 내용을 잠깐 살펴보도록 하겠다.

16·17세기 예수회가 중국에 와서 교를 전함에 따라서 소위 '전례 문제 논쟁'이 야기되었다. 이것은 1645년에 시작하여 1742년에 이르기까지 무려 100년에 가까운 장구한 시간에 걸쳐 전개되었다. 주겸지에 따르면 코르디에(Cordier)가『중국학도서목록』에서 열거한 이 문제와 관련된 서적은 모두 262종이나 되며, 아직 출판되지 않은 일기, 문서만 하더라도 수백 종에 이른다. 예수회 선교사들은 孔敎에는 찬성하였지만, 송유 이학에는 반대하였다. 그 대표적인 저작이 마테오리치(Matteo Ricci, 利瑪竇)의『天主實義』와 롱고바르디(Longobardi, 龍華民)의『靈魂道體說』, 샤르므(Charme, 孫璋)의『性理眞詮』등이다. 이 반이학 운동은 유럽에서 매우 큰 영향을 일으켰다.

"18세기 유럽사상계의 중국에 대한 관심은 전례 문제에 관한 논쟁이 중심을 이루었으며, 중국철학을 받아들이는 쪽이나 거부하는 쪽이나 할 것 없이 모두 송유 이학이 그 대상이 되었다. 한편에서는 중국철학을 유물론·무신론으로 인식해 공격을 가하는가 하면, 다른 한편에서는 중국철학을 유물론·무신론이라는 입장에서 환영했다. 어떤 이들은 중국철학의 理性說을 이단으로 여겼으며, 또한 어떤 이들은 이 이성설을 옹호하여 중국철학을 곡해하기도 했다. 전자의 예로는 프랑스 말브랑슈(Malebranche)의 중국철학 비판을 들 수 있고, 후자의 예로는 독일 라이프니츠(Leibniz)의 중국철학 옹호를 들 수 있다. 말브랑슈의 비판은 프랑스 백과전서파의 무신론적·유물론적 철학에 영향을 주었으며, 라이프니츠의 옹호는 독일 관념론의 고전철학을 형성시켰다. 그리고 전자는 프랑스의 정치 혁명에, 후자는 독일의 정신

---

376) 앞의 책.

혁명에 영향을 미쳤다."[377]

이처럼 주겸지는 서구의 철학 시대는 다름 아닌 중국철학의 전파
로 인해 이룩되었다고 이해하고 있다. 위의 설명에 의하면 서양 문
화는 과학 문화이지만 '종교 문화'(기독교 문화)와 '철학 문화'(18세
기 이성 시대)는 모두 외래문화로부터 전파된 것이 분명해 보인다.
  끝으로, 주겸지의 서양예술관을 살펴보면 그는 서양 예술을 '과학
적 예술'의 경향이라고 했다. 그는 중국 예술과 서양 예술의 차이를
'철학적 예술', '과학적 예술'로 각기 구분한다. 철학적 예술은 정서
표현의 寫意的 측면이 강하고, 과학적 예술은 자연 묘사의 寫實的
측면이 강하다고 했다. 다음 말에서 확인할 수 있다.

  "중·서 예술은 근본적으로 다르다. 이를테면, 전자가 철학적 예술
  이라면 후자는 과학적 예술이다. 철학적 예술이 상상과 꿈의 의미를
  함유하고 있다면, 과학적 예술은 대부분이 자연의 모방에서 오는 것
  이다. 철학적 예술이 정서 표현이 주가『서 마침내 寫意的 측면으로
  기운다면, 과학적 예술은 자연의 묘사가 중심이『서 마침내 寫實的
  측면으로 기울게 된다."[378]

  또한, 그는 중·서의 예술에 대한 흥취의 차이를 회화를 그 예로
들어 설명한다. 즉, "회화에는 본디 '내용에 주의하는 것', 그리고
'畵面에 주의하는 것' 두 종류가 있다. 전자가 心的인 것을 중시한
다면 후자는 眼的인 것을 중시한다. 전자의 경향은 중국화이고 후
자의 경향은 서양화이다."[379]라고 했다. 그에게서 이것은 중국은

---

377) 주겸지 지음, 전홍석 옮김,『중국이 만든 유럽의 근대』, 청계, 2003, 120쪽.
378)『朱謙之文集』, 第6卷,「文化哲學」, 福建敎育出版社, 2002, 378쪽.
379) 앞의 책, 379쪽.

'철학적 예술'이고 서양은 '과학적 예술'이라는 말의 다른 표현에 지나지 않는다. 다만, 그는 진정한 세계의 새로운 예술이란 곧 '예술적 예술'의 출현을 기다려야만 한다고 했다. 즉, 예술적 예술의 출현은 동·서 예술의 조화가 기대됨은 물론, 그 정서와 이성, 마음과 눈이 조화·융합되는 새로운 시대가 실현되는 것[380]을 의미한다고 하겠다.

그런데 그가 여기서 무엇보다 주의를 기울인 점은 서양의 과학문화는 19세기 문화를 대표하며 이 문화는 현재 찬란한 물질문명으로 응용·창조되어, 이미 전 세계를 정복하고 있다는 사실이다.[381] 그러나 당시 이처럼 현대 문화의 대명사가 되어버린 서양 문화는 이미 위기로 치닫고 있었다. 주겸지는 서양 문화의 위기를 다음 네 가지로 진단한다. 이를테면, 첫째는 경제 테러, 둘째는 흉작, 셋째는 메마른 감정, 넷째는 호전주의의 재생이 바로 그것이다. 문명은 돈 냄새, 시끄러움, 물질주의로 변하였고, 문화(Civilization) 역시 변해서 梅毒化(Syphilization)되었다[382]는 것이다. 양수명 역시 서방 문화의 폐단에 대해서 날카롭게 비판하고 있다.

> "근세 서방인의 심리 방면, 이지적 활동은 너무 강성해서 사실 두드러진 특징에 해당한다. 성취한 문명에 있어 그들은 과학철학을 창조함으로써, 인류의 기타 어떠한 민족도 지식, 사상 두 방면에서는 그들을 만분의 일도 따라가지 못한다. 지식, 사상의 수량에 있어서 그들에게 미칠 수 없을 뿐더러, 정교하고 심오함에서도 미칠 수가 없다. 그렇지만, 그들은 정신상 이 때문에 상처를 입고 생활상 고통을 당하였다. 이것은 19세기 이래로 폭로되어 숨길 수 없는 사실이다!"[383]

---

380) 앞의 책.
381) 앞의 책, 第7卷, 「比較文化論集·中國文化之本質, 體系及其發展」, 347쪽.
382) 앞의 책, 第6卷, 「文化哲學」, 384쪽.

아울러, 양수명은 서방자본주의가 조성한 인간의 물질화·기계화·공구화와 상업화 경향에 대해 격렬하게 질책했으며, 자본주의 공업화가 인간에게 가져온 엄중한 결과에 대해 강하게 비판했다. 양수명은 서방의 비인간화 경향의 분석을 통해 서방의 인생관과 문화상 이러한 본질적인 문제점들을 해결하지 않고서는 서방 문화가 인류의 미래 문화에 생존·발전하기란 불가능하다는 극단적인 단언까지 내리기도 한다.[384] 다 알다시피, 그는 그 문제의 해결 방법을 '중국 문화'에서 찾았으며 이로 인한 중국 문화의 부활을 꿈꾸었던 것이다. 이러한 점에서는 주겸지 역시 예외는 아니다. 즉, '서양 문화의 병폐', '미래 세계에 대한 중국 문화의 역할' 등에 있어서만큼은 그는 양수명의 시각과 상당 부분 일치한다. 그러면서도, 미래의 문화 전망에 관해서는 그 방법을 달리하고 있다. 주겸지는 지금의 문제는 이 과학 문화의 새로운 가치를 다시 추정함은 물론, 어떻게 하면 이 과학 문화를 더욱 높은 차원의 예술적 문화에 이르도록 이끌 것인가에 달려 있다[385]고 말한다. 현대의 과학 문화의 여러 폐해를 그는 미래에 장차 존재할 예술 문화와 현존하는 과학 문화의 문제로 보았다. 현재의 암울한 과학 문화의 폐해는 예술 문화를 향한 하나의 진통에 지나지 않는다. 그리고 그에게서 과학적 문화로부터 더 높은 단계인 예술적 문화로 나아간다고 함은 미래의 과학은 모든 사람들이 그것의 이로운 점을 향유할 수 있는 '생명의 과학', '사랑의 과학'으로 화한다는 의미였다. 이 문제는 다음 항에서 보다 깊이 있게 다루어질 것이다.

---

383) 『梁漱溟全集』, 第1卷, 「東西文化及其哲學」, 山東人民出版社, 1989, 391쪽.

384) 권용옥, 「양수명의 文化三路向 說에 대한 연구」, 『중국학연구』 제23집, 2002, 14~15쪽.

385) 『朱謙之文集』, 第6卷, 「文化哲學」, 福建敎育出版社, 2002, 375쪽.

4) 예술적 문화 구역 - 미래

과학의 문화 지배가 현대 문화의 특색이므로, 서양 문화가 지금
에 와서는 이미 현대 문화의 대명사가 되어버린 셈이다.[386] 과학
문화의 가장 큰 특징은 찬란한 물질문명을 이룩하는 데 있다[387]고
주겸지도 말하고 있듯이, 서양 문명은 과학과 기술의 경이적인 발
달과 인류 역사에서 전례를 찾아볼 수 없는 부의 축적을 이루었다.
그리고 합리적인 원칙에 근거해서 이성이 지배하는 영역을 극대화
시킴으로써 미래 사회의 장밋빛 꿈이 실현될 것으로 모든 사람은
굳게 믿었다. 그러나 물질문명의 이기는 인류사에 있어서 두 차례
의 세계대전이라는 다시없는 대재앙과, 생태학적 위기, 핵전쟁, 인
간 소외나 원자화 등의 수많은 고통을 안겨주었다. 주겸지는 이를
두고 다음과 같이 진단한다. 즉,

"현대 문명은 大戰 이후의 鮮血 속에서 현재의 네 騎士가 쏟아져 나
왔다. 첫째는 경제 테러, 둘째는 흉작, 셋째는 메마른 감정, 넷째는 호
전주의의 재생이 바로 그것이다. 문명은 돈 냄새, 시끄러움, 물질주의
로 변하였고, 문화(Civilization) 역시 변해서 梅毒化(Syphilization)되었
다. 이것이 바로 문명의 진짜 위기로서, 세계 각국의 사상가가 모두 문
명의 장래를 우려하게끔 만드는 부분이다. 그리하여 그들은 큰 소리로
'지금 우리들은 또 어디로 가는 것인가?'라고 외치는 것이다."[388]

19세기 새로운 문화 헤게모니로 자리매김한 과학 문화, 이에 대

---

386) 앞의 책, 379쪽.
387) 앞의 책, 375쪽.
388) 앞의 책, 384쪽.

214

한 주검지의 가장 큰 우려는 바로 약탈적이고 침략적인 서구제국주의(imperialism)에 있었다. 즉, 서양 과학 문화의 호전적, 토벌적, 정복적, 개척적, 참략적인 성질에 그 초점이 맞추어졌던 것이다. 이것은 나날이 절망과 쇠망의 길로 치닫고 있는 자신의 조국의 현실과도 밀접한 관계가 있다고 하겠다. 주지하다시피, 당시 서구는 과학을 기반으로 한 산업혁명을 완수함으로써 경제상 항상 새로운 시장과 원료를 필요로 했기 때문에, 아시아, 아프리카, 오스트레일리아, 그리고 남아메리카를 대상으로 한 정치적·경제적 침략을 감행하여 타 문화권과의 끊임없는 충돌과 마찰을 빚고 있었다.

　"재론할 여지도 없이 원래 서양 문화 즉 '문명'은 근대로부터 발달하기 시작한 것이다. 문명의 특색이란 이성과 과학, 물질과 재부, 공상업의 권위, 민주정치와 보통 선거를 가리킬 뿐만 아니라, 더욱이 제국주의의 약탈적 성질을 가리킨다. 문명은 결과적으로 돌연적이고 급속적인 그야말로 잔혹한 세계 정복을 탄생시킨 나머지 역사상 아직 그 전례가 없을 정도이다. 문명은 세 부분인 유럽, 아프리카, 오스트레일리아, 그리고 각 대양의 도서들로 하여금 모두 직·간접적으로 유럽 근대 국가의 공업적이고 조직을 갖춘 권력 아래에 굴복토록 만들었다. 하지만, 이러한 지나친 압박 과정은 오래가지 못하였다. 제국주의적 세계 정복은 마침내 유럽에 반항하는 세계 혁명을 불러일으켰던 것이다. '타도 제국주의'의 외침이 시작되자, 이른바 근대 문명의 모순성은 완전히 폭로되기에 이른 것이다."389)

이처럼 암울한 서구 문화의 파행 속에서 그 문제의식을 안고 태어난 저작이 바로 슈펭글러의 『서구의 몰락』인 것이다. 이 책은 문화형태학의 시도로 쓰인 것으로 모든 문화 형태를 비교하고 있다.

389) 앞의 책, 383쪽.

슈펭글러는 바로 종교가 문화의 가장 완전한 상태이고, 과학이 대표하는 것은 도리어 문화가 이미 죽은 상태, 즉 이른바 '문명'이라고 주장했다. 이런 식으로 '문화'(Kultur)와 '문명'(Civilization)을 구별하여 문명은 인류 생활 중 비교적 늦게 발생하는 하나의 상태이고, 전적으로 물질적이어서 정신 능력을 대표하는 문화와는 같지가 않다고 여겼다. 그는 또한 많은 예증을 들어서 문명은 문화의 최후 시기, 즉 문화가 피할 수 없는 운명의 위기임을 증명하였다. 문화가 발전해서 노년 시대에 이르면, 문명의 종말적 국면에 들어서게 되어 하나의 문화란 마침내 소멸하고 만다는 것이다.[390]

주겸지는 이러한 슈펭글러의 종교적 문화관에 대해 현 단계의 물질문명을 너무 낮게 평가한 나머지 문명의 본질을 제대로 인식하지 못했다고 비판한다. 말하자면, 슈펭글러는 문명을 문화의 최후 단계로 보았지만, 주겸지의 생각인즉슨 문명은 바로 문화의 물질적 기초인 까닭에 문명은 문화의 종점이 아니라 도리어 문화의 새로운 기점이 된다는 것이다. 그리고 문화가 문명으로 변하는 것이 아니라, 도리어 문명이 새로운 문화를 생산해낸다고 했다. 문화의 축적은 과학 발달 시대에 미쳐서 비록 최고봉에 이르렀다고는 할 수 없지만, 실제로는 문화 가치의 최고 수준인 예술 세계를 위해서 이미 하나의 통로를 열었다고 할 수 있다.[391] 결론적으로 그는 '문화'와 '문명'의 문제는 슈펭글러가 말한 바와 같은 종교 문화와 과학 문화의 문제가 아니라, 미래에 장차 존재할 예술 문화와 현재에 현존하는 과학 문화의 문제[392]로 보았던 것이다.

---

390) 앞의 책, 380쪽; 슈펭글러 지음, 박광순 옮김, 『서구의 몰락』 1·2·3권, 범우사, 2000, 참조.

391) 『朱謙之文集』, 第6卷, 「文化哲學」, 福建教育出版社, 2002, 382쪽.

392) 앞의 책.

"문화와 문명의 문제는 예술 문화가 흥기해서 과학 문화를 대체한다는 바로 그 문제인 것이다. 문명의 본질은 과학적이지만, 문화의 본질은 예술적이다. 문명과 문화의 차이는 곧 과학과 예술의 차이이다. 만일 과학이 문명을 대표한다면 문명이란 바로 필연적인 세계로서 '문화'의 자유 세계로 나아가는 계단에 해당된다. 뿐만 아니라, 문화란 전체성을 지니므로, 모든 문화는 최후에 가서는 전부 예술 쪽으로 쏠리게 되어 있다. 그리고 과학 문화인즉슨 이러한 문화의 전체성에 도달하는 하나의 첩경인 것이다. 그렇지만, 우리들은 전적으로 과학에 의존한 나머지 기계 문명에는 절대 부족한 점이 없다고만 생각해서는 안 된다. 역시나, 우리들은 필연적인 세계를 부인한 나머지 자유 세계의 창조에 적당치 않다고도 생각하지 말아야 한다."[393]

주겸지에 따르면 우리들의 문명은 문화의 한 단계에 지나지 않으며, 이 단계는 더 높고 더 완전한 새로운 단계를 실현하기 위한 하나의 준비에 지나지 않음을 문화철학은 지시해준다고 했다. 그런 까닭에 문명의 몰락은 바로 일면 새로운 문화의 출현을 의미한다. 이 새로운 문화가 이른바 '예술적 문화' 다름 아니며, 그에게서는 과학적 문화란 그 과정 속에서 반드시 경험해야 할 하나의 절차로 여겨졌던 것이다. 당시의 암울한 과학 문화의 폐해 속에서 많은 학자들이 외쳤던 "지금 우리들은 또 어디로 가는 것인가?"라는 물음에 대한 확실한 해답은, 현재의 문명에서 더 높은 문명으로 나아가야 한다는 것이다. 바꾸어 말해서, 과학적 문화에서 예술적 문화로 나아간다는 뜻이다.[394] 아울러, 과학 문화 즉 현대의 기계 문명은 예술적 문화에로 나아가는 경향이라고 했다. 그는 그것의 미래 세계를 다음과 같이 그리고 있다.

---

393) 앞의 책, 385쪽.
394) 앞의 책, 384쪽.

"현재의 과학은 소수의 사람들 수중에 있지만, 미래의 과학은 모든 사람들이 그것의 이로운 점을 모두 향유할 수 있다. 더욱이, 그때의 과학은 반드시 놀랄 정도로 발달할 것으로 기대되므로, 현재의 기계는 아마도 그때에 가서는 모두 가장 조잡하고 초라한 물건으로 간주될 것이 확실하다. 房龍이 『인류의 이야기』(人類的故事)에서 했던 말을 빌리자면, '그때에는 최후의 증기 기관 한 대가 자연박물관으로 보내어져서, 공룡과 羽龍의 뼈, 그리고 이미 멸절된 고대의 생물들과 함께 한 곳에 진열될 것이다.' 그러기에 기계 시대가 지나가고 새롭게 출현하게 될 기계는 일종의 매우 아름다운 예술로 변할 것이다. 기계 돌아가는 소리는 일변해서 조화롭고 부드러운 음악처럼 리드미컬하게 될 것이다."[395]

그는 문화가 문화다운 이유는 그것이 인생의 고통을 벗어나게 해서 모두에게 즐거움을 누릴 수 있는 기회를 부여하기 때문이라고 했다.[396] 그렇다면, 그가 꿈꾸는 문화철학의 최종 단계인 예술 문화란 무엇인가? 그는 예술 문화 시대를 공자의 이상적인 大同世界[397]

---

395) 앞의 책, 384~385쪽.

396) 앞의 책, 381쪽.

397) '대동 세계'에 대해서는 『禮記』, 「禮運」에서 다음과 같이 그리고 있다. 즉, "대도가 행해지던 시대에는 천하를 자기의 사유물로 생각지 않고 공공의 것으로 여겨왔다. 그리하여 임금된 자는 이것을 자손에게 넘겨주지 않고 착하고 유능한 자를 뽑아 전수했다. 신의를 강습하고 화목함을 수행하였다. 그러므로 사람들은 자기 부모만을 친애하거나 자기 자식만을 자애하는 일이 없었다. 늙은이로 하여금 편안하게 그 수명을 마칠 수 있게 하고, 장년으로 하여금 그 힘을 충분히 발휘할 수 있게 하며 어린이로 하여금 건전하게 자랄 수 있게 하고 환과고독과 폐질자로 하여금 다 부양을 받을 수 있게 하며 남자는 사농공상의 직분이 있고 여자는 각각 시집갈 곳이 있다. 재화라는 것은 땅에 버려지는 것을 싫어하지만 반드시 자기 혼자만을 위해 감추어 두지 않았으며 힘이란 반드시 사람이 몸에서 나오지 않을 수 없는 것이지만 반드시 자기 자신의 사리를 위해서만 쓰지 않았다. 사람마다 풍습이 이와 같기 때문에 간특한 음모가 한색되어 일어날 수 없었으며 절도나 난적이 일어날 수가 없었다. 그러므로 사람마다 대문

218

에서 찾고 있다.

"미래의 역사에서는 예술가가 자신의 시대를 창조한다. 노동적 측
면에서 말하자면, 현대 노동자는 실제로 기기의 노예나 다름없지만,
가장 아름답고 유쾌함은 물론 가장 자유스러운 예술 시대에 이르러서
는, 이때 사람들의 노동은 바로 예술이 된다. 가령 부하린이 말한 바
와 같이 '사람들이 統計局의 계획에 따라서 일하는 것은 마치 연주자
가 지휘자의 지휘봉에 맞춰 음악을 연주하는 것과 같다.'고 하겠다.
이것은 공자의 이상적인 大同世界와 똑같아서 장엄하고 화려하지 않
은가?"[398]

또한, 전 세계의 문화는 최후에는 모두 문화의 이상향인 '예술적
문화'로 경도될 것이라고 그는 보았다. 문화란 원래 예술이 그 이상
향이 되기 때문에, 일체 개개의 문화는 모두 예술성과 생명성을 함
유한다. 그는 예술 문화를 前 단계인 개개의 문화와 비교하기를, ①
전 단계인 개개의 문화가 개별적이라면 예술 문화는 전체적이다;
② 전 단계의 문화가 대립적(전쟁 중심적)이라면 예술 문화는 조화
적(평화 중심적)이다; ③ 전 단계의 문화가 민족주의적이라면 예술
문화는 大同主義的이다. 그는 예술 문화는 문화 그 자신의 충분한
실현이기 때문에, 동방이든 서방이든 막론하고 예술적 문화를 전담
할 하나의 정해진 곳은 없을 뿐더러, 개개의 문화(종교 문화, 철학

을 잠그지 않고 편안히 살 수 있었으니 이러한 세상을 공도를 천하가 함
께 한다 하여 대동의 세상이라 하였다."(大道之行也, 天下爲公, 選賢與能,
講信修睦, 故人不獨親其親, 不獨子其子, 使老有所終, 壯有所用, 幼有所長,
矜寡孤獨廢疾者皆有所養, 男有分女有歸, 貨惡其棄於地也, 不必藏於己, 力
惡其不出於身也, 不必爲己 是故謀閉而不興, 盜竊亂賊而不作, 故外戶而不
閉, 是謂大同.)
398) 『朱謙之文集』, 第6卷, 「文化哲學」, 福建敎育出版社, 2002, 385쪽.

문화, 과학 문화)로부터 예술적 문화로 나아가지 못 할 곳 역시 존재하지 않는다고 했다. 그러므로 문화의 지리분포상에서 말한다면, 비록 출발점과 방법은 다르다고 하더라도 결과는 같아서 모두 예술적 문화가 그 끝이 되는 것이다. 즉, 인도는 종교 문화로부터 예술 문화에 이르며, 중국은 철학 문화로부터 예술 문화에 이르며, 서양은 과학 문화로부터 예술 문화에 이른다.[399]

부연하자면, 진정한 '문화 시대'란 과거와 현재에 있지 않고, 장래의 문화 이상을 실현하는 데 있는 것이다. 인도든 중국이든 아니면 서양이든 장래의 문화는 어쨌든 종교, 철학, 과학 문화의 옛 유형을 뒤돌아보지 않고 필연적으로 예술적 문화를 향해서 나아간다. 그런데 서양은 이미 밟고 있는 과학적 단계에 의거하겠지만, 각 민족은 고유한 하나의 문화로부터 이상적인 예술 문화에 도달해야 한다. 이처럼 그 길에는 거리가 같지 않기 때문에, 어떤 것은 반드시 두 걸음이 필요하지만, 어떤 것은 한 걸음만 내디뎌도 이미 그 문화의 이상향, 즉 이른바 예술 세계에 이를 수 있다.[400] 그런데 주겸지는 문화의 이상향 속에는 모든 종교, 철학, 과학이 결코 소실될 수가 없다고 생각했다. 이 시대의 종교는 예술적 종교이고, 철학은 예술적 철학이다. 이와 동일하게 과학 역시 일변해서 예술적 과학이 된다. 이렇게 되면, 문화는 비로소 문화의 본성(예술)을 회복하여 문화가 자신을 깊이 음미하는 하나의 역사를 창조하게 될 것이라고 그는 확신했다.[401] 동시에, 동서 문화가 종교, 철학, 과학 등의 유형을 내포하고 있으면서도 근본적으로 충돌에 이르지 않는 까닭은 예술의 작용 때문이라고 주장한다.

---

399) 앞의 책, 361~362쪽.
400) 앞의 책, 382쪽.
401) 앞의 책, 385쪽.

　"문화의 각 유형 중 매 유형은 기타 모든 유형을 포함하므로, 문화
사에 있어서의 한 시대를 나타낸다. 예술 문화가 문화 유형의 중심
유형인지라, 종교, 철학, 과학, 그리고 기타 모든 문화는 모두 예술의
원리와 상태로 경도되게 된다. 따라서 미래의 장차 존재할 예술 문화
시대를 이룸과 동시에, 또한 문화가 문화다운 이유의 '문화 시대'에
도달한다고 하는 것이다."402)

　이상으로 보건대, 주겸지가 그리고 있는 예술 문화는 종교·철
학·과학 문화처럼 어느 특정 구역에 한정된 문화가 아님을 알 수
있다. 예술 문화는 문화 그 자신의 충분한 실현이기 때문에, 개별
문화가 각기 문화의 이상향에 도달할 수 있도록 작용하여, 그 개별
문화의 이상향 속에 遍在하는 것이다. 다시 말해서, 보다 상위적 개
념인 예술 문화는 하위적 개념의 개별 문화를 중심 문화로 군림하
여 점거한다거나 종속시키는 의미가 아닌, 각 개별 문화의 이상 형
태인 '예술적 종교', '예술적 철학', '예술적 과학'의 生命素로 존재하
여 세계가 자유와 평화의 대동 세계로 나아가도록 하는 견인차의
의미인 것이다.
　이러한 주겸지의 예술 문화에 대한 긍정적인 의미를 이해하면서
한편으로 두 가지 점에서 주겸지 문화철학의 한계를 지적하고자 한
다. 하나는 앞에서 이미 언급한 바 있는 '예술문화고정론의 오류'이
다. 주겸지가 변증법을 4분으로 나누어 예술 문화 속에서 종교 문
화, 철학 문화, 과학 문화를 하나로 융합시키고자 했지만 결국은 변
형된 변증법에 지나지 않는다. 문화철학이란 역사 진보의 과정 속
에 있는 끊임없는 변증법적 과정의 철학으로 보아야 함에도 불구하
고 예술 문화를 완결된 문화로 못 박은 것은 그 자신이 수용한 진

---

402) 앞의 책, 381~382쪽.

보의 논리 차원에서도 모순이다. 때문에, 예술 문화는 헤겔의 '모순의 논리' 내지는 마르쿠제의 '위대한 거절'이란 개념으로 이해해야 합당하다. 또 하나는 유가의 대동 세계를 너무 이상시한 점이다. 대동 세계란 원시공산사회로서 자연의 산물만 채집하여 먹고 살아도 충분하던 원시 시대를 배경으로 그려진 사회이다. 그러나 많은 인간이 함께 경쟁하며 살아야 하는 현대사회에서는 '대도의 실천'이라는 막연한 논리만으로는 인간의 문제를 풀 수가 없다.[403] 현대는 복지사회, 즉 사회보장제도가 잘 운영되어 사회구성원의 생활이 향상되고 행복하게 생존권을 누릴 수 있는 전혀 다른 차원의 이상 세계가 논의될 뿐이다.

3. 중국 문화의 지리분포와 남방문화운동

현대는 과학 문화 시대이기 때문에 현존하는 모든 문화가 서양 문화 속에서 소멸되어가는 것은 당연한지도 모른다. 즉 철학 문화를 대표하는 중국, 종교 문화를 대표하는 인도가 서양 과학 문화의 강렬한 빛깔에 자신의 색을 잃어가고 있다고 말할 수 있다. 그러나 주겸지는 과학 문화는 결국 과학 문화일 뿐, 그것이 비록 철학 문화와 종교 문화를 과학화할 수는 있을지라도 결코 철학 문화나 종교 문화를 대체할 수는 없다고 주장한다. 이 때문에 서양 문화가 현대의 모든 문화 구역을 동화시킨다고 하더라도, 인도의 종교적 문화, 중국의 철학적 문화는 여전히 소멸되지 않는다고 했다.[404] 이

403) 양재혁, 『동양철학 서양철학과 어떻게 다른가』, 조합공동체 소나무, 1998, 22쪽.
404) 『朱謙之文集』, 第7卷, 「比較文化論集・中國文化之地理三周期」, 福建敎育出

것은 당시 서구와 일본 제국주의의 침략에 대한 중국의 항전 건국 시기의 저항 이론이기도 했다. 그는 뿐만 아니라 문화의 독립과 현상에서 보면 중국 문화는 특히 현대에 이를수록 더욱 활기차고 새롭게 일어나는 기상을 발현함은 물론, 영원히 지속되고 마멸되지 않는다고 역설한다.[405]

이러한 생각의 배후에는 그 자신의 독특한 문화관이 존재한다. 이미 살펴본 바대로 그에게서의 문화란 본질적인 차이 때문에 종교, 철학, 과학, 예술로 표현된다. 아울러 진보의 정도가 다르기 때문에 단계적으로 종교적 문화, 철학적 문화, 과학적 문화, 예술적 문화로 표현된다. 종교적 문화는 인도가, 철학적 문화는 중국이, 과학적 문화는 서양이 각각 그것을 대표한다고 하겠지만, 결국에 가서는 모든 문화는 예술적 문화로 기울게 되는 것이다. 즉, 인도는 종교→철학→과학→예술로, 중국은 철학→과학→예술로, 서양은 과학→예술[406]로 나아가게 된다. 이 도식은 인도의 종교 문화, 중국의 철학 문화는 이미 존재했던 문화이며, 서양의 과학 문화는 현재의 현존하는 문화이며, 그리고 문화가 문화다운 이유의 예술적 문화는 장차 존재할 문화임을 보여준다고 하겠다. 그런데 주겸지의 관점에서 보면 문화 그 자체는 變과 動의 표현이기 때문에, 문화는 반드시 과거의 소유 외에도 언제나 어느 정도의 창조와 생성이 존재한다. 그러므로

"중국 문화가 비록 철학을 대표하고는 있지만, 철학 문화는 그 발전과 진화 속에서 반드시 엄격하게 과학 문화의 세례를 받아야 하고,

---

版社, 2002, 368쪽.
405) 앞의 책.
406) 앞의 책, 第6卷, 「文化哲學」, 380쪽.

또한 예술적 문화 목표를 향하여 나아가야만 한다. 이와 동일하게 인도의 문화 부흥인즉슨 응당 종교적 문화를 그 기초로 해서, 그 발전과 진화 중에 또한 반드시 현 단계인 과학 문화의 세례를 받아들여야만 비로소 예술적 문화로 원만하게 나아갈 수가 있는 것이다. 서양 문화는 이미 과학적 기초를 가지고 있는 탓에 그 문화의 이상향과는 본래부터 비교적 가까운 편이다."[407]

그러나 그는 철학 문화가 예술 문화로 경도되는 바가 과학적 문화보다 한층 더 우수하다고 함으로써, 미래에는 중국이 서양을 추월할 것임을 은연중에 드러내 보이고 있다.

"예술 문화는 세계사의 사업인지라 처음부터 동방의 각 나라와 그 행동이 일치하지 않을 수 없다. 만약 오로지 중국의 철학적 문화만을 가지고서 말한다면, 중국철학은 예로부터 예술적 인생을 창조하는 경향이었다. 중국은 단지 泛神사상만이 있었을 뿐 종교는 없었고, 手藝만이 있었을 뿐 과학은 없었다. 예술상에 있어서도 다만 상징주의와 표현주의의 경향은 지녔지만, 사실주의와 자연주의에는 반대하였다. 그러므로 중국 문화는 시종 제3기의 과학 문화와는 완전히 융합될 수가 없었던 것이다. 그 완전히 융합될 수가 없는 원인은 철학적 문화가 과학적 문화를 따라잡을 수가 없기 때문이기도 하지만, 사실은 철학 문화가 예술 문화로 경도되는 바가 과학적 문화보다 한층 더 우수하기 때문이다. 만일 과학 문화를 현실적 단계로 삼는다면 철학 문화가 추구하고자 하는 '예술 문화'는 사실 그 이상적 단계가 된다."[408]

다만, 주겸지는 여기서 이상적 문화에는 반드시 하나의 물질적 기초가 필요하다는 사실을 강조한다. 만약 과학 문화의 현 단계가

---

407) 앞의 책, 362쪽.
408) 앞의 책.

철저히 실행되지 않는다면, 중국 문화가 추구하고자 하는 새로운 문화의 경지, 즉 이상적 예술 문화는 결코 비장군처럼 하늘에서 갑자기 내려올 수는 없다는 것이다. 그의 입장에서 보면, 필연 세계는 사실 자유 세계에 도달하는 하나의 계단에 해당된다. 즉각적으로 철학 문화로부터 예술 문화를 향해서 나아가고자 한다면, 그는 예술 문화에 도달하기 전에 반드시 과학적 문화 세계를 거쳐야만 한다고 생각했다. 확실히 과학적 문화 단계를 지켜서 막다른 곳까지 이르러야만 비로소 예술적 세계로 전화해 들어갈 수가 있다는 것이다. 이것이 바로 그가 중국 문화의 부흥을 제창하는 최대 목표임과 동시에 출발점이었던 것이다.[409]

여기서 논할 중국 문화의 지리적 분포 즉 남북문제는 사실 중국 문화의 부흥을 위한 실천적 근거이다. 또한 남방문화운동은 주겸지의 문화철학적 진리 정신에서 우러나온 최후의 구국적 메시지인 것이다. 그에게서의 민족 문화 부흥이란 결국 중국 철학 문화의 과학화로 귀결된다. 이 과학화가 바로 민족 문화의 창조 즉 남방 문화의 창조인 것이다. 왜냐하면, 남방 문화란 바로 중국의 과학 문화가 존재하는 곳 다름 아니기 때문이다.

1) 중국 문화의 지리분포 – 남북문제

주겸지는 중국 문화의 유일한 활로는 오직 과학을 받아들이는 것일 뿐이라고 선언함과 동시에 그 과학 문화의 유일한 희망은 단지 남방에만 존재한다고 했다.[410] 이렇게 주장하게 된 배경에는 중국

---

409) 앞의 책.
410) 앞의 책, 363쪽.

문화의 지리적 분포와 매우 밀접한 관계를 맺고 있다. 그리고 그의 유명한 '남방문화운동' 제창 역시 여기로부터 기초한다. 그에 따르면, 원래 중국 문화의 역사적 발전은 북방에서 발생하여 중부를 지나 남방에서 진전되며, 이러한 문화의 지리적 기초는 앞에서 논한 세계 문화의 분포와 동일해서, 지형의 세 가지 기본에 따라 구별할 수가 있다고 했다. 즉, 고지는 북부이고, 평원은 중부이고, 해양은 남부이다.[411]

주겸지는 중국문화사의 첫 페이지는 항상 고지에서 발생되었다고 기록되어 있으며, 매우 많은 증거를 들어서 중국 문화는 산봉우리에서 흥기한 것임을 설명하고 있다고 했다. 예컨대. ① 군주를 대대로 전하여 林烝이라 불렀다; ② 唐·虞 때에 제후의 우두머리를 존중하여 嶽이라 불렀다; ③ 巡狩하여 제후의 조회를 반드시 山嶽에서 행하였다; ④ 인민을 대대로 전하여 구민이라 불렀다; ⑤ 제왕된 자는 반드시 산에 올라서 封禪(옛날 제왕이 태산에 가서 천지에 제사지내는 전례 – 역주)을 행하였다.(柳詒徵, 『중국문화사』, 상책, 16~17쪽.)[412]

이로 볼 때 북방 고지는 사실상 중국 문화의 발원지임을 알 수 있다. 곧바로 兩漢 시대에 이르러서도 중국 문화는 여전히 북구가 그 근거지가 되었다. 그래서 그는 "山東에서는 재상이 나오고, 山西에서는 장수가 나온다."(『漢書』, 卷69, 「趙充國傳贊」)와 "關西에서는 장수가 나오고, 關東에서는 재상이 나온다."(『後漢書』, 卷88, 「虞詡傳」)라는 속어가 있다고 했다. 이곳 산동과 산서는 華山이 그 경계가 되고, 관동과 관서는 函谷關이 그 경계가 된다. 이처럼 고지가 문화의 표준이 됨을 알 수 있다.[413] 그러다가 중국 문화의 근거지는 長江

---

411) 앞의 책.
412) 앞의 책, 363~364쪽.
413) 앞의 책, 364쪽.

유역으로 바뀌게 된다. 주겸지는 그 경로를 다음과 같이 설명한다.

"고지 문화는 지방적 측면에서 관찰하자면 최초엔 오히려 자급자족
할 수가 있었다. 그러던 것이 隋·唐 이후로는 미곡의 공급이 남방에
의지하지 않을 수가 없게 되어 河流의 운수가 크게 중요해졌다. 북부
는 비록 황하가 있으나, 황하는 '집안을 망치는 자식'(敗家子)으로 불
리다시피 항상 흉작 지역이었다. 이와 반대로 運河인즉슨 곡물을 북
방으로 운송하기 위해서 판 것이다. 하류가 닿는 평원 지역에 이르러
서는 천하 금전의 원천과 명맥임은 더욱 말할 필요도 없다고 하겠다.
그래서 南宋 시대에는 결국 '蘇常의 곡식이 익으면 천하가 넉넉해진
다.'(陸游, 『渭南文集』)와 '江浙의 곡식이 익으면 천하가 넉넉해진다.'
라고 하는 속어가 남아 있을 정도이다."414)

이렇게 하여 남송으로부터 元·明·淸의 수대에 이르기까지 중국
문화는 모두 가장 풍요로웠던 長江 유역이 그 근거지가 되었다. 乾
隆이 江南에서 노닐 때에도 여전히 "江浙은 인재와 문화가 집결되
는 곳이다."라고 불리게 되었다. 그런데 주겸지는 이와 같은 평원의
문화 역시도 영원불변한 것은 아니라고 했다.415) 그는 명대의 丘濬
이 『廣州府志書序』에서 '바다의 원리'의 문제를 제기한 내용을 소개
함으로써, 해양 문화로서의 남부를 부각시키고 있다. 그 소개한 내
용을 보면,

"천하의 산은 모두 서북에서 발원해 분산되었다가 모여서 우뚝 솟
아 큰 산맥이 된다. 천하의 내는 모두 동남에서 굽이져 넓게 퍼졌다
가 그쳐서 물이 괴어 바다가 된다. 廣南은 바다 사이에 있어서 천지
산천의 극치에 달한 氣를 받아들인다. 기는 여기서 다하여 거듭 배출

414) 앞의 책.
415) 앞의 책.

되는지라 인물이 그것을 얻어 홀로 다른 나라와 다르다."[416]

이렇듯이 과학 문화로서의 남방 문화 성립을 주겸지는 다음과 같이 말하고 있다.

"唐과 五代 시대에는 嶺南은 아직 '蠻夷의 지역'이었다. 그러던 것이 明代에 이르자 海路의 교통이 점점 발달했던 까닭에, 연해의 각지, 특히 廣東, 福建이 마침내 中西 무역의 근거지가 되어 경제사에 있어서 점차로 매우 중요한 위치를 차지하게 되었다. 더군다나, 서양 문화의 영향을 최초로 받았던 탓에, 淸末 孫中山 선생의 혁명운동, 康有爲의 유신변법운동 역시 모두 광동인이 그 중심이 되었던 것이다."[417]

그러므로 최근의 중국 문화는 사실 남방이 근거지가 되는 경향을 보인다고 했다. 바꾸어 말해서 중국 문화가 이미 서양 문화의 새로운 시대를 이룬 곳이라고 그는 단언했던 것이다. 지금까지 살펴본 내용을 정리해보면, 황하유역문화기는 '고대'에서 '북송' 전까지이며 장강유역문화기는 '송'에서 '청'까지이며 주강유역문화기는 '청말'에서 '현대'까지이다.[418]

아울러, 중국 문화의 역사 발전 과정에 대해서 주겸지는 『比較文化論集』「중국 문화의 지리 3주기」에서 보다 자세히 다루고 있는데, 그 내용을 보면 더욱 체계 있게 이해할 수가 있다. 하지만, 여기서는 지면 관계상 다 소개할 수는 없고, 다만 그가 제시한 아래의 표로써 이를 대신하고자 한다.[419]

---

416) 앞의 책.
417) 앞의 책.
418) 앞의 책, 第7卷, 「比較文化論集 · 中國文化之地理三周期」, 371쪽.
419) 앞의 책, 369~370쪽.

문화의 3주기				大事記	종교시기	철학시기	과학시기
제 1 주 기	종 교 시 기	황 하 유 역 문 화 시 대	제 1 小 주 기	중국 문화 제1차 독립 발전기	기원전 33세기부 터 기원 3세기까지, 약 3600년	고대의 泛神思 想-神農氏(天 樂)-黃帝書 (呂氏春秋 인 용)-殷·商의 선조에 대한 제 사-商頌-甲 骨文字-周易 -天道觀念	春秋時代-하늘 (天)의 형이상학 적 의미-老子 (道)-孔子의 易 繫辭-戰國時代 의 諸子百家-孟 子-墨子	西漢 經學의 과 학으로의 변형- 서한 경학가의 陰陽學에 대한 精通-董仲舒- 高相-京房-翼 奉-東漢 儒者의 天文·星歷에 대 한 정통(예컨대, 楊厚, 襄楷)-張 衡 制作
			제 2 小 주 기	중국 문화의 인도문화 전파기	기원 3세기부터 10세기까지, 약 1300년	장강 유역으로 이동 魏晋·南北朝 때의 이민족 유 입과 이민족 종 교의 영향-불 교의 수입-石 勒·石虎와 佛 圖澄-苻堅과 鳩摩羅什-華 夷同一論-朱 昭之『難夷華 論』	唐代 중국 佛學 의 인도 불학에 대한 부정-玄奘 이 칙명을 받들 어 노자의 道德 經을 번역함-唐 太宗이 노자를 부 처와 같거나 그 위에 둠-唐代의 군주는 성이 '李' 씨인 까닭에 특 히 도교를 중시 함-唐 玄宗의 노자 도덕경에 대한 주석-兩京 (唐代의 長安과 洛陽) 및 여러 州 에 玄學을 두어 숭배함	中唐 五代의 疏 證學時代-孔穎 達 『五經正義』 -開元時代의 풍부한 藏書- 唐末 雕板印書 法의 발명-馮 道-"逃數小學 字書"-五代監 本

문화의 3주기					大事記	종교시기	철학시기	과학시기
제2주기	철학시기	장강유역문화시대	제1소주기	중국문화 제2차 독립발전기	기원 10세기부터 19세기까지, 약 1000년	宋代의 중국문예부흥 - 우주철학시기 - 周易 - 生의 우주관 - 범신론 - 周濂溪, 邵康節, 張橫渠, 程明道, 程伊川, 朱晦庵, 陸象山, 楊慈湖, 鄭師山	중국 계몽운동 - 인생철학시기 - 中庸 - 生의 인생관 - 낙천(樂)적 생활 - 陳白沙, 王陽明, 錢緒山, 王龍溪, 王心齋, 王東崖, 聶雙江 羅念庵 - 東林學派(顧涇陽, 高景逸) - 證人學派(劉蕺山) 唯情學派(惠棟, 戴震, 焦循, 阮元)	淸初 경세학파 - 사회정치철학시기 - 三禮 春秋 - 生의 사회관 - 민족·민권·민생의 정치철학 - 고증학 - 顧炎武, 王船山, 黃梨洲, 顔習齋, 李剛主 - 今文學派
			제2소주기	중국문화의 서양문화 전파기	19세기 아편전쟁부터 20세기, 즉 민국 26년 항전까지, 약 100년	주강 유역 太平天國革命 - 기독교의 영향 - 天條書 - 幼學詩 - 天父下凡詔書 - 新旧遺詔聖書 - "討粵匪檄" 속의 태평종교관	으로 이동 戊戌維新과 辛亥革命 - 王韜, 薛福成, 張之洞, 李鴻章 - 康有爲 - 譚嗣同 - 梁啓超 - 嚴復의 서양 명저 번역 - 孫中山 - 陳天華 - 胡漢民 - 劉師復 - 辛亥革命의 西洋思想에 받은 영향	5·4운동부터 중국 國民黨의 새로운 건설까지 - 白話文운동 제창 - 旧文化 반대 - 민주주의·사회주의 - 국민혁명흥기 - 사회과학운동의 신흥 - 과학과 인생관의 논전 - 中國社會史의 논쟁 - 全般西化論
제3주기	과학시기	주강유역문화시대		중국문화 제3차 독립발전기	현재	민국 26년 7·7蘆沟橋事變이 발단이 된 항전건국운동 - 三民主義新科學 - 생명론 - 行의 철학 - 국방과학운동	平和建國綱領	

이상은 단지 지형적 원리상에서 말한 것이다. 그는 또한 '중국 역대 인물의 지리적 분포'로부터 중국 문화의 중심이 고대에서 현대에 이르기까지 북쪽에서 남쪽으로 발전하고 있음을 증명하고자 했다. 그는 여기서 모두 7명의 동서 학자의 연구 성과를 제시함으로써, 이 문제상 역사 통계학을 응용해 얻은 결론을 취하려고 했다. 주겸지가 예를 들고 있는 학자와 저서는 다음과 같다. 즉, ① 丁文江, 「역사 인물과 지리적 관계」(歷史人物與地理的關係), 『科學雜誌』, 제8권, 제1기: ② 梁任公, 「근대 학풍의 지리적 분포」(近代學風之地理的分布), 『淸學報』, 제1권, 제2기: ③ 쿠와바라 지쯔죠오(桑原隲藏), 「역사상에서 관찰한 중국의 남북 문화」(由歷史上觀察的中國南北文化), 『東洋史論叢』, 中譯은 『文哲季刊』, 제1권, 제2호에 실려 있다: ④ 헌팅턴(Huntington), 「북중국과 남중국」(北中國與南中國), 『종족의 품성』(種族的品性), 中譯은 『자연 도태와 중화민족성』(自然淘汰與中華民族性): ⑤ 張耀翔, 「청대 진사의 지리적 분포」(淸代進士之地理的分布), 『心理雜誌』, 제4권, 제1호: ⑥ 朱君毅, 「중국 역대 인물의 지리적 분포」(中國歷代人物之地理的分布), 中華書局, 『常識叢書』, 第40種: ⑦ 余天休, 「중국 近30年 인물의 분석」(中國近三十年人物的分析), 『社會學刊』, 제3권, 제2기가 그것이다.[420] 주겸지는 이 각 명가의 연구 결과에 대해서 그의 저서 『문화철학』에서 자세하게 소개하고 있으므로 참고하기 바란다. 어쨌거나, 지형적 원리이든 역대 인물 및 戶數의 통계상이든 간에 그가 제시하고 있는 논거는 단편적일 수 있음을 지적해두고자 한다. 전체를 포괄할 수 없는 몇 가지의 원리나 통계치만을 가지고서 중국 문화의 중심이 북방에서 남방으로 향하고 있다는 주장은 역시 예외성을 무시한 단순 도

---

420) 앞의 책, 第6卷, 「文化哲學」, 364쪽.

식적 오류를 범할 수가 있기 때문이다.

2) 남방문화운동

1840년 아편전쟁에서 시작하여 1949년 중화인민공화국이 탄생하기까지, 그 일련의 서양의 충격과 제국주의 침략에 대한 대응논의들은 문화 문제를 중심으로 연속된 역사적 분기점들을 형성하면서 전개되었다. 양무운동, 무술변법, 신해혁명, 5·4신문화운동, 동서문화논쟁, 과현논쟁 등이 그 예가 되겠는데, 중국이 보여준 이와 같은 문화적 대응논의들은 결국 외세의 침략으로부터 자신을 보호하고자 하는 自救와 救亡에 있었다. 주겸지의 사상 역시 투철한 현실 인식에서 비롯된다. 다음 말에서 지식인으로서의 그의 애국적 고뇌를 읽을 수가 있다. 이를테면,

"민국 20년 가을 이래로 제국주의자들이 우리에게 안겨준 모욕은 늘 나 자신의 삶에 치욕스러움을 느끼게 해왔다. 상해(滬)에서 북평(平), 또 북평에서 광동(粵)에 이르기까지 도처에 중화민족이 한 걸음 한 걸음 멸망의 길로 나아가고 있는 것을 빤히 보면서 나는 정말로 몸서리쳐질 정도이다."[421]

이러한 조국의 존망에 대한 처절한 위기의식 속에서 그는 민족이 부흥하지 못한 이유는 문화가 부흥되지 않은 데 있다고 뼈저리게 각성하기에 이른다. 그리하여 그는 孫中山이 '실업계획'을 했던 것처럼 제국주의 강권에 맞서 중국을 구하고자 한다면 모름지기 근본

---

421) 앞의 책, 「文化哲學·附錄」, "南方文化運動", 391쪽.

적으로 문화로부터 착수해야 한다는 '문화계획'을 실행함으로써 민
족 부흥의 근본을 삼으려고 했다.[422] 다시 말해서, 중국에 대한 제
국주의 열강의 지배를 서양 과학 문화의 침입으로 인한 본국 철학
문화의 파산으로 파악했던 주겸지에게서는 구국 운동으로서의 문화
운동은 지극히 당연한 귀결이라고 하겠다. 문화계획의 실행은 그의
문화에 관한 일련의 저술 활동과 학술 강연을 통한 민족 부흥과 문
명 재조, 그리고 구국적 '남방문화운동'으로 이어진다.

논지컨대, 당시 제국주의 열강의 침입하에서 날로 멸망의 길로
치닫고 있는 중화민족의 부흥을 위해서는, 그는 우선적으로 문화의
부흥을 환기시켜야 한다고 했다.

"한 민족을 부흥하고자 한다면 사실상 문화의 부흥을 우선적으로
환기시켜야 한다. 문화란 한 민족 활동의 목적을 지시할 뿐만 아니라,
또한 민족 활동의 원동력이 된다. 그런고로, 우리들이 학문을 탐구함
에 있어서 마땅히 지녀야 할 책임은 말할 것도 없이 중화민족 문화의
부흥을 환기시키는 데 있다고 하겠다."[423]

그런데 이 부흥이라는 두 글자는 사람들에게 오해를 불러일으키
기 쉽다고 했다. 특히나, 그가 여기서 단호히 배척하고자 하는 바는
바로 맹목적인 복고 운동에 있었다. 그의 말에 따르면, "만일 문화
부흥이 단지 과거의 고문화를 다시 받아들인다는 것이거나, 과거
봉건식 문화를 회복하는 것이라고 한다면, 이러한 복고 운동은 곧
문화의 파산 및 민족의 멸망을 선포하는 것이나 진배없다!"[424]는

---

422) 앞의 책, 「文化哲學·後序」, 389쪽.
423) 앞의 책, 「文化哲學·附錄」, "南方文化之創造", 393쪽.
424) 앞의 책.

것이다. 주겸지의 입장에서 문화란 반드시 생명성과 현대성을 지녀
야만 참된 의미의 문화가 되는 것이다.

"중국 문화의 황금시대는 이미 지나가버린 과거에 있는 것이 아니
라 미래에 달려 있다. 과거의 것은 이미 죽었다. 先秦 諸子의 문화가
비록 아무리 찬란하다고 하더라도, 우리가 살고 있는 문화와 무슨 상
관이 있겠는가? 중국 문화의 부흥은 회색의 고전 문화에 달려 있는
것이 아니라, 20세기 후의 '예술 문화'에 달려 있는 것이다. 중국 문화
의 근본 특질은 종교와 과학이 아니라 인생철학에 있다. 이처럼 철학
은 본디 중국 문화의 하나의 큰 특색임에는 틀림없지만, 과거의 수천
년 동안 쌓아올린 철학 문화는 현재에 와서도 단지 우리들에게 일종
의 억압의 힘으로 전해질 수가 있다. 그리하여 우리들로 하여금 영원
히 저 '子曰', '詩云' 아래에 얽매이게끔 해서 해방될 수 없도록 만들
기 때문에, '복고'적 방법은 辜鴻銘의 『春秋大義』 속에서의 언론처럼
근본적으로 반대해야만 한다."[425]

"일반적으로 과거의 문화만이 문화라고 생각하게 된 데는 문화란
현재성을 가지는 것임을 알지 못한 소치이다. 과거 문화는 반드시 현
생명의 재창조를 거쳐야만 한다. 즉 과거 문화를 현재 생명의 안에서
배출시킨 뒤라야 비로소 존재하는 의미가 있게 된다. 그렇지 않으면,
이른바 과거의 문화란 단지 찌꺼기일 뿐이고 생명이 없는 미이라일
뿐이다. 문화의 미이라라고 하는 것은 자신도 오히려 보증하기 힘든
형편인데, 어떻게 우리 민족 부흥의 가장 밝고 가장 분명한 가로등
역할을 해줄 수 있겠는가?"[426]

그렇다면, 그에게서의 민족 문화 부흥이란 어떤 의미인가? 다음
말에서 확인해볼 수 있다.

---

425) 앞의 책, 「文化哲學」, 362쪽.
426) 앞의 책, 「文化哲學·附錄」, "南方文化之創造", 393쪽.

"지금까지의 중국 문화에 관한 논의는 모두 판본상에 기록된 문화, 특히 先秦 諸子의 문화에만 주의를 기울인 듯하다. 그리고 소위 중국 민족 문화의 부흥 역시 그 요지는 선진 제자의 문화를 부흥하자는 것이다. 이와 같은 참으로 가련한 문화의 깨우침은 중국 문화에 진보의 역사가 있음을 근본적으로 알지 못한 소치이다. 그런데 하물며 현대의 문화 단계를 논할 수 있겠는가? 만일 지금 중국이 아직도 周와 秦 때라면 당연히 주와 진 시대의 문화를 적용해도 될 것이며, 만일 아직도 漢과 唐 때라면 당연히 한과 당 시대의 문화를 적용해도 될 것이다. 하지만, 사실이 우리에게 알려주듯이 현대는 단지 현대일 뿐 주와 진 시대도 한과 당 시대도 아니다. 이처럼 空論하고 있는 중국 문화의 부흥에 있어서, 그 부흥시켜야 할 중국 문화란 도대체 무엇을 가리키는 것일까? 내가 보기에는 이른바 중국 문화의 부흥이란 중국 문화 정신의 부흥을 가리킨 말이다. 이것은 살아 있는 문화를 창조한다는 뜻이지, 죽은 문화를 그대로 좇는다는 뜻은 아니다. 만일 과거의 수천 년 동안 쌓아올린 문화가 단지 우리들에게 일종의 억압의 힘으로 전해져서 영원히 저 '子曰', '詩云'의 격식 아래에 얽매어 해방될 수 없게끔 한다면, 이러한 회색의 문화는 단호하게 괴멸시키는 것이 오히려 낫다."[427]

그는 문화란 본래 생활이어서 일반인이 생각하는 것과 같은 불변의 존재가 아니라고 보았다. 문화생활이란 영원히 창신하고 변화하는 가운데 있음은 물론, 문화 그 자체는 바로 변화와 동적인 표현에 해당하는 것이다. 그에게서 현재성과 생명성이 부재한 문화는 일종의 억압의 강권일 뿐, 새로운 문화 창조에 아무런 도움을 주지 못한다. 그리고 중국 문화의 부흥이란 중국 문화 정신의 부흥임과 동시에 현재의 절실한 문제는 서방 근대의 문화를 어떻게 신속히 채용할 것인가에 달려 있었다. 왜냐하면, 서양의 과학 방법을 가지

427) 앞의 책, 「文化哲學·附錄」, "中國文化的現段階", 394~395쪽.

고서 현실 생활의 개조를 촉진시킴으로써 하루라도 빨리 이상을 실현할 수 있는 새로운 문화 세계를 찾을 수 있기 때문이다. 다시 말해서 중국의 철학적 문화는 한 측면에서 보면 이미 과거의 것임에 틀림없지만, 다른 측면에서 보면, 즉 全 문화 체계상 중국 문화는 오히려 '부흥'의 희망을 담지하고 있다. 문제는 중국 민족 자신이 철학적 문화를 파악하여 서양의 과학적 문화 속에 용해시킴으로써, 제4시기의 예술적 문화를 향해서 비약적으로 발전할 수 있을지에 달려 있다는 것이다.[428] 문화의 근본 현상은 '지속'(Duration)적 현상을 지니기도 하지만, 변증법의 '지양'(Aufheben)적 현상을 지니기도 하기 때문이다.

"변증법적 법칙에 의하면 문화 그 자체 역시 반드시 부단한 지양 작용을 거쳐야 한다. 과학 문화(문명)로부터 지양하여 예술적 문화 (문화의 본의)가 되는 것은 종교적 문화로부터 지양하여 철학적 문화가 되고, 철학적 문화로부터 지양하여 과학적 문화가 되는 것과 같다. 사물이 극에 달하면 반드시 되돌아가듯이 하나의 문화란 영구히 지속되는 것이 아니다. 그 자신의 모순이 발생될 때 그것의 중요한 위치를 잃지 않으면서 반대물로 변하는 것이다."[429]

더욱이 서방 문화를 배척하지 말아야 한다. 왜냐하면, 그것이 바로 중국 문화를 기사회생하게 하는 약과 침이 되기 때문이다. 이른바 현대 문화는 확실히 중국 고문화의 한 부정이다. 그렇지만, 이 부정 그 자신이 곧 제2의 부정이 되어 부정을 세우는데, 서방 문화의 침입은 바로 중국 문화를 부흥시키는 하나의 '요소'(Moment)와 '과정'인 것이다.[430] 다시 말해서, 만약 과학 문화를 현실적 단계로

---

428) 앞의 책, 「文化哲學」, 361쪽.
429) 앞의 책, 382쪽.

삼는다면 예술 문화는 이상적 단계에 해당한다. 이상적 문화로 나아가기 전에 하나의 물질적 기초가 필요하기 때문에 과학 문화의 현 단계를 철저하게 실행해야 한다는 것이다.

　"나는 중국 문화의 현 단계를 누가 철저히 수행할 수 있겠느냐는 이 질문에 명백하게 대답해야 한다. 남방의 청년들이 전적으로 이 책임을 스스로 짊어져야 한다고 나는 생각한다. 왜 그러한가? 중국 문화의 지리상 분포에 의거하자면, 오로지 남방 문화만이 실용적 지식 즉 과학 문화의 건설 사업에 혼신의 힘을 다할 수가 있기 때문이다. 바꾸어 말하면, 남방 문화만이 중국 문화에 하나의 물질적 기초를 능히 부여할 수 있는 까닭에, 나는 지난 한때 중국 유일의 희망은 오직 남방뿐이고 남방에만 존재한다고 선언했던 것이다."[431]

이렇듯이 주겸지는 민족 문화 부흥을 결국 중국 철학 문화의 과학화로 보았던 것이다. 바꾸어 말해서, 이것은 민족 문화의 창조 즉 남방 문화의 창조라고 하겠는데, 남방 문화란 바로 중국의 과학 문화가 존재하는 곳 다름 아니다.

　"오직 과학 문화만이 중화민족에게 한 가닥 삶의 희망을 줄 수 있다. 그런데 과학 문화의 분포는 오직 남방뿐이고 남방에만 존재하므로, 내가 남방 문화의 건설 운동에 뛰어들기로 결심한 것이다."[432]

　"과학 문화의 산물을 지나치게 누린 나머지, 우리들 자신이 직접 과학적 문화를 창조해내야 함을 알지 못하고 있다. 이것은 얼마나 치욕스러운 일인가! …… 남방 문화의 창조, 즉 과학 문화의 길을 제시

---

430) 앞의 책, 「文化哲學・附錄」, "中國文化的現段階", 395쪽.
431) 앞의 책, 397쪽.
432) 앞의 책, 「文化哲學・附錄」, "南方文化運動", 392쪽.

하고자 한다. 이것은 오늘을 기점으로 해서 모두들 과학 연구에 뜻을
세워달라는 것이다. 과학 연구의 포부를 가진 청년만이 남방 문화의
참된 창조자가 될 수 있고, 중화민족을 부흥시켜서 찬란하고 영광스
런 新중국을 건설할 수가 있다!"[433]

그는 남방 문화의 창조를 두 측면에서 설명하고 있다. 첫째는 시
간적 측면의 관찰이다. 그는 콩트의 '3단계의 법칙'인 신학적, 형이
상학적, 그리고 실증과학적 단계를 손중산의 인류 진화의 단계인,
즉 '알지 못하고 행하는 것'(不知而行的), '행한 다음에 아는 것'(行
而後知的), '안 다음에 행하는 것'(知而後行的)과 대응시킨다. 그는
소위 "과학 발명 이후가 안 다음에 행하는 시기이다."라고 함이, 바
로 콩트의 이른바 실증적 혹은 과학적 단계이고, 또한 우리들 현재
의 문화 시대에 해당한다고 했다.

"우리들 현재의 문화 시대가 일체의 이론 기초로 삼는 것은 신도
아니고 추상적 관념도 아니다. 그 3단계 중의 제1시기와 제2시기는
훨씬 전에 지나갔다고 생각한다. 지금은 오직 관찰을 위주로 해야 하
며, 사용하는 방법은 완전히 과학적이어야 한다. 이것이 바로 소위 과
학적 문화의 형성인 것이다."[434]

그런데 과학적 문화란 동시에 물질생활 방면에서는 산업적 문화
로 나타나게 된다. 이미 앞에서 지적했다시피 콩트가 인류 지식의
3단계를 제창하는 것 외에도, 물질적 진화 역시 3단계 법칙에 바탕
을 둔다고 했다. 이를테면, 첫째는 군사 시대, 둘째는 법률 시대, 셋
째는 산업 시대가 바로 그것이다. 이렇게 보면, 현대는 바로 산업적

---

433) 앞의 책, 「文化哲學・附錄」, "南方文化之創造", 394쪽.
434) 앞의 책, 393쪽.

시대, 즉 경제가 모든 것을 지배하는 시대이며, 군사 생활은 이미 점차로 산업 생활로 바뀌어가고 있는 것으로 주겸지는 판단했던 것이다. 손중산의 말대로 현재는 이미 "機器가 발명된 후는 繁華 시대라고 일컬을 수 있다."(機器發明之後, 可稱爲繁華時代)에로 나아간 것이다. 법률 시대에는 형이상학자들이 천부적 자유를 주장하여 모든 것을 설명하지만, 번화 시대 즉 경제가 모든 것을 지배하는 시대에는 참된 과학 문화가 아니면 안 된다는 생각이었다. 그런지라, 주겸지는 중국의 당시 현실을 다음과 같이 개탄하고 있다.

> "눈을 돌려서 오늘날의 중국을 한번 보게 되면, 물질상 진화란 제국주의가 마련해준 생산품을 사용하는 것이기 때문에, 마치 이미 번화 시대로 나아간 것처럼 보인다. 하지만, 지식상의 진화인즉슨 구미와 비교해보아 오히려 그 뒤떨어짐이 어느 지경까지인지 가늠할 수조차 없다. 중국 민족이 만일 과학 문화를 더욱 창조하려들지 않는다면, 이러한 모순 현상하에서는 제국주의 경제적 침략을 받게 됨은 물론, 반드시 망국의 비운을 맞게 됨은 당연한 일이다."[435]

때문에, 그는 "물질적 가난은 오히려 가난이 아니다. 지식상의 가난이야말로 진정한 민족의 가난인 것이다. 우리들이 힘써 나라를 구하고자 한다면, 무엇보다도 지식상의 가난을 먼저 구제해야만 한다. 우리들의 학문 탐구의 목적 역시 여기에 있는 것이다."[436]라고 힘써 외쳤던 것이다.

둘째는 공간적 측면의 관찰이다. 중국 문화의 지리상 분포에 있어서 남방은 본래 과학 문화의 분포구를 대표한다고 그는 생각했다. 그런 까닭에 남방 청년, 특히 광동 청년이 마땅히 짊어져야 할

---

435) 앞의 책.
436) 앞의 책.

책임은 다른 어떤 지역보다 각별히 중요하고 가치가 있다고 했
다.[437] 그는 중국 문화와 그것의 남북문제를 다루면서 문화의 시
간·공간상 북방의 황하 유역을 종교 문화, 중부의 양자강 유역을
철학 문화, 남방의 珠江 유역을 과학 문화로 분류한다. 그런데 중국
문화의 역사적 발전은 북방에서 발생하여 중부를 지나 남방에서 진
전된다는 사실은 그의 '남방문화운동'의 이론적 배경이 된다. 주겸
지는 미래 세계인 예술형('감상적 지식'·'표현적 지식'-주겸지설)
을 제외하면 그 밖의 세 유형은 사실 셸러의 지식의 세 형식과 서
로 유사하다고 했다.

"다만 중국 문화의 지리 분포만을 두고 말한다면, 내 생각에는 북
방의 황하 유역은 해탈적 지식을, 중부의 양자강 유역은 교양적 지식
을 각각 대표한다고 할 수 있다. 그리고 남방의 주강 유역은 실용적
지식을 대표한다고 하겠는데, 즉 과학적 문화 분포구가 여기에 해당
한다."[438]

이것을 정리해보면, '해탈적 지식'(종교)은 황하 유역이고, '교양
적 지식'·'본질적 지식'(철학)은 양자강 유역이고, '실용적 지식'·
'정복적 지식'(과학)은 주강 유역이다. 물론 주겸지는 공간상에서
말한다면 이 세 지식은 각각 그 특수한 문화 패턴을 형성하므로,
각자 그 특수한 문화 가치를 지녀서 각종 특수한 문화 단체로 나타
나게 된다고 했다. 북방이든 중부이든 관계없이 그 고유한 문화를
발휘함으로써 최고의 통일 문화를 완성하도록 노력해야 한다는 것
이다.[439] 그러나 시대 환경과의 관계상 중국 문화의 현 단계에서는

---

437) 앞의 책.
438) 앞의 책, 394쪽.

북방과 중부는 무엇보다도 '혁명 문화'로서는 적절치 않다고 선언한
다. 그는 말하기를,

　"북방 문화 즉 해탈적 지식이 비록 문화의 起點인 셈이기는 하지
만, 도리어 너무 낡았다는 사실을 우리는 마땅히 알아야 한다! 이와
는 반대로 중부 즉 양자강 유역은 교육상의 인물들을 많이 길러내어
학설과 사상이 발달되고 거주민의 국가 관념이 강하기는 하지만, 이
처럼 우수한 문화는 자연히 調和適中으로 기울어지기 쉽다. 정치상
표현인즉슨 애써 진보를 추구하지만, 극단은 꺼린다. 문화상의 표현에
있어서도 단지 '적응'적인 환경만을 바라고 창조적이지는 못하다."[440]

　그렇다면, 중국의 희망은 어디에 있는 것인가? 주겸지는 능히 적
극적으로 창조할 뿐더러 정치상에서 혁명의 문화를 진정으로 표현
한 곳은 본래 오직 남방뿐이고 남방에만 존재한다고 급기야 결론을
맺는다. 남방의 과학 문화가 비록 현재는 아직 성숙한 상태가 아니
고, 심지어 제국주의의 경제 침략 때문에 기형의 매판적 문화가 형
성되기도 했지만, 매판 문화와 과학 문화의 구별은 전자가 不自覺
的 문화라면 후자는 자각적 문화라는 데 있다고 그는 판단했던 것
이다.[441] 시간상 중국 문화의 현 단계에서는 사실 실용적 지식 즉
과학 문화 건설 사업에 그 혼신의 힘을 기울여야 한다. 그는 과학
문화의 분포는 오직 남방뿐이며 남방에만 존재하기 때문에, 『문화
철학』의 결론은 남방 문화의 건설 운동을 제창함에 있다고 했다.
아울러, 남방 문화의 본질은 실제로 민족적 무산 계급 문화이고, 제
국주의에게는 혁명적 문화임을 강조한다.

---

439) 앞의 책.
440) 앞의 책.
441) 앞의 책.

"이른바 남방 문화란 지식의 진화에서 말하자면 과학적 문화이고, 물질의 진화에서 말하자면 산업적 문화이다. 더 나아가서 문화사회학적 관점에서 보자면, 오직 민족의 무산 계급(極貧)과 반무산 계급(小貧)만이 중국에서 산업적 문화를 창조할 수 있고 과학적 문화를 운용할 수가 있다. 그런 까닭에 남방 문화의 본질은 실제로 민족의 무산 계급 문화이며, 제국주의에 대해서는 말할 필요도 없이 또한 혁명적 문화가 된다."442)

결국, 그는 중국 문화의 현 단계를 누가 철저히 수행할 수 있겠느냐는 이 질문에 남방의 청년들이 전적으로 이 책임을 스스로 짊어져야 한다고 명백하게 대답한다.443) 때문에, "분기하라! 친애하는 광동의 청년들이여! 지금 이미 새로운 문화 창조의 필요성을 자각한 이상, 우리들은 즉시 힘써야 한다."444)고 강변했던 것이다. 아울러, "강권에 대한 반항 전선에 있어서 북방은 이미 희망이 없고, 중부는 타협적인 성질이 강해 우리 민족의 저항 능력이 드러나기에 충분치가 않다. …… 비록 남방 문화가 아직 성숙한 상태는 아니지만, 사실 미래 중국 흥망존속의 일대 관건이 아닐 수 없다. 만일 남방에 희망이 없다면 중국 또한 희망이 없고, 우리들의 생존 노력은 모두 무의미한 것이나 다름없게 된다."445)는 그의 문화철학적 진리정신에서 우러나온 뼈아픈 구국적 메시지를 토로하고 있다. 실제로 당시 중국 과학 문화의 분포가 오직 남방에만 존재했는지에 대해서는 여러 가지 논란의 여지가 있겠지만, 과학성이란 객관적 실재에 합일되는 것을 말하며, 혁명성이란 인간이 인간을 착취하는 잘못된

---

442) 앞의 책, 「文化哲學·附錄」, "南方文化運動", 392쪽.
443) 앞의 책, 「文化哲學·附錄」, "中國文化的現段階", 397쪽.
444) 앞의 책, 「文化哲學·附錄」, "南方文化之創造", 394쪽.
445) 앞의 책, 「文化哲學·附錄」, "南方文化運動", 391쪽.

제도를 소멸시키려는 투쟁에 있다[446]는 점을 감안해볼 때, 남방 문화의 본질을 민족적 무산 계급 문화로 규정하여 제국주의에게 대항하는 혁명적 문화임을 강조한 것은 일면 타당성이 있다고 하겠다. 결국, 이러한 문화구국사상은 주겸지 애국주의사상의 연원이라 할 수 있으며, 또한 당시 일촉즉발 위기의 중국 사회에 대한 그의 절박한 처방[447]이었던 것이다.

---

446) 양재혁, 『동양철학 서양철학과 어떻게 다른가』, 조합공동체 소나무, 1998, 56쪽.

447) 黃夏年 編, 「前言 - 朱謙之先生的學術成就與風範」, 『朱謙之選集』, 吉林人民 出版社, 2005, 4쪽.

제7장 주겸지의 현실인식과 전후문화

문명패러담임이 결국 서구중심적 패권주의라고 했을 때 주겸지 '문화철학'의 21세기적 의미는 무엇보다도 그가 '현대'를 어떻게 규정하고 있는가가 그 중요한 관건이 된다. 나는 그가 규정한 '현대'[448]라는 의미는 21세기의 오늘날까지도 유효하다고 생각한다. 왜냐하면, 동서냉전시대의 종식 이후 최근 강력한 군사력과 군수 산업을 등에 업고 세계의 패권국가로 군림하고 있는 미국과 서구 몇몇 국가의 오만한 패권주의적 행보는 주겸지가 당시 현대를 '군수(軍火)자본주의경제시대'로 규정하면서 맹렬히 비판을 가했던 바로 그 제국주의국가의 모습과 흡사하기 때문이다. 그는 그의 문화철학적 견지에서 현대를 경제(과학) 시대임을 강조하면서, 현대는 바로 그 경제 시대에서도 세계 분쟁의 원흉인 군수자본주의가 지배하는 '군수자본주의경제시대'라고 규정한다. 그리고 이 군수자본주의시대는 그의 '국가단계

---

448) 이후 내가 사용하는 현대란 21세기 오늘날의 현대와 구별하여 시대적으로 주겸지적 개념의 현대임을 밝혀둔다: 부연하자면, 중국에서의 근대가 대체로 1840년의 아편전쟁을 기점으로 시작되었다는 데에는 이견이 별로 없다고 할 수 있다. 그것은 아편전쟁을 계기로 하여 전통적인 질서가 해체되기 시작했다는 점에 대하여 모두 인식을 같이하고 있기 때문이다. 그러나 언제를 현대 중국의 기점으로 보아야 하는가에 대해서는 정치적·이데올로기적 입장에 따라 약간의 견해 차이를 보이고 있다. 즉 국민당 계열의 학자들은 1911년의 신해혁명이 근대와 현대를 구분하는 중요한 사건이라고 주장하고 있는 데 비하여, 공산당 계열의 학자들은 모택동이 『신민주주의론』에서 제시한 것처럼 1919년의 5·4운동을 기준으로 현대화 근대를 구별하기도 한다. 심지어 일부 마르크스 학자들은 중국 사회의 구조와 그 성격이 근본적으로 변화하게 된 1949년 중국공산당 정권의 등장을 중심으로 시대 구분을 해야 한다고 주장하기도 한다.(서진영, 『중국혁명사』, 한울아카데미, 2002, 58쪽.)

244

설'에 있어 그 두 번째 유형에 속하는 제국주의국가, 즉 '히틀러 제
국', '일본 제국', '이탈리아의 파쇼국'을 필연적으로 낳는다고 했다.

시대의 정치와 경제가 인간 두뇌 속에 비친 것이 문화[449]라고 한
다면 현대를 군수자본주의문화로 보았던 그의 생각은 탁견이 아닐
수 없다. 그런데 여기서 무엇보다도 특기할 점은 그가 군수자본주
의문화를 부정하는 의미로서 '전후 문화'를 상정하고 있다는 사실이
다. 이 전후 문화란 사실 제2차세계대전 종료 이후의 상황만을 한
정해서 말한 것은 아니다. 이것은 그의 문화철학의 최종 지향점인
'예술적 문화'의 현실적 구현이라는 차원에서 이해해야만 한다. 즉
전후 문화는 인류의 이상인 평화와 자유의 세계를 의미하는 것이
다. 이제 현대 및 전후 문화의 개념, 전후 문화가 인류의 이상 세계
라고 한다면 이 이상 세계를 실현하는 수단은 무엇인지, 그리고 그
것은 구체적으로 어떤 형태로 실현되는지에 관해서, 그의 저작인『
무엇이 현대인가』(甚麽是現代)와 『戰後文化展望』을 중심으로 고찰
해보도록 하겠다.

1. 현실인식 - 군수자본주의경제시대

그는 『문화철학』에서,

"현대만을 가지고 말한다면, 과학 단체가 중심이 되는 현대는 다름
아닌 동일한 성질의 경제가 그 중심이 되는, 즉 경제가 일체의 사
회를 지배한다고 하겠다. 그러므로 현 사회 문화를 구성하는 근저는

449) 김교빈, 「문화열과 현대중국」, 『현대중국의 모색』, 동녘, 1994, 11쪽.

종교, 철학, 그리고 정치, 법률이 아니라, 실은 저 인류 현 생활을 가
능하게 하는 과학 단체와 경제 조직인 것이다. 따라서 현대사의 해석
은 당연히 오직 과학 단체와 경제 조직의 사회 형태에 의해서만이 비
로소 설명이 가능하게 된다."[450]

이것은 그의 『문화철학』에 있어서 문화의 본질적 유형에 근거하
여 얻은 결론이다.[451] 지식 생활상의 종교와 철학 시대, 사회생활상
의 정치와 법률 시대는 이미 과거의 일이다. 어쨌든, 당면한 현대는
지식 생활상 '과학 시대'이고, 사회생활상 '경제 시대'인 것이다. 이
처럼 과학과 경제가 모든 문화를 지배하는 것이 도리어 현대 문화
의 특색이므로, 서양 문화가 지금에 와서는 이미 현대 문화의 대명
사가 되어버린 셈이다. 주겸지는 이른바 중국 문화를 현대화한다는
문제는 사실 중국 문화를 서양화한다는 문제일 뿐이라고 지적한 바
있다.[452]

그는 『문화철학』에서 현대는 과학과 경제, 특히 '경제 시대'라고
한 결론을 『무엇이 현대인가』(甚麼是現代)와 『戰後文化展望』이라는
글에서 계속 이어가고 있다. 그는 여기서 먼저 현대를 '자본주의경
제시대'로 정의한다. 자본주의사회의 장점은 무엇보다도 그는 '노동
생산력'의 제고에 있다고 보았다. 예컨대,

---

450) 『朱謙之文集』, 第6卷, 「文化哲學」, 福建敎育出版社, 2002, 268쪽.
451) 주겸지에 따르면, 문화란 지식 생활의 세 유형을 가지고 있을 뿐만 아니
라, 또한 사회생활의 세 유형을 가진다. 지식 생활상에서 말하자면 문화
의 본질은 종교, 철학, 과학, 그 위에 예술로 나뉘어야 하고, 이 사회생활
상에서 말하자면, 문화의 본질은 또한 정치(군사), 법률, 경제(산업), 그
위에 교육으로 나뉘어야만 한다. 바꾸어 보면, 문화사의 제1시대는 종교
시대임과 동시에 군사 시대이고, 문화사의 제2시대는 철학 시대임과 동시
에 법률 시대이다. 그리고 문화사의 제3시대는 과학 시대임과 동시에 경
제 시대이다.(앞의 책.)
452) 앞의 책, 379쪽.

"수공업·농업에 기계의 사용이나 화학의 응용, 증기 항해의 실시, 철로와 전보의 창설 …… 이와 같은 경제 영역 내의 적극적인 건설 사업은 모두 현대 경제의 특징인 것이다. 다시 생산과 관리의 방법으로 논하자면 가장 좋기로는 계산과 관리제도 등등일 것인데, 이 과학의 성취는 종전의 각 시대에는 존재하지 않았던 것임을 알 수 있다."[453]

물론, 그는 사회의 계급투쟁, 분배의 사유화, 불합리한 노동, 그리고 공황과 실업 등의 자본주의 제도의 폐단에 대해서도 지적하고 있다. 이러한 폐단은 자본주의가 발전함에 따라 더욱 두드러져서 경제의 진화는 소련무산계급의 공산 혁명이 시작된 이후로 이미 새로운 의미를 지닌 새로운 시대로 진입했다[454]고 했다. 그러나 주겸지는 당시의 소련을 공산주의 국가나 진정한 사회주의국가로 여기지 않았다. 엄격하게 말해서 국가자본주의의 경제는 사회주의경제적 성질로 본다면 단지 과도기적인 '군사사회주의경제'일 뿐이며, 자본주의경제시대에 대해 비록 반작용으로 일어나기는 했지만, 그 자체는 여전히 국가자본주의의 모태에서 벗어나지 못한 자본주의경제 내의 모순적 산물로 보았다.[455] 때문에, 현대를 자본주의경제시대로 규정했던 것이다. 그는 이 근거를 레닌(Lenin)과 스탈린(Stalin)의 다음 말에서 찾고 있다.

"사실 말해서 소련의 경제는 '자본주의에 의해 성취된 기초 위에서 저 고도의 노동생산력을 실현한 것이다.'(레닌), '무산계급국가의 특수

---

453) 앞의 책, 第2卷, 「謙之文存二集·甚麼是現代」, 160~161쪽.
454) 앞의 책, 161쪽.
455) 앞의 책.

정책은 자본주의가 존재하도록 허락하지만, 핵심적인 권한은 무산계급국가의 수중에 쥐어진다. 자본주의 요소와 사회주의 요소의 투쟁을 예측하고, 사회주의 요소의 작용이 날로 성장하여 자본주의 요소를 제압할 것임을 예측하고, 사회주의 요소가 자본주의 요소를 극복할 것임을 예측하고, 계급을 소멸하여 사회주의 경제적 기초가 건립될 것임을 예측한다.(스탈린)"456)

그는 현대를 최종적으로 '군수자본주의경제시대'로 규정한다. 자본주의 발전을 그는 크게 세 시기로 나눈다. 이를테면, 첫 번째는 공업자본주의시기, 두 번째는 금융자본주의시기, 세 번째는 군수자본주의시기가 그것이다. 그는 공업자본주의와 금융자본주의의 특징을 다음과 같이 서술하고 있다. 즉,

"공업자본주의의 특징은 자본 정책상에서 보면 공업자본정책이고, 생산 성질상에서 보면 자유 경쟁(생산력의 팽배로 물질의 가치가 떨어져 균등해지는 것)이고, 정치 성질상에서 보면 민주정치이고, 은행 성질상에서 보면 借貸경영기이고, 산업 성질상에서 보면 방직업이다. 금융자본주의의 특징은 자본 정책상에서 보면 재정자본정책 즉 은행 자본이 공업자본정책과 융합하는 것이고, 생산 성질상에서 보면 독점(생산력의 발달 정지로 물가의 인하가 정지되는 것)이고, 정치 성질상에서 보면 신민주정치(경제적 민주주의)이고, 은행 성질상에서 보면 공상경영기이고, 상업 성질상에서 보면 은행업이다."457)

이에 따른 '군수자본주의'의 특징을 다음과 같이 나열하고 있다. 즉 자본 정책상에서 보면 군수자본정책이 금융자본주의정책과 융합하는 것(현대의 매 거대 군수 상인은 모두 그 자신의 군수 은행을

---

456) 앞의 책.
457) 앞의 책, 「謙之文存二集·戰後文化展望」, 178~179쪽.

248

가지고 있다)이고, 생산 성질상에서 보면 독점과 경쟁의 새로운 종
합이고, 정치 정책상에서 보면 독재 정치(파쇼와 나치 정권)이고,
은행 성질상에서 보면 군사공업경영기이고, 산업 성질상에서 보면
군수업이다.458)

　마르크스는 『자본론』에서 공업자본주의, 경제 시대에 눈이 닿기
는 했지만, 신용경제에 관해서는 논하지 않았거나 논하더라도 자세
히 다루지는 못했다. 그러다가 레닌의 『제국주의론』에 와서야 신용
경제학이론으로부터 출발하여 신용 개념에 의해 통일적으로 구성된
경제사회가 목도되었던 것이다. 즉 금융자본주의사회는 레닌에 의
한 경제학상의 새로운 발견이었다.459) 그러나 주겸지는 자본주의의
발전은 두 번째 시기인 금융자본주의에서 결코 완결되는 것이 아니
라고 했다. 레닌은 1914~1918년 유럽대전의 경제 원인이 금융자본
주의에 있었다는 사실은 알았지만, 1939년 - 세계대전은 그의 사후
에 발발한 것인지라 그것이 자본주의가 군수자본주의시대로 발전함
에 따라서 기인된 것임은 알 도리가 없었다고 주겸지는 말한다. 그
러므로 그는 레닌이 제기한 '자본주의최후단계의 제국주의론'은 단
지 제국주의에 있어서 하나의 중간 단계일 따름이라고 생각했
다.460) 레닌의 견해는 아무래도 시기적으로 너무 앞선 감이 있다고
판단했기 때문에, 그는 금융자본주의경제 다음에 '군수자본주의'라
고 하는 새로운 경제 단계를 첨가시켜야 한다고 주장했다. 이러한
그의 주장에 대해서 당시에 비판도 없지는 않았지만,461) 그가 처한

---

458) 앞의 책, 179쪽.
459) 앞의 책, 「謙之文存二集・甚麽是現代」, 161쪽: 「謙之文存二集・戰後文化
　　　展望」, 179쪽.
460) 앞의 책, 「謙之文存二集・甚麽是現代」, 162쪽: 「謙之文存二集・戰後文化
　　　展望」, 179쪽.
461) 앞의 책, 「謙之文存二集・甚麽是現代[附錄]」, "評讀朱謙之敎授'現代是軍火

시대가 제2차 제국주의대전기였다는 점과 셀베스(G. Selbes)의 『전쟁, 군수와 이윤』 및 건서(John Gunther)의 『유럽의 내막』이라는 저서에 힘입어 자신의 뜻을 굽히지 않고 이어나간다. 계속해서 그는 자본주의 발전 단계의 각 특성을 시기별로 다음과 같이 피력하고 있다.

"공업자본주의시대에는 화폐 자본이 주체가 되어나서 오히려 비교적 정체 상태였다. 여기서 발전된 것이 금융자본주의시대이다. 이때 은행이 발행한 신용 화폐는 사회생활상에 작용했던 화폐 자본과는 이미 무관한 것이었다. 은행은 자신의 수중에서 임의로 신용 화폐를 발행하여 산업자본가에게 지불할 수 있었기 때문에 사회생활이 더욱 활기를 띠었다. 근대의 신민주정치(경제민주주의)는 거의 이 활발한 금융자본주의 위에서 건립된 것이다. 금융자본주의시대는 은행 자본의 안전을 유지하기 위해 비교적 평화적인 경제 기구에 마음이 쏠렸다. 때문에 표면상에서는 오히려 군비 감축에 마음이 있었던 것이다. 하지만, 시기적으로 현대에 이를수록 경제 시대는 이미 낭비의 소멸과 경제 기구를 조장하는 쪽으로 흐르고 있다. 금융자본이 군수 자본을 통치하는 시대가 아니라, 군수 자본이 금융자본을 통치하는 시대가 된 것이다. 현대의 매 거대 군수 상인은 전부 그 자신의 군수 은행을 가지고 있다. 즉, 프랑스의 파리연합은행, 미국의 모건재단, 독일의 독일은행은 모두 군수 상인이 설립한 금융기관인 것이다."[462]

요컨대, 금융자본주의가 약탈적 침략정책을 옹호하여 그 결과 제1차세계대전이 야기되기는 했지만, 그들은 국제 금융과 무역의 안정을 위해서는 어느 정도의 평화 유지는 필요하다는 데 공감했다. 이와는 반대로, 군수 상인이 현대에 국제 금융과 정치를 지배하고

資本主義經濟時代'論"(方正), 168~176쪽, 참조.
[462] 앞의 책, 「謙之文存二集·甚麼是現代」, 162쪽.

250

사회 여론까지 매수하는 상황하에서, 군수자본주의는 기필코 최대 한도로 국제 전쟁을 충동질하여 군수 공업을 발전시키려고 한다는 것이다. 주겸지는 그들이 전쟁을 야기한 정치 기구를 옹호한다고 폭로했다. 그들이 히틀러(Hitler), 무솔리니(Mussolini), 일본 군벌을 위해 정권을 조성해줌으로써 세계대전이 초래되었다고 그는 주장한다.

"독일을 보면, 크루프(Krupp) 공사는 사실 히틀러 정부의 배후 조종자였다. 國社黨 운동이 성공한 이유는 군수자본주의가 그 기초가 되었기 때문이다. 그들은 그들이 소유한 신문을 모조리 히틀러에게 증여함으로써 선전에 이바지하였다. 그들은 히틀러와 국사당을 위해서 영업기부금을 징수하였고, 히틀러는 정권을 장악한 이후에 공개적으로 '군수를 제조하는 자는 바로 평화의 유지자이다.'라고 선언하였다. 그리고 그 자신도 변신하여 크루프 공사의 중요한 출자자가 되었다. 이탈리아를 보면, 무솔리니는 1919에 파시스트를 조직했는데, 그 경비는 수많은 군수 회사가 포함된 실업연합회와 야금업연합회에서 나왔다. '초등학생은 왼손에 책을 쥐고, 오른손에는 총을 쥐어라.'라는 파쇼 교육에서도 알 수 있듯이, 이것이 바로 군수자본주의가 통치한다는 사상적 반영인 것이다. 일본을 보면, 군수자본주의자 미쓰이(三井) 집단을 다름 아닌 동아시아의 평화를 어지럽힌 원흉으로 지목할 수 있다. 군수자본주의자는 전쟁 속에서 이윤을 짜내려고 하기 때문에 전쟁을 조장한다. 그리고 그 결과 마침내 1939년 제2차세계대전이 터지게 된 것이다. 이것 역시 제2차세계대전의 경제 배경이라고 할 수 있다."[463]

여기서 더욱 주의할 점은 이 시기가 정치상에서 어떻게 반영되고 있는가 하는 문제이다. 주겸지는 이 시기에는 필연적으로 '독재 제

[463] 앞의 책, 163쪽.

도'가 조성되며, 이 독제 제도에도 '민주 독재'와 '국가 독재'의 두 구별이 있다고 보았다. 민주 독재는 民營의 군수자본주의 세력을 대표하고, 국가 독재는 국가 경영의 군수자본주의 세력을 대표한다고 했다. 미국이 전자의 좋은 예이고, 독일이 후자의 좋은 예라고 그는 지적한다.[464] 그렇다면, 소련은 어디에 해당되는 것일까? 이 물음에 대해서 그는 소련은 명의상 '민주 독재'(민주주의)이지만 실제로는 '국가 독재'라고 대답한다.

"군수자본주의시기인 현대 속에서도 모순이 없지는 않다. 이러한 모순 현상은 한편으로 독일, 이탈리아와 같은 군수자본주의로 나타나는가 하면, 또 한편으로는 소련과 같은 군사사회주의로 나타나기도 한다. 군사사회주의는 단지 사회주의의 시작일 뿐이지, 사회주의의 원형이라고는 볼 수 없다. 소련은 전쟁의 이윤을 분배하는 군수 상인은 존재하지 않지만, 소련 정부 그 자체가 바로 군수자본주의 집단인 것이다. 그런데 이 특이한 군수자본주의가 사실은 특이한 색채, 즉 '군사사회주의'를 만든다. 이 점에서 보면, 소련 현 단계의 경제는 세계 군수자본주의 속에서 또한 반작용을 일으킬 수 있는 그 가능성은 담지하고 있다. 하지만, 소련 역시도 제3시기 자본주의경제시대의 내재적 모순의 산물임은 도리어 의심할 수는 없다."[465]

이렇게 보면 현대 서양의 정치는 군수자본주의의 통치하에 있음은 물론, 오로지 독재 정치만이 존재한다고 하겠다. 이 때문에, 그는 현대를 바로 제3시기의 자본주의경제시대, 즉 '군수자본주의경제시대'라고 규정했던 것이다.

---

464) 앞의 책.
465) 앞의 책, 163~164쪽.

2. 전후문화의 전망과 한계

위에서 살펴본 대로 현대란 오직 경제의 힘만으로 모든 것을 좌
우할 수 있는 것은 아니다. 현대는 경제의 힘이 군사의 힘을 거쳐
야만 비로소 모든 것을 좌우할 수가 있다.[466] 주겸지는 이를 두고
현대 문화는 이른바 '군수자본주의경제문화시대'라고 했다. 그렇다
면, 전후 문화란 무엇인가? 그는 그것은 의심할 것도 없이 군수자
본주의문화의 하나의 부정, 바꾸어 말하면 '반군수자본주의문화'가
될 것이라고 했다. 만일 군수자본주의문화의 본질이 전쟁이라고 한
다면 반군수자본주의문화의 본질은 '평화'가 된다. 그에게서 전후
문화란 '평화의 문화'이고 전후 문화의 본질이란 결국 '세계의 평화'
를 의미한다.[467] 그는 "군수자본주의시대는 '세계문화투쟁'을 발생
시킴으로써 인류는 '평화'를 쟁취한다."고 말하고 있듯이 이것은 이
미 그의 논리 속에서 예정된 것이었다.

"만약 단순히 생산관계에서 말한다면 공업자본시대는 경제계급투쟁
을 발생시킨다. 그 모순 현상은 자산계급과 무산계급이 대립하여 그
결과 계급이 자유를 쟁취한다. 즉, 착취의 다른 일면인 것이다. 금융
자본주의는 민족계급투쟁을 발생시킨다. 그 모순 현상은 국제자본계
급(제국주의)과 국제무산계급(식민지나 반식민지의 민족)이 대립하여
그 결과 민족이 독립을 쟁취한다. 즉 독점의 다른 일면인 것이다. 군
수자본주의시대는 '세계문화투쟁'을 발생시킨다. 그 모순은 침략계급
(파쇼 전선)과 반침략 전선(민주 전선)이 대립하여 그 결과 인류는
'평화'를 쟁취한다. 즉 전쟁의 다른 일면인 것이다."[468]

---

466) 앞의 책, 『謙之文存二集·戰後文化展望』, 179쪽.
467) 앞의 책, 180쪽.

그리고 제2차 세계전쟁은 문화전쟁임을 강조한다.

"모름지기 이번 세계대전 최후의 효과는 의심할 것도 없이 문화에 귀결된다는 사실을 알아야 한다. 그러므로 이번 전쟁 역시 문화전쟁이라 말할 수 있다. 구미 350년 민족주의와 사회주의의 성패와 흥망은 모두 이번 전쟁에 달려 있는 것이다. 중국의 5,000년 유구한 문화 및 그 도덕 정신의 흥패 역시 이번 전쟁으로 그 시금석을 삼아야 한다. 이번 전쟁을 수행하는 자가 침략주의자의 마수에 실패하지 않는다면 인류 문명은 더럽혀지지 않을 것이며 중국 문화 역시 반드시 더욱 확대 발전될 것이다. 이처럼 이번 전쟁이 사실 우리 중국 문화가 계승되어 앞길을 개척하느냐 그렇지 못하느냐의 매우 긴박한 최대 고비가 된다는 점을 우리 학술계가 진실로 능히 이해할 수 있기를 바란다."[469]

그가 제시한 '문화전쟁'의 사상은 물론 그 성질은 달리하는 것이지만 미래 세계의 충돌을 각종 문명의 충돌이 될 것이라고 예언한 헌팅턴의 선구를 이룬다는 점에서 매우 중요한 미래의 통찰력이 담겨져 있다고 하겠다.

어쨌든 전후의 문화가 세계 평화라고 한다면 이 세계 평화는 어떤 수단으로 실현되는 것일까? 주겸지는 여기에 대한 해답으로 '국가단계설'을 제시한다. 그는 국가(특히 세계 문화를 창조하는 국가)를 세계 평화의 실현을 위한 중요한 수단으로 생각했다. 어떤 이들은 국가와 세계 평화는 근본적으로 충돌되는 것으로 여긴 나머지 국가를 극력 부정하기도 했지만 그는 이와 같은 태도를 옳지 못하다고 했다. 물론, 그 역시도 이상적인 미래 세계(전후 문화)가 도래

468) 앞의 책, 179쪽.
469) 黃夏年 編, 「前言 ─ 朱謙之先生的學術成就與風範」, 『朱謙之選集』, 吉林人民出版社, 2005, 6쪽.

하면 지금과 같이 무력을 기반으로 하는 국가 형태는 자연히 소멸될 것으로 보았지만, 일단 국가를 미래 문화의 실현을 위한 중요한 수단으로 보았다. 그런데 여기서 말하는 국가란 '신식 국가'를 의미하는 것으로 구식 국가와는 구별된다. 즉, 그는 구식 국가는 전쟁을 배태하지만 신식 국가는 오히려 평화를 배태한다고 했다.[470] 그렇다면, 이 '신식 국가'란 어떤 형태의 국가를 말하는 것일까?

그는 먼저 국가의 등급을 ① 국가; ② 보수적 국가; ③ 세계 문화를 창조하는 국가로 각각 나눈다. 첫 번째 유형의 국가를 그는 다음과 같이 설명하고 있다.

"첫 번째 유형의 국가는 전 인류 역사에 있어서 별로 중시할 것이 못되는 그야말로 독립하지 못한 국가임은 물론 심지어 야만이거나 민족이 노예화된 국가를 가리킨다. 예컨대, 아프리카 중남 각 부락의 야만 국가, 영국에 예속된 인도 이외의 562개의 王公國, 아시아의 괴뢰국(만주국), 유럽의 도박국 모나코, 모든 일체의 비주권국, 피보후국 및 이미 병탄되었거나 멸망되어 식민지가 된 일체의 국가, 그리고 제국주의 압박하에서 점차로 소멸되어가는 약소민족 등이 모두 여기에 속한다."[471]

그리고 그 두 번째 유형의 국가에 대해서,

"두 번째 유형의 국가는 문화를 보존하고 있는 국가를 가리킨다. 그것이 인류 역사에 끼친 공헌은 일종의 문화를 보존하는 임무라고 하겠다. 과거나 현재에 있어서 한 민족의 예술, 법률, 풍속, 종교, 과

---

470) 『朱謙之文集』, 第2卷, 「謙之文存二集・戰後文化展望」, 福建敎育出版社, 2002, 180쪽.
471) 앞의 책.

학의 보존 상태로 미루어보아 세 종류로 나눌 수가 있다. ① 종교 국
가: 역사 내지는 현재의 문화 국가를 그 예로 들어보면, 인도, 이집
트, 바빌로니아, 유태, 페르시아, 아라비아가 그것인데, 지금은 문화가
모두 정체된 국가이다. 이러한 국가 형태는 항상 族長國, 神政國 혹은
전제국으로 나타난다. ② 민족 국가: 현재의 문화 국가로 예를 들어
보면, 터키, 스웨덴, 노르웨이, 덴마크, 핀란드, 폴란드, 체코슬로바키
아, 유고슬라비아, 네덜란드, 벨기에, 프랑스, 스페인, 포르투갈, 그리
스 등이 그것인데, 모두 민족이 자주 독립된 국가이다. 이러한 국가의
형태는 항상 공화국, 민주국, 또는 법치국 등으로 나타난다. ③ 제국:
한 전승 민족이 여러 전패 민족들을 통치하는 일종의 세계적 국가 기
구를 가리킨다. 역사상의 문화 국가를 예로 보면, 로마 제국, 몽고 제
국이 그것이고, 현재의 문화국을 예로 보면, 즉 오늘날 이른바 '히틀
러 제국', '일본 제국', '이탈리아의 파쇼국'이 그것이다. 이러한 국가
형태는 항상 征略國, 군국주의국, 또는 제국주의국으로 나타난다."[472]

마지막으로, 세 번째 유형의 국가가 바로 그가 말하는 평화를 배
태하는 '신식 국가', 즉 '세계 문화를 창조하는 국가'에 해당된다고
하겠다. 그는 현 단계인 두 번째 유형의 국가와 일일이 비교해가면
서 '국가단계설'의 세 번째 유형을 설명해내고 있다.

"세 번째 유형의 국가는 '세계 문화의 국가'라고 부를 수 있다. 그것
이 보수적 국가와 다른 점은 세계 역사적 '국가 인격'을 갖추었다는 데
있다. 이는 더욱 높은 등급의 평화 국가를 의미한다. 종교 국가와 비교
해보면, 종교 국가는 단순히 민족 종교를 보존하지만, 그것은 종교나
저 세계정신을 대표하는 신교를 초월한다. 민족 국가와 비교해보면, 민
족 국가는 단순히 자신 본래의 민족 국가만을 관리하지만, 이것은 민
족주의로부터 발전하여 세계 대동에 도달하는 것을 그 목적으로 하기

---

472) 앞의 책.

때문에 민족 국가와는 다르다고 하겠다. 또한 제국과 비교해보면, 제국
은 침략 성질의 전투 국가인 결과로 일종의 파시즘이지만, 그것은 반
침략 성질의 평화 국가인 결과로 일종의 민주주의라고 하겠다."[473]

더욱 주목되는 것은, 주겸지가 당시 제2차 세계전쟁을 민주와 파
쇼 간의 싸움, 세 번째 유형의 '세계 문화를 창조하는 국가'와 두
번째 유형 중의 '제국 국가' 간의 싸움으로 바라보고 있다는 점이다.
그리고 그 결과는 틀림없이 이 세계 문화를 창조하는 국가가 최후
에 승리함으로써, 나치와 파쇼의 전제는 최종적으로 궤멸될 것으로
그는 확신했다. 이 세 번째 유형의 국가는 연합국 중의 4대 동맹국
이 그 예라고 했는데, 즉 중국, 미국, 영국, 소련이 그것이다. 이러
한 국가의 형태는 항상 연방국, 사회주의국, 또는 오늘날의 사람들
이 일컫는 '천하국'으로 나타난다고 했다.[474] 여기서 연방국은 영국
과 미국을, 사회주의국은 소련을, 천하국은 중국을 두고 말한 것으
로 보인다.

"여기서 진일보한 세 번째 유형의 국가가 국제주의, 사회주의, 그리
고 대동주의의 국가인 것이다. 그것은 국가를 목적으로 삼지 않고 국
가를 수단으로 삼는다. 세계 문화의 창조를 위하여 아무래도 국가와
국가에 필요한 무력이 있어야 한다. 다만, 이 국가에 필요한 무력은
모두 국제의 정의와 평화를 보위하기 위한 장치이지, 국가 그 자체의
목적을 위한 장치는 아니다. 이번 제2차세계대전 중에 두 번째 유형
의 국가 가운데도 나치와 파쇼의 제국 집단이 존재하는가 하면, 나치
와 파쇼의 침략하에 있는 민족 국가 집단이 존재한다는 사실이 매우
분명하게 드러났다. 물론 이러한 민족 국가들 중에서도 민족 국가의

---

473) 앞의 책, 180~181쪽.
474) 앞의 책, 181쪽.

제창으로 인한 대외적 영토 확대를 위한 침략을 감행함으로써 제국주
의 기치하의 암흑 세력으로 탈바꿈한 민족 국가도 있지만, 대다수의
민족 국가는 민주와 자치의 실현을 위해서 세 번째 유형의 국가 기치
아래에 굳건히 서 있다. 그리고 그 민족의 생존을 보위하기 위해서
나치와 파쇼의 제국 집단과 전쟁을 치르는 것이다. 이처럼 두 번째
유형 국가의 중간적 모순 현상은 세 번째 유형의 국가로 하여금 가장
크고 가장 많은 이 민족 국가들을 단결케 하여 연합국을 이룰 수 있
게 했다. 그럼으로써 한창 세계의 정복을 기도하고 있는 저 야만적이
고 짐승적인 군수자본주의에 대항하여 함께 분투하게 만든 것이다.
예컨대, 1942년, 1월, 1일 워싱턴에서 제정한 연합국선언, 1945년, 7월,
26일에 샌프란시스코에서 제정한 연합국헌장은 모두 현대 세계 국가
의 새로운 추세를 사실로써 증명하는 것이라 하겠다."[475]

그는 제2차세계대전을 문화전쟁임은 물론 국가 해방전쟁으로 규
정한다. 끝내 제국은 사라질 것이고, 이에 따라 연합국 사업에 참가
한 각 국가 및 식민지 국민은 자연스럽게 세계 문화를 창조하는 국
가 영도 아래에서 공동으로 세계의 모든 사람을 자유의 세계로 이
끌 것으로 그는 미래를 전망했다. 아울러 이 자유 세계는 자유 국
가를 기초로 삼기 때문에 자유 국가는 마땅히 자유 세계의 한 분자
가 되어 활동하고 노력해야 한다고 역설한다. 이렇듯이 자유 국가
가 자유 세계에 참가하는지라 자유를 구속하는 일은 존재하지 않는
다. 반대로 더 높은 국가의 자유, 즉 영원한 평화를 획득하는 것이
다. 이 때문에 그는 자유 국가를 기본단위로 하는 자유의 연합을
전후 문화의 중요한 수단으로 여겼던 것이다.[476]
이제 주겸지가 구상하는 전후 문화, 즉 미래의 문화는 구체적으

---

475) 앞의 책.
476) 앞의 책, 181~182쪽.

로 어떤 형태로 실현되는지에 대해 논할 차례이다. 그가 꿈꾸는 이
상적 미래 세계는 대체 무엇인가? 결론부터 말하면, 그것은 그의
'문화철학'의 최종 지향점인 '예술적 문화'의 연장선상에 놓여있다.

"전 세계의 문화는 최후에는 모두 문화의 이상향인 '예술적 문화'로
경도될 것이다. 문화란 원래 예술이 그 이상향이 되기 때문에, 일체
개개의 문화는 모두 예술성과 생명성을 함유한다. …… 예술 문화를
前 단계인 개개의 문화와 한번 비교해보자. ① 전 단계인 개개의 문
화가 개별적이라면 예술 문화는 전체적이다. ② 전 단계의 문화가 대
립적(전쟁 중심적)이라면 예술 문화는 조화적(평화 중심적)이다. ③
전 단계의 문화가 민족주의적이라면 예술 문화는 大同主義的이다
."477)

이 인용문에 따르면 예술적 문화란 결국 공자의 이상적인 大同世
界가 되겠는데, 그가 구상하고 있는 전후 문화의 완전한 구현 형태
역시 바로 이 대동 세계에 있었던 것이다.478) 말하자면, 그에게서
국가란 전후 문화를 실현하기 위한 중요한 수단에 지나지 않았으
며, 반드시 인류 문화의 최후 이상이 되는 것은 아니었다. 그는 인
류 문화가 지향하는 목표는 국가가 아니라 '대동 세계'라고 했
다.479) 오펜하이머(Oppenheimer)480)와 엥겔스(Engels)481)의 국가

477) 앞의 책, 第6卷, 「文化哲學」, 361~362쪽.
478) 사실 주겸지의 예술적 문화로서의 대동 세계는 孫文思想과 그 맥을 같이
한다. 손문은 민생주의론에서 서구의 사회주의와 공산주의에 대하여 '대
동'이라는 중국의 민족적 유토피아사상과 동일시하여 중국적 사회주의사
상을 견지했다. 그런데 주겸지의 저작들 중 『大同共産主義』, 『國民革命與
世界大同』, 『到大同的路』은 완전히 『禮運・大同』과 『周禮』의 탁고개제 방
식에 의거하여 유교 유토피아의 정치와 사회 이상을 선양함으로써 孫中
山을 우두머리로 하는 국민당 좌파에게 희망을 걸고 있다.
479) 앞의 책, 第2卷, 「謙之文存二集・戰後文化展望」, 182쪽.

부정론은 미래의 세계를 말한 것으로, 그는 그것이 『禮記』, 「禮運」
의 "대도가 실현되면, 천하는 공평해진다."(大道之行, 天下爲公), 『
論語』의 "세상 사람이 다 내 형제이다."(四海之內皆兄弟也)라는 말
과 모두 다르지 않다고 보았다.[482] 그는 국가가 완전히 소멸될 것
으로는 보지 않았으며, 세계 평화 구현을 위한 수단으로 보았다. 즉
미래의 국가는 국가의 본질인 무력이 탈각된 국제주의, 사회주의,
대동주의적 국가 형태를 띨 것으로 전망했다.

> "국가란 본디 하나의 수단으로서 본질적으로 무력에 의지하려고 한
> 다. 때문에, 국가로부터 탈바꿈하여 국가주의 – 제국주의 – 침략 전쟁이
> 되어 각 방면에서 저주의 대상이 되어온 것이다. 그러나 다른 측면에
> 서 보면 국가주의와 제국주의가 소멸함과 동시에, 즉 민족주의, 그리
> 고 국제주의 · 사회주의 · 대동주의의 국가가 그것을 대체할 것이다.
> 이리하여, 국가는 그야말로 세계 평화의 실현을 위한 공구가 되는 것
> 이다."[483]

계속해서, 그는 다가올 이상향으로서의 대동 세계를 다음과 같이
그리고 있다.

> "미래의 인류 문화가 최고의 경지에 이르게 되면, 그때 전 인류 사

---

480) 오펜하이머는 그가 저술한 유명한 『국가론』에서 국가와 사회의 개념을 엄
　　격하게 분별하여, '국가'란 충분히 발달된 정치 수단으로서 존재하는 것이
　　고, '자유 시민 단체'에서는 '국가'란 없고 '사회'만 존재한다고 주장했다.
481) 엥겔스 역시 『가족, 사유 재산 및 국가의 기원』에서 국가는 영원한 것이
　　아니며, 계급이 불가피하게 발생했다가 소멸하는 것처럼 국가도 계급과
　　똑같아서 피할 수 없는 몰락의 길을 걷게 될 것이라고 했다.
482) 앞의 책.
483) 앞의 책.

회는 남녀를 막론하고 모두 각자 자신의 능력을 다함은 물론, 각기 필요한 바를 얻게 될 것이다. 모든 물건은 모든 사람을 위해서 존재하여 모든 사람의 안락한 생활을 실현할 것이다. 이때의 정치, 법률, 경제, 교육은 하나라도 모든 사람의 안락을 그 종지로 삼지 않음이 없다. 뿐만 아니라, 인류 생명을 근본정신으로 하여 모든 사람의 안락을 요구한다. 이처럼 더없이 좋은 아름답고 선한 문화 사회에서 국가의 무력이 더 이상 쓸모가 있겠는가?"[484]

또한, 그는 자신과 같이 필연 세계로부터 자유 세계적 이상에 이르고자 기도했던 예를 다음과 같이 서술하고 있다. 즉, 근대 영국: 윌리엄 모리스(William Morris)의 虛無鄕, 웰스(Wells)의 미래 세계, 미국 근대: 윌슨의 국제 연맹 계획, 소련 근대: 크로포트킨(Kropotkin)의 無强權社會와 레닌의 공산사회, 중국 근대: 손중산의 대동적 이상이 그것이다. 주겸지는 이러한 인류 최고의 이상은 단지 '평화'가 전쟁 준비나 휴전 정도의 의미가 아닌, 진정으로 전쟁을 소멸시키는 것이라고 했다. 그리고 제2차세계대전을 겪은 다음에 이 인류의 최고 이상은 점차로 현실로 드러날 것으로 예견했다. 국제주의, 사회주의, 대동주의가 점차로 제국주의를 극복할 것이며 군수자본주의도 소멸될 것이라고 했다. 그는 동맹국이 일본 군벌을 완전히 제압한 후에는 이 대동 세계는 전후의 피할 수 없는 논제가 될 것임은 물론 실현가능할 것으로 보았던 것이다.[485]

주겸지의 이러한 논리 전개는 비판의 여지를 남긴다. 그는 자신의 문화철학적 이상주의 - '예술적 문화'에 입각함으로써, 제2차세계대전이 '문화전쟁'인 줄은 알았지만 이것이 새로운 제국주의 탄생의

---

484) 앞의 책.
485) 앞의 책.

서막이라는 사실에 대해서는 놓치고 말았다. 다시 말해서, 그 군수
자본주의 제국이 사라진 이후, 이 4대 동맹국이 이것을 대신해서
동서냉전체제라는 새로운 국제 질서를 조성하여 또 다른 제국주의
로 군림했던 역사사실에 비추어볼 때, 세 번째 유형의 '세계 문화를
창조하는 국가'를 연합국 중의 4대 동맹국, 즉 미국, 영국, 소련, 중
국으로 비판 없이 단정하여 이 동맹국들의 국가 형태를 너무 이상
시한 점은 아무래도 지나친 감이 있다. 물론 그는 군수자본주의시
대하의 독재 제도에 대해 '민주 독재'와 '국가 독재'로 구별하면서,
민주 독재는 미국이 그 예로서 민영의 군수자본주의 세력을 대표하
고, 국가 독재는 소련이 그 예로서 국가 경영의 군수자본주의 세력
을 대표한다고 지적한 바가 있다.[486] 이러한 미·소의 군수자본주
의적 요소가 바로 세계대전 이후 미·소 양대 구도의 새로운 제국
주의 발현의 근원적 요인이 됨을 그는 결국 외면하고 말았다. 또한,
반군수자본주의 문화로서의 미래 이상 세계를 애써 '대동 세계'에
그 초점을 맞추는 식의 논법은 은연중에 중국 문화가 전후 미래에
세계를 석권할 것임을 암시하는 하나의 중화주의적 시각이라는 혐
의를 지울 수 없게 만든다.

　그러나 이러한 비판의 여지에도 불구하고 당시의 제국주의, 즉,
독일의 나치 정권과 이탈리아의 파쇼 정권, 그리고 일본의 군국주
의를 군수자본주의문화의 전형임과 동시에 보수과학문화의 국가[487]
로 규정함은 당시나 지금이나 매우 적확하다고 판단된다. 왜냐하면
이 주장을 현대에 비추어볼 때, 냉전 종식 이후 최근 미국과 유럽
이 주도하고 있는 일련의 서구중심적 패권주의 행태는 주겸지가 당

---

486) 앞의 책, 「謙之文存二集·甚麼是現代」, 163쪽.
487) 앞의 책, 「謙之文存二集·戰後文化展望」, 181쪽.

시 현대를 '군수자본주의경제시대'로 규정하면서 맹렬히 비판을 가했던 바로 그 제국주의국가 형태의 연속이기 때문이다. 아울러, 그가 제기한 문화전쟁의 사상은 그 성격은 달리하고 있지만 현대의 문명패러다임 논쟁에 많은 시사점을 주고 있다. 더 나아가서, '전후 문화'로 형상화된 그의 학문적 이상 세계 역시 그 현대적 의미의 차원에서 소홀히 대할 수 없는 부분이다. 그에게서의 '전후 문화'란 단순히 제2차세계대전 종료 이후의 상황만을 한정해서 말한 것이 아닌, 근대 이후 진행된 야수적인 제국주의의 침탈로 인한 민족 문화와 세계 문화의 파산을 뼈아프게 지켜보면서 일구어낸 그의 문화철학적 이상향인 것이다. 그가 꿈꾼 이상 세계는 다만 그 자신의 시대에만 국한되는 것이 아니라, 우리가 지금도 끊임없이 완수해나가야 할 미완의 이상향인 것이다. 이처럼 그의 학문 세계에서의 자유와 평화의 이상 세계는 21세기의 우리에게도 그대로 적용된다는 점을 감안해볼 때, 그의 문화철학이 주는 메시지는 자명하다고 하겠다. 그것은 바로 강권에 굴하지 말고 거침없이 맞서 나아감으로써 자유와 평화의 이상 세계에 도달하라는 의미일 것이다.

제8장 결 론

본 연구는 현대 '문명패러다임'에 대한 동양의 '문화철학'적 극복과 그 대안 모색이라는 차원에서, 1930·40년대 중국의 대표적인 문화 논의 중 하나였던 朱謙之(1899~1972)의 '문화철학'을 21세기 세계체제이론 내지는 국제정치학적으로 다루어보고자 한 시도이다. 이미 「서론」에서 나는 최근 탈냉전기 국제정치질서가 와해되고 동서이데올로기의 대립과 그에 기인된 군사적 대립이 종식된 상황하에서, 탈냉전기 국제정치를 '문명패러다임'으로 설명하고자 한 대표적인 두 학자의 이론, 즉 단수(단일) 문명론과 복수 문명론에 입각해서 후쿠야마의 '단일중심적 문명전파론'과 헌팅턴의 '복수중심적 문명충돌론'의 논리와 그 내용을 파헤쳐 보았다. 그 결과 그것은 다름 아닌 탈냉전시대의 '서구중심적 신제국주의' 및 '오리엔탈리즘적 서구패권주의' 성향이 강하다는 사실을 확인하였다.

논지컨대, 후쿠야마의 입장에서 보면 단일 문명의 반대편에는 야만이 존재하며 이 경우 문명의 전파와 야만의 흡수가 발생한다. 이 과정에서 비록 충돌이 발생한다고 하더라도 그것은 전파와 흡수의 과정에서 나타나는 저항일 뿐 문명의 충돌은 아니다.[488] 다시 말해서, 자유민주주의 체제가 사회주의 체제를 패퇴시킴으로써 이제 자유민주주의 체제가 보편적인 체제가 되었다는 후쿠야마 식 사고는, 단일의 보편 문명이 고유한 특징을 지닌 복수의 개별 문명들을 종국에 가서는 종식시킬 것이라는 믿음상에 구축된 것으로, 이것은

---

488) 김명섭, 「탈냉전기 국제정치학의 문명패러다임」, 『한국정치학회보』 제37집 3호, 2003, 437쪽.

자칫 탈냉전시대의 신제국주의 인식적 기초로 확대될 위험성이 있다. 헌팅턴의 입장에서 보면 복수 문명의 반대편에는 다른 문명 또는 복수 문명 사이의 빈 공간이 존재하며, 이 경우 한 문명의 전파 과정은 다른 문명의 전파 과정과 충돌을 빚게 된다.[489] 이처럼 헌팅턴이 문화 다원주의가 오늘을 지배한다는 식의 논법을 전개하고는 있지만, 그의 견해는 사실 개방적 다원주의가 아닌 미국이 유럽과 함께 세계를 선도하고 지배해야 한다는 서구문화 쇼비니즘에 지나지 않는다. 그는 형성 중인 상위의 보편 문명을 인정하지 않은 상태에서 개별 문명들 간의 충돌, 특히 서구와 '나머지'(유교-이슬람)라는 도식 속에서의 갈등만을 강조한 나머지, 개방성과 관용이라는 '문화 다원주의'의 긍정적 요소를 놓치고 말았다.

냉전 시대의 체제 속에서 복류하고 있다가 급기야 시대적 조류에 부응하여 등장하게 된 문명패러다임! 그 적실성과 유용성, 그리고 그것에 내포된 제국주의적 성향에 대한 국내외의 수많은 비판에도 불구하고, 그것은 어느덧 국제관계이론 내지는 세계체제이론으로서 이제 우리의 의식 속에 견고하게 안착한 느낌이다. 그러나 그것이 이미 심각한 문제를 안고 있다는 사실이 드러난 이상, 우리는 그 극복 방안과 대안을 생각해보지 않을 수 없다. 그렇다면, 21세기 인류 공영을 위한 가장 바람직한 국제 질서와 세계 체제는 어떤 형태가 되어야 할까? 이 문제에 대해서는 보다 공의적이고 창조적인 시각으로 더욱 논의되어야 하겠지만, 현 학계의 논의를 종합해볼 때 현재와 미래의 세계는 단일의 보편 문명과 고유한 특징을 지닌 복수의 개별 문명들이 중층적으로 공존한다는 시각 속에서 '문화(문명) 다원주의를 그 전제로 한 보편 문명에의 지향'으로 귀결되고

---

489) 앞의 책.

있다. 그러나 이러한 중층적 규정에는 또한 상반된 논리, 즉 '문화 다원주의'와 '보편 문명'이라는 상충된 문제와 관련되어 있음을 알 수 있다. 이로 볼 때 '보편 문명'과 '문화 다원주의'의 긍정적인 면을 동시에 구현시킬 수 있는 논리 구조의 새로운 문화(문명)관이 필요하다고 하겠다.

주겸지의 '문화철학'은 현대 '문명패러다임'에 대한 동양의 대안 논리로서의 가능성을 함유하고 있다. 즉, 21세기 인류 공영을 위한 가장 바람직한 국제 질서와 세계 체제를 '문화(문명) 다원주의를 그 전제로 한 보편 문명에의 지향'으로 보았을 때, 그 상충점인 '문화 다원주의'와 '보편 문명'이 주겸지 문화철학의 문화의 '근본 유형' 과 '분기 원리', 그리고 미래의 문화 이상향으로 제시되고 있는 그 의 '예술 문화'하에서 회통될 수가 있다. 주겸지 문화철학은 역사・지리상 인류의 문화를 유기적으로 통합해 설명할 수 있음은 물론 오리엔탈리즘이나 옥시덴탈리즘 식의 편협주의와 일방주의로부터 탈피된 균형을 갖춘 문명(문화)관으로 평가할 만하다. 주겸지는 세계 문화의 체계를 이해함에 있어 '동'과 '서' 이분법적으로 갈라놓고 서 그 대결 의식만을 고취하는 식의 전통적인 사고법-헌팅턴도 마찬가지이다-에서 벗어나 있다. 뿐만 아니라, 세계 문화를 역사진화 차원에서 유기적이고 통합적인 방식으로 설명한다.

그의 '문화철학'에는 복수적 의미의 개별 문명인 문화의 근본 유형이 담지되어 있다. 즉, 인도, 중국, 서양의 복수적 개별 문화는 사실 문화유형학상 하나의 특유한 독립 문화를 대표한다. 그리고 여기에 역사진화의 방법이 채용됨으로써 연쇄적으로 분화되어 결국 보편 문명에 해당되는 '예술 문화'의 세계로 진입한다. 때문에, 인도의 종교 문화나 중국의 철학 문화가 현대의 헤게모니를 쥐고 있는 서양의 과학 문화에 비해 비록 낮은 단계에 배치되어 있지만, 그것이 고유한 개별 문화로서의 문화적 유형을 가진 탓에 서양의 과학 문화의 위력 앞에서도 소멸되지 않는다. 오히려 자신의 유형에 더욱 철저함으로써 과학 문화를 흡수하여 자신의 반대물로 이동하게 된다. 즉, 변증법적 발전에 따라서 인도의 종교 문화는 종교적 종교에서 과학적 종교로, 중국의 철학 문화는 철학적 철학에서 과학적 철학으로 진일보한다. 그러나 문화의 역사적 발전 경로는 여기에서만 그치는 것이 아니다. 종교, 철학이 독립적인 오성 규정을 유지할 수만 있다면, 그것은 저절로 변증법의 내재적 초월 작용으로 인해 과학적 종교, 과학적 철학에서 진일보하여 예술적 종교, 예술적 철학으로 나아간다. 서양의 과학 문화 역시 예외일 수는 없다. 그것 또한 과학 문화의 약탈적이고 침략적인 성향이 탈각된 평화와 생명 중심적인 예술적 과학으로 나아가게 된다. 이러한 구도라면 현대 문명패러다임 속에 잠복해 있는 탈냉전시대의 '서구중심적 신제국주의' 및 '오리엔탈리즘적 서구패권주의' 성향은 자연스럽게 극복되리라고 본다.

주겸지는 문화가 문화다운 이유는 그것이 인생의 고통을 벗어나게 해서 모두에게 즐거움을 누릴 수 있는 기회를 부여하기 때문이라고 했다. 이처럼 문화의 완선한 단계가 바로 '예술 문화'인 것이다. 그렇다면, 그가 꿈꾸는 문화철학의 최종 단계인 '예술 문화'란 무엇인가? 그는 그것을 공자의 '대동 세계'에서 찾고 있다. 이것은 '전후문화'로 형상화되어 구체적으로 다음과 같이 그려지고 있다. 즉, "미래의 인류 문화가 최고의 경지에 이르게 되면, 그때 전 인류 사회는 남녀를 막론하고 모두 각자 자신의 능력을 다함은 물론, 각기 필요한 바를 얻게 될 것이다. 모든 물건은 모든 사람을 위해서 존재하여 모든 사람의 안락한 생활을 실현할 것이다. 이때의 정치, 법률, 경제, 교육은 하나라도 모든 사람의 안락을 그 종지로 삼지 않음이 없다. 뿐만 아니라, 인류 생명을 근본정신으로 하여 모든 사람의 안락을 요구한다."[490] 그는 예술 문화는 문화 그 자신의 충분한 실현이기 때문에, 동방이든 서방이든 막론하고 예술적 문화를 전담할 하나의 정해진 곳은 없다고 했다. 뿐더러 개별 문화(종교 문화, 철학 문화, 과학 문화)로부터 예술적 문화로 나아가지 못할 곳 역시 없다고 했다. 이 문화의 이상향 속에는 모든 종교, 철학, 과학이 결코 소실되지 않는다. 이 시대의 세계 문화는 예술적 종교, 예술적 철학, 예술적 과학의 형태로 그야말로 문화 다원주의하에서의 보편 문명을 실현하게 된다. 이렇게 되면 문화는 비로소 문화의 본성(예술)을 회복하여 문화가 자신을 깊이 음미하는 하나의 역사를 창조하게 될 것이라고 그는 확신했다.

또한, 이 시대에는 동서 문화가 종교, 철학, 과학 등의 유형을 내포하고 있으면서도 근본적으로 충돌에 이르지 않는 까닭은 예술의 작용 때문이라고 했다. 상위의 문화가 하위의 문화를 아우르고 종속시킨다는 지배 논리가 아닌 문화의 복수적 다원주의를 인정하면서 결국 보편 문화에로 지향·융합되어 조화를 이룬다는 논리이다. 여기서 문화 다원주의를 말하면서도 문명 간의 상이성만을 강조하여 세계 문명의 충돌을 주장했던 헌팅턴의 복수중심적 문명충돌론은 주겸지적 의미에서 극복되고 있다. 한편, 주겸지가 구상한 예술 문화는 엄밀히 말해서 종교, 철학, 과학 문화와 같이 어느 특정 구역에서 유형화된 문화가 아니다. 예술 문화는 문화 그 자체의 충분한 실현이기 때문에, 개별 문화가 각기 문화의 이상향에 도달할 수

490) 『朱謙之文集』, 第2卷, 「謙之文存二集·戰後文化展望」, 福建敎育出版社, 2002, 182쪽.

있도록 작용하여 그 개별 문화의 이상향 속에 遍在하는 것이다. 다시 말해서, 상위의 예술 문화는 하위의 개별 문화에 대해 그 중심 문화로 군림하여 점거한다거나 예속시키는 것이 아니다. 그것은 각 개별 문화의 이상 형태인 예술적 종교, 예술적 철학, 예술적 과학의 생명소로 작용하여 세계가 자유와 평화의 대동 세계에 이를 수 있도록 이끌어주는 것이다. 이로 볼 때 문화사를 단일 문명의 전파와 흡수의 과정으로 보았던 후쿠야마의 단일중심적 문명전파론 역시 주겸지적 의미에서 극복되고 있다. 주겸지의 문화철학은 '문화(문명) 다원주의를 그 전제로 한 보편 문명에의 지향'이라는 명제를 충족시킬 뿐만 아니라, '문화다원주의'와 '보편 문명' 간의 상충점을 회통시킴으로써 '보편 문명'과 '문화 다원주의'의 긍정적인 면을 동시에 구현시키는 논리 구조를 갖추고 있다. 동시에 후쿠야마의 단일중심적 문명전파론이나 헌팅턴의 복수중심적 문명충돌론은 주겸지 문화철학적 차원에서 극복될 수 있음은 물론, 그것은 21세기 인류의 평화와 자유라는 이상 실현을 위한 새로운 문화관으로서의 가능성을 담지하고 있다.

이상의 주겸지 문화철학에 대한 현대적 의미를 높이 평가하면서 한편으로 다음 몇 가지 점에서 그의 문화철학이 갖는 한계를 지적하고자 한다. 하나는 '예술문화고정론의 오류'이다. 주겸지가 변증법을 4분으로 나누어 예술 문화 속에서 종교 문화, 철학 문화, 과학 문화를 하나로 융합시키고자 했지만 결국은 변형된 변증법에 지나지 않는다. 문화철학이란 역사 진보의 과정 속에 있는 끊임없는 변증법적 과정의 철학으로 보아야 함에도 불구하고 예술 문화를 완결된 문화로 못 박은 것은 그 자신이 수용한 진보의 논리 차원에서도 모순이다. 때문에, 예술 문화는 헤겔의 '모순의 논리' 내지는 마르쿠제의 '위대한 거절'이란 개념으로 이해해야 합당하다. 특히, 마르쿠제의 입장에서 보면 예술의 원형적 내용은 바로 구속에 대한 부정이며 진리의 일차적 특성인 '위대한 거절'을 표현한 것이다. 다시 말해 구속과 억제는 문화에서 반드시 치르지 않으면 안 될 희생이며 예술이란 이 과잉억압에 대한 자유의 추동력을 부여하는 것이다. 주겸지 역시 강권에 대한 저항으로 예술을 상정하고 있기 때문에, 형식화된 보수적 과학모형의 파괴, 미리 조작된 규칙에 대한 거부, 특정한 기득권만을 위한 사상의 분쇄라는 차원에서 예술 문화를 이해해야 합당하다. 또 하나는 유가의 대동 세계를 너무 이상시한 점이다. 대동 세계란 원시공산사회로서 자연의 산물만 채집하여 먹고 살아도 충분하던 원시 시대를 배경으로 그려진 사회이다. 그러나 많은 인간이 함께 경쟁하며 살아야 하는 현대사회에서는 '大道의 실천'이라는 막연한 논리만으로는 인간의 문제를 풀 수가 없다. 현대는 복지사회 즉 사회보장제도가 잘 운영되어 사회구성원의 생활이 향상되고 행복하게 생존권을 누릴 수 있는 전혀 다른 차원의 이상 세계가 논의되고 있다는 사실을 잊어서는 안 될 것이다.

이와 동시에, 주겸지가 제시한 문화의 이상향인 '예술 문화'가 너무 '극단적인 이상주의'로 흐르고 있다는 점과, 앞에서도 이미 언급했던바 그것이 결국은 중화적 색채가 강한 유가의 대동 세계 – '중화민족주의'로 귀결된다는 점 역시 비판의 대상이 되어야 한다. 먼저, 그의 '예술 문화'가 갖는 '극단적인 이상주의' 경향에 대해 그 연원을 따져보면 사실 크게 두 가지 요인에 기인된다. 첫째는 그것이 아나키즘적 유토피아의 색채를 띨 뿐더러 기본적으로 아나키즘의 기본 골격과 통한다는 사실이다. 그는 "해방 이전 나 자신의 사상 속에는 언제나 무정부주의 또는 변형된 무정부주의가 우세하였

270

다."491)고 스스로 술회하고 있듯이, 그의 전기 사상의 특징이라고
할 수 있는 허무주의, 유정주의, 역사주의, 문화주의는 모두 크게
보아 무정부주의적 이상 세계를 직·간접적으로 담고 있다. 다시
말해, 낙천주의, 인도주의, 평화주의, 개인주의로서의 복합된 무정부
주의자로 평가되는 그의 전기 사상은 보다시피 아나키즘적 의식 속
에 있었다. 둘째는 예술 문화에 있어서 그 '예술' 개념이 갖는 특성
때문이다. 즉, 예술은 상상력을 통해 획득되는 직관적 지식492)으로
서 상상력을 매개로 한 비실제적이고 비현실적인 이상을 추구하는
성향이 강하다는 데 그 원인을 찾을 수가 있다. 그러나 '억압 없는
문명'이란 인류에게 영원히 포기될 수 없는 문제임은 물론 이 염원
을 향한 인류의 중단 없는 투쟁의 역사는 지금도 진행형이라는 점
에 비추어본다면, 주겸지의 '예술 문화'가 갖는 그 '유토피아적 혁명
이론'으로서의 가치는 쉽게 희석될 수는 없다고 하겠다.493)

---

491) 앞의 책, 第1卷, 「政治幻想的三部曲」, 186쪽.
492) 베네데토 크로체 저, 이해완 역, 『크로체의 미학』, 예전사, 1994, 25~57
쪽, 참조.
493) '억압 없는 문명'이란 말은 마르쿠제가 『에로스와 문명』에서 사용한 용어
이다. 마르쿠제는 문명의 억압에 대항하는 프로이트의 성해방이론을 정신
적 문화와 물질적 문화의 매개에 바탕을 둔 유토피아적 혁명이론으로 연
결시키고 있다. 그는 근대 이후 진보의 수단으로 발전했던 기술의 파괴적
인 영향으로 인해 비인간화된 세계, 그 속에서 탈진해 있는 '에로스'의 힘
을 부활시킴으로써 '억압 없는 문명'을 이룩할 수 있다고 확신했다. 또한
이를 기반으로 해서 그는 프로이트와 마르크스의 사상을 문화 혁명적인
방향으로 긴밀하게 결합시켰다. 이런 의미에서 그가 '위대한 거절'이라는
말로 표현한 억압적 사회에 대한 공격은 동시에 긍정적인 사회 발전에
대한 낙관적 전망을 내포하고 있다고 하겠다. 특히, 마르쿠제는 예술의
원형적 내용은 바로 구속에 대한 부정이며 진리의 일차적 특성인 '위대한
거절'을 표현한 것이라고 했는데, 주겸지 역시 현대의 암울한 과학 문화
의 폐해, 그리고 봉건적 전통과 제국주의의 억압을 부정하는 더 높은 단
계의 '예술 문화'를 상정하고 있다는 점에서 마르쿠제와 상통한다.(허버트
마르쿠제, 김인환 역, 『에로스와 문명』, 나남출판, 2004, 참조.)

한편, 민족주의란 문화적으로 불리함을 느끼는 민족들의 반작용이라고 했을 때, 문화적 민족주의는 이렇듯 어렵고 불리한 상황에 처한 민족이 이를 타개하기 위한 노력의 과정에서 형성되는 것이다. 주겸지의 문화철학 역시 근현대 중국의 시련 속에서 탄생한 '문화구국주의'의 발로였다. 그는 중국 문화의 특질을 현재의 생동하는 언어로 표현해보면 '情'과 '愛'라고 했으며, 특히 중국 문화의 전통적 개념인 '仁'을 '사랑'(愛)으로 부활시키고 있다. 이것은 미래의 이상 세계, 즉 그의 '예술문화론'과 연관되어 있다. 그에게서의 예술이란 기본적으로 '생명 예술' 내지는 '종합 예술' 차원에서 접근되고 있다. 그는 예술 세계의 기본 요칙을 '진실한 감정의 흐름(眞情之流)'으로 해석한다. 그리고 미래의 세계 문화인 예술 문화를 이른바 공자의 '대동 세계'와 결부시킴으로써, 이것이 사해동포주의로서 인류애의 이상향임과 동시에 바로 중국 문화의 정화임을 확인시킨다. 이러한 중국 문화는 현재와 같이 치열한 생존 경쟁 시대에는 사실 볼품이 없고 세상 사람들에게 인정받기도 힘들지만, 세계 문화의 전체로 보면 문화사의 미래 시기 – 제4시기 – 에는 중국의 인생 태도는 각 민족의 인생 태도로 변화될 것이라고 했다. 그때의 지구상은 중국 문화로 인해 광휘 찬란한 세계로 변화될 것이라는 이해하기 힘든 예단으로까지 나아가고 있다. 뿐만 아니라, 철학 문화가 예술 문화로 경도되는 바가 서양의 과학 문화보다 한층 더 우수하다고 한 그 자신의 말을 반추해볼 때, 문화철학 이면에 깔려 있는 그의 '중국 문화의 부흥과 희망'의 논리 장치를 읽을 수가 있다. 이것은 미래의 문화는 중국 문화가 서양 문화를 대신하는 시대가 될 것이라고 했던 양수명의 문화철학에 내장된 강한 '중화의식'과 같은 선상에 있음을 의미한다. 물론 양수명의 문화철학이 문화상대주의의 범위를 확대하여 문화의 진보와 낙후의 구분을 없애버린 점에 비해, 주겸지는 인도와 중국 문화는 서양의 과학 문화보다 낮은 단계에 있음을 인정한다는 점에서 확실히 객관적임에는 분명하다. 그럼에도 미래의 문화 전망에 있어서 '민족성'-'중화민족주의'를 강조하는 식의 태도는 양수명의 테두리에서 크게 벗어나지 못하고 있다. 이러한 점에서 주겸지의 문화철학이 또 하나의 후쿠야마나 헌팅턴류의 문화쇼비니즘이라고 한다면 그것은 당연히 비판받아야 마땅하다. 더구나, 냉혹한 힘의 원리가 지배하는 제국주의적 국제질서 속에서 막연한 '사랑'(仁)이라는 관용적 대항 논리는 자칫 '나약한 항거'로 비춰질 수도 있다는데 그 절박감마저 든다.

나는 본 연구를 준비하면서 문명(문화)에 관한 여러 논의들을 검토할 수가 있었다. 그 결과 '이상적인 문명관'의 정립을 위한 나름대로의 결론을 도출하게 되었다. 즉, 지구상 어느 곳을 막론하고 소외된 인권이나 민족이 없는 진정 모두에게 행복을 안겨주는 '참된 문명관'은 아래와 같은 '다섯 원칙'이 준수되어야 한다는 것이다.

첫째, 역사·지리상 인류의 문화를 유기적으로 통합해 설명할 수 있는 포괄적인 문명관으로서 합당해야 한다.

둘째, 복수적 개별 문화의 고유성이 유지된다는 전제 아래 고유한 문화들이 조화를 이룰 수 있는 개방성과 상호 주체적 가치를 지닌 문화 다원주의적 문명관으로서 합당해야 한다.

셋째, 단수적 보편 문명의 전파로 인한 복수적 개별 문명의 억압이 아닌, 개별 문명의 끝없는 진화를 통해 지향해감은 물론 최종적으로 그 개별 문명의 이상 실현이 될 상위개념의 보편 문명을 간직한 문명관으로서 합당해야 한다.

넷째, 오리엔탈리즘이나 옥시덴탈리즘 식의 편협주의와 일방주의로부터 탈피된 균형을 갖춘 문명관으로서 합당해야 한다.

다섯째, 제국주의나 패권주의적 속성에서 벗어난 인류의 평화와 자유를 실현할 수 있는 문명관으로서 합당해야 한다.

이 다섯 원칙에 합당한 문명관은 문화제국주의와 문화쇼비니즘에 대한 단호한 거부일 뿐만 아니라, 문화의 적으로 지목되는 후쿠야마나 헌팅턴 유와 같은 '서구문화헤게모니주의'와 '서구중심적 패권주의'에 대한 부정을 의미한다. 끝으로, 현 세계 분란의 원흉인 제국주의국가나 그 위정자들을 향해서 주겸지를 위시한 동서 자유주의 혁명가들을 대신하여 총체적 반성을 촉구함은 물론, 20세기 초 주겸지가 그토록 갈망했던 강권으로부터 탈피된 '자유 연합'으로서의 진정한 '인류 평화'가 진작되기를 바라면서 본고를 마무리하고자 한다.

참고문헌

1. 단행본

1) 한 국

- 양재혁, 『東洋思想과 마르크시즘』, 일월서각, 1987.
- 양재혁, 『장자와 모택동의 변증법』, 이론과 실천, 1989.
- 양재혁, 『동양철학 서양철학과 어떻게 다른가』, 조합공동체 소나무, 1998.
- 양재혁·최윤수·조현숙 편저, 『중국철학강의』, 돌베개, 1990.
- 서진영, 『중국혁명사』, 한울아카데미, 2002.
- 금장태, 『동서교섭과 근대한국사상』, 성균관대학교 출판부, 1984.
- 정수일, 『고대문명교류사』, 사계절출판사, 2002.
- 우실하, 『오리엔탈리즘의 해체와 우리 문화 바로 읽기』, 조합공동체 소나무, 1997.
- 이호룡, 『한국의 아나키즘 - 사상 편-』, 지식산업사, 2001.
- 박홍규, 『아나키즘 이야기』, 이학사, 2004.
- 원승룡·김종헌 지음, 『문화 이론과 문화 읽기』, 서광사, 2002.
- 유태용, 『문화란 무엇인가』, 학연문화사, 2002.
- 한국동서철학연구회, 『동서철학통론』, 문경출판사, 1996.
- 박동환, 『동양의 논리는 어디에 있는가』, 고려원, 1993.
- 남상락, 『동서철학과 한국실학사상의 탐구』, 다운샘, 2000.

- 이춘식, 『중화사상』, 교보문고, 1998.
- 유명종, 『중국근대정치사상사』, 이문출판사, 1994.
- 김교빈, 「문화열과 현대중국」, 『현대중국의 모색』, 동녘, 1994.
- 김제란, 「서양의 도전에 대한 동양의 응답」, 『역사 속의 중국철학』, 예문서원, 2000.
- 유흔우, 「현대신유학과 과학파의 논쟁」, 『현대신유학연구』, 동녘, 1994.
- 전호근, 「과학주의의 현대신유가 비판」, 『현대신유학연구』, 동녘, 1994.
- 고려대학교 세계문화사연구실 엮음, 『世界文化史槪說』, 고려대학교 출판부, 1993.
- 이강서, 「종교와 철학」, 『문화와 철학』, 동녘, 2001.
- 辛勝夏, 『中國近代史』, 大明出版社, 1995.
- 朴忠錫, 『韓國政治思想史』, 三英社, 1982.
- 중국철학회 지음, 『중국철학의 이단자들』, 예문서원, 2000.
- 박이문, 『자연, 인간, 언어』, 철학과 현실사, 1998.
- 황산덕, 『막스 베버』, 서문당, 1999.
- 김호동, 『동방 기독교와 동서문명』, 까치, 2002.
- 류제헌, 『중국 역사 지리』, 문학과지성사, 1999.
- 선우현, 『우리 시대의 북한철학』, 책세상, 2000.
- 한자경, 『불교철학의 전개, 인도에서 한국까지』, 예문서원, 2003.
- 윤천근, 『이 땅에서 우리 철학하기』, 예문서원, 2001.
- 서양자, 『중국천주교회사』, 카톨릭신문사, 2001.
- 李光來, 『프랑스 哲學史』, 문예출판사, 1996.
- 소현수, 『마테오리치』, 서강대학교출판부, 1996.

- 조세현,『동아시아 아나키즘, 그 반역의 역사』, 책세상, 2001.
- 정진농,『오리엔탈리즘의 역사』, 살림, 2004.
- 장형근,『중국사상의 뿌리』, 살림, 2004.
- 강진석,『중국의 문화코드』, 살림, 2004.
- 朴一峰 編著,『中國思想史』, 育文社, 1994.
- 신연철 편 역,『손문과 국공합작』, 성균관대학교 출판부, 1989.
- 존 스토리 지음, 박만준 옮김,『문화연구의 이론과 방법들』, 경문사, 2002.
- 헌팅턴 지음, 이희재 옮김,『문명의 충돌』, 김영사, 1997.
- 에드워드 사이드 지음, 김성곤·정정호 옮김,『문화와 제국주의』, 도서출판 窓, 1995.
- 에드워드 사이드 저, 박홍규 역,『오리엔탈리즘』, 교보문고, 1998.
- 에드워드 사이드 지음, 성일권 편 역,『도전받는 오리엔탈리즘』, 김영사, 2001.
- B. Croce 著, 李相信 譯,『歷史의 理論과 歷史』, 三英社, 1987.
- 프랜시스 후쿠야먀 지음, 이상훈 옮김,『역사의 종말』, 한마음사, 1997.
- 하랄트 뮐러 지음, 이영희 옮김,『문명의 공존』, 푸른숲, 2002.
- 샤오메이 천 지음, 정진배·김정아 옮김,『옥시덴탈리즘』, 강, 2001.
- 존 톰린슨, 강대인 譯,『문화 제국주의』, 나남출판, 1994.
- 프라센지트 두아라 지음, 문명기·손승회 옮김,『민족으로부터 역사를 구출하기』, 삼인, 2004.
- 존 K. 페어뱅크·에드윈 O. 라이샤워·앨버트 M. 크레이그 지음, 김한규·전용만·윤병남 옮김,『동양문화사』상·하, 을유문

화사, 1997.

- 쟉끄 제르네 著, 李東潤 譯, 『東洋史通論』, 法文社, 1997.

- 池田誠 지음, 한선모 옮김, 『중국현대혁명사』, 靑史, 1985.

- 페터 벤데 엮음, 권세훈 옮김, 『혁명의 역사』, 시아출판사, 2004.

- 크리스 젠크스 지음, 김윤용 옮김, 『문화란 무엇인가』, 현대미
  학사, 1996.

- 로버트 워드나우 외 지음, 최샛별 옮김, 『문화분석: 피터 버거,
  메리 더글러스, 미셸 푸코, 위르겐 하버마스의 연구』, 한울아
  카데미, 2003.

- 안드레 군더 프랑크 지음, 이희재 옮김, 『리오리엔트』, 이산, 2003.

- 강상중 지음, 이경덕, 임성모 옮김, 『오리엔탈리즘을 넘어서』,
  이산, 2002.

- 프리드리히 엥겔스 지음, 양재혁 옮김, 『포이에르바하와 독일 고
  전철학의 종말』, 돌베개, 1987.

- 張垈年 지음, 양재혁·조현숙·최윤수 옮김, 『중국철학사 방법론』,
  이론과 실천, 1990.

- 侯外廬 엮음, 양재혁 옮김, 『중국근현대철학사』, 일월서각, 1992.

- 蔣維喬 지음, 고재욱 옮김, 『중국근대철학사』, 서광사, 1989.

- 任繼愈 편저, 전택원 옮김, 『중국철학사』, 까치, 1990.

- 馮友蘭 著, 鄭仁在 譯, 『중국철학사』, 형설출판사, 1989.

- 우에하라 카즈요시 外 지음, 한철호·이규수 옮김, 『동아시아 근
  현대사』, 옛오늘, 2001.

- 勞思光 著, 鄭仁在 譯, 『中國哲學史』(古代篇), 探求堂, 1995.

- 존 킹 페어뱅크 지음, 중국사연구회 번역, 『신중국사』, 까치, 1999.

- 존 K. 페어뱅크·콘래드 브랜트·벤자민 슈워츠 共著, 김성환 譯, 『중국혁명운동문헌사』 1·2, 풀빛, 1986.

- 손문 지음, 이성근 역, 『삼민주의』 상·하, 명지대학교 출판부, 1995.

- 손문 지음, 권오석 옮김, 『삼민주의』, 홍신문화사, 1995.

- 부장록 저, 오창화 역, 『중국현대문화운동사』, 도서출판 중국학@ 센터, 2001.

- 슈펭글러 지음, 박광순 옮김, 『서구의 몰락』 1·2·3권, 범우사, 2000.

- O. 슈펭글러 지음, 양우석 옮김, 『인간과 기술』, 서광사, 1998.

- 주겸지 지음, 전홍석 옮김, 『중국이 만든 유럽의 근대』, 청계, 2003.

- 에마뉘엘 토드 지음, 주경철 옮김, 『제국의 몰락: 미국 체제의 해 체와 세계의 재편』, 까치, 2003.

- B. T. 윌킨스 지음, 최병환 옮김, 『헤겔의 역사 철학』, 서광사, 1995.

- 임마누엘 칸트 지음, 이한구 편 역, 『칸트의 역사 철학』, 서광사, 2003.

- 베네데토 크로체 저, 이해완 역, 『크로체의 미학』, 예전사, 1994.

- 체스타 탄 저, 민두기 역, 『중국현대정치사상사』, 지식산업사, 1998.

- 金谷治 외 지음, 조성을 옮김, 『중국사상사』, 이론과 실천, 1996.

- 掘川哲男 著, 李陽子 譯, 『中國近代史』, 三知院, 2000.

- 다카하시 도오루(高橋亨) 지음, 조남호 옮김, 『조선의 유학』, 조 합공동체 소나무, 1999.

- 백남운 지음, 박광순 옮김, 『조선사회경제사』, 범우사, 1999.

- 李澤厚 著, 權瑚 譯, 『華夏美學』, 東文選, 1999.

- 에드가 모랭 지음, 임문영 옮김, 『유럽을 생각한다』 문예출판사,

1997.

- 헤겔 저, 김종호 역, 『역사철학강의』, 삼성출판사, 1993.

- 헤겔 지음, 서동익 옮김, 『철학 강요』, 을유문화사, 1998.

- 막스 베버 지음, 박성수 옮김, 『프로테스탄티즘의 윤리와 자본주
  의 정신』, 문예출판사, 2000.

- 알베르 소부울 著, 崔甲壽 譯, 『프랑스 大革命史』上・下, 두레, 1994.

- 제임스 이디 외 엮음, 정해창 옮김, 『러시아 철학』 Ⅰ・Ⅱ・Ⅲ,
  고려원, 1992.

- 모리스 메이스너 지음, 권영빈 옮김, 『李大釗 - 중국사회주의의 기
  원』, 지식산업사, 2002.

- M. 호르크하이머・Th. W. 아도르노 지음, 김유동・주경식・이상
  훈 옮김, 『계몽의 변증법』, 문예출판사, 1996.

- 조셉 니담 著, 李錫浩・李鐵柱・林禎垈 譯, 『中國의 科學과 文明』
  Ⅰ・Ⅱ・Ⅲ, 을유문화사, 1998.

- 폴 애브리치 지음, 하승우 옮김, 『아나키스트의 초상』, 갈무리, 2004.

- 프레드릭 제임슨 지음, 김유동 옮김, 『후기마르크스주의』, 한길사, 2000.

- 페리 앤더슨 지음, 이현 옮김, 『서구 마르크스주의 읽기』, 이매진, 2003.

- L. 란트그레베 지음, 강영계・김익현 옮김, 『현대철학』, 서광사, 1990.

- 로버트 솔로몬・캐슬린 히긴스 지음, 고병권 옮김, 『한 권으로 읽
  는 니체』, 푸른숲, 2002.

- 조너선 D. 스펜스 지음, 주원준 옮김, 『마테오리치, 기억의 궁전』,
  이산, 1999.

- 조너선 D. 스펜스 지음, 이준갑 옮김, 『강희제』, 이산, 2001.

- 데이비드 매클릴런 지음, 정영목 옮김, 『마르크스』, 시공사, 1998.

- 카를 마르크스・프리드리히 엥겔스 지음, 이진우 옮김, 『공산당선 언』, 책세상, 2003.
- 프랑소와즈 르 바르비에 外, 공기두 옮김, 『中共 1949-1976』, 까 치, 1984.
- 에두아르트 베른슈타인 지음, 송병헌 옮김, 『사회주의란 무엇인가 외』, 책세상, 2002.
- 에르네스트 르낭 지음, 신행선 옮김, 『민족이란 무엇인가』, 책세 상, 2002.
- 마테오 리치(利瑪竇) 지음, 송영배・임금자・장정란・정인재・조 광・최소자 옮김, 『천주실의』, 서울대학교출판부, 2000.
- 毛澤東 지음, 李騰淵 옮김, 『지구전론・신민주주의론』, 두레, 1989.
- J. R. 스트레이어 著, 朴恩駒 譯, 『近代國家의 起源』, 탐구당, 1982.
- C. 스티븐슨 著, 羅鍾一 譯, 『封建制란 무엇인가?』, 탐구당, 1986.
- 프랭크 E. 매뉴얼 著, 車河淳 譯, 『啓蒙思想時代史』, 탐구당, 1990.
- 이븐할둔 지음, 김호동 옮김, 『역사서설』, 까치, 2003.
- 미셸 푸꼬 지음, 김부용 옮김, 『광기의 역사』, 인간사랑, 1999.
- 쇼펜하우어 지음, 金重璣 옮김, 『의지와 표상으로서의 세계 外』, 집문당, 1995.
- 키무라 키요타카 지음, 章輝玉 옮김, 『中國佛教思想史』, 民族社, 1991.
- 楊適 지음, 노승현 옮김, 『동서인간론의 충돌』, 백의, 1997.
- 梁啓超 著, 李民樹 譯, 『中國文化思想史』, 正音社, 1976.
- 梁漱溟 지음, 강중기 옮김, 『동서 문화와 철학』, 솔출판사, 2005.
- B. 러셀 지음, 이명숙・곽강제 옮김, 『서양의 지혜: 그림과 함께 보는 서양철학사』, 서광사, 1990.

- 橫山紘一 著, 妙柱 譯, 『唯識哲學』, 경서원, 1989.

- 라다크리슈난 지음, 이거룡 옮김, 『인도철학사』 Ⅰ · Ⅱ · Ⅲ · Ⅳ, 한길사, 1999.

- 小島晉治 · 丸山松幸 著, 박원호 譯, 『中國近現代史』, 지식산업사, 1997.

- 王茂 · 蔣國保 · 余秉頤 · 陶淸 공저, 김동휘 옮김, 『청대철학』 제 1~3권, 신원문화사, 1995.

- 허버트 마르쿠제, 김인환 역, 『에로스와 문명』, 나남출판, 2004.

2) 중 국

- 朱謙之, 『朱謙之文集』, 第1卷~第10卷, 福建敎育出版社, 2002.

- 朱謙之, 『中國哲學對歐洲的影響』, 河北人民出版社, 1999.

- 黃夏年 編, 『朱謙之選集』, 吉林人民出版社, 2005.

- 梁漱溟, 「東西文化及其哲學」, 『梁漱溟全集』, 第1卷, 山東人民出版社, 1989.

- 熊呂茂, 『梁漱溟的文化思想與中國現代化』, 湖南敎育出版社, 2000.

- 『十三經注疏』 上冊 · 下冊, 中華書局影印, 1979.

- 方豪, 『中西交通史』 第1冊~第5冊, 中華文化出版事業社, 1959.

- 張星烺 編注, 朱杰勤 校訂, 『中西交通史料匯編』, 第1冊~第4冊, 中華書局, 2003.

- 馮波, 『中西哲學文化比較硏究』, 北京廣播學院出版社, 2003.

- 陳旭麓, 『近代中國社會的新陳代謝』, 上海人民出版社, 1992.

- 楊榮國 主編, 『中國古代思想史』, 人民出版社, 1973.

- 楊榮國 主編, 『簡明中國哲學史』, 人民出版社, 1976.

- 李澤厚, 『中國古代思想史論』, 人民出版社, 1986.

- 李澤厚, 『中國近代思想史論』, 谷風出版社, 1987.
- 李澤厚, 『中國現代思想史論』, 安徽文藝出版社, 1994.
- 郭湛波, 『近五十年中國思想史』, 山東人民出版社, 1997.
- 張東蓀, 『科學與哲學』, 商務印書館, 1999.
- 馮契 外, 『中國哲學範疇集』, 人民出版社, 1985.
- 王永康, 『簡明中國近代思想史』, 湖南人民出版社, 1986.
- 翦伯贊 主編, 『中國史綱要』 上冊·下冊, 人民出版社, 1991.
- 侯外盧 主編, 『中國近代哲學史』, 人民出版社, 1978.
- 侯外盧 主編, 『中國思想史綱』 上冊·下冊, 中國靑年出版社, 1991.
- 許全興, 陳戰難, 宋一秀, 『中國現代哲學史』, 北京大學出版社, 1998.
- 曹世鉉, 『淸末民初無政府派的文化思想』, 社會科學文獻出版社, 2003.
- 熊月之, 『中國近代民主思想史』, 上海人民出版社, 1987.
- 維吉爾·畢諾 著, 耿昇 譯, 『中國對法國哲學思想形成的影響』, 商務印書館, 2000.
- 樓宇烈·張西平 主編, 『中外哲學交流史』, 湖南教育出版社, 1999.
- 劉澤華 主編·葛荃 副主編, 『中國古代政治思想史』, 南開大學出版社, 1992.
- 溫公頤, 『中國近古邏輯史』, 上海人民出版社, 1993.
- 蔡方鹿, 『程顥程頤與中國文化』, 貴州人民出版社, 1996.
- 熊琬, 『宋代理學與佛學之探討』, 文津出版社, 1991.
- 張豈之·陳國慶, 『近代倫理思想的變遷』, 中華書局, 2000.
- 龔書鐸·方攸翰, 主編, 『中國近代史綱』, 北京大學出版社, 1992.
- 馮滬祥, 『中西生死哲學』, 北京大學出版社, 2002.

- 謝龍 編, 『中西哲學與文化比較新論』, 人民出版社, 1996.
- 陰法魯・許樹安 主編, 『中國古代文化史』 1・2・3, 北京大學出版社, 2001.
- 王樹德・卓兆恒・何守義 主編, 『中國革命史教程』, 四川大學出版社, 1994.
- 張岱年, 『中國哲學大綱』, 中國社會科學出版社, 1982.
- 葉朗, 『中國美學史大綱』 上卷・下卷, 滄浪出版社, 1986.
- 周春生, 『直覺與東西方文化』, 上海人民出版社, 2001.
- 李怡, 『近代中國無政府主義思潮與中國傳統文化』, 華中師範大學出版社, 2001.
- 蔣俊・李興芝, 『中國近代的無政府主義思潮』, 山東人民出版社, 1991.
- 任繼愈, 『中國哲學史簡編』, 人民出版社, 1973.
- 任繼愈 主編, 『中國哲學史』 第1冊~第4冊, 人民出版社, 1995.
- 劉健清・李振亞 主編, 『中國近現代政治思想史』, 南開大學出版社, 1995.
- 楊冬 編著, 『簡明東西方哲學史概略』, 南海出版公司, 1991.
- 湯志鈞, 『近代經學與政治』, 中華書局, 1995.
- 張豈之, 『儒學・理學・實學・新學』, 陝西人民教育出版社, 1994.
- 陳來, 『宋明理學』, 遼寧教育出版社, 1995.
- 善峰, 『梁漱溟社會改造構想研究』, 山東人民出版社, 1996.

2. 논 문

1) 학위논문

- 崔興淳, 『比較哲學論考』, 成均館大 大學院 博士學位論文, 1991.

- 黃熙景, 『馮友蘭 哲學思想에 관한 研究』, 成均館大 大學院 博士學位論文, 1997.

- 崔文馨, 『中國 古代의 神概念에 관한 研究』, 成均館大 大學院 博士學位論文, 1997.

- 崔洪植, 『梁漱溟의 文化哲學에 관한 研究』, 成均館大 大學院 博士學位論文, 2002.

- 宋奐兒, 『東洋 畵論의 審美意識 研究』, 成均館大 大學院 博士學位論文, 2000.

- 金帝蘭, 『熊十力 哲學思想 研究』, 高麗大學校 大學院 博士學位論文, 2000.

- 全洪奭, 『北學派의 華夷觀 研究』, 成均館大 大學院 碩士學位論文, 2000.

2) 일반논문

- 김명섭, 「탈냉전기 국제정치학의 문명패러다임」, 『한국정치학회보』 제37집 3호, 2003.

- 유승남, 「신국제질서의 갈등구조를 조명하는 문명패러다임에 대한 비판적 고찰」, 『사회과학연구』 10, 1997.

- 이한구, 「문명의 공존과 그 조건」, 『인문과학』 31, 2001.

- 김양명, 「문명충돌설에 대한 비평적 고찰 -헌팅턴의 이론을 중심으로-」, 『정신문화연구』 제23권 제3호(통권 80호), 2000.

286

- 김여수, 「문명 간 갈등과 대화 어떻게 봐야 하나?」, 『국제이해교육』, 2001.

- 최문형, 「암흑기－르네상스 거치며 보편화, 세계문명 주도」, 『자유공론』, 2001.

- 김삼웅, 「충돌과 공존의 21세기 문명사」, 『문학과 경계』, 2001.

- 강정인, 「동아세아에서의 유교와 민주주의: 헌팅턴의 유럽중심주의 비판」, 『신아세아』 제4권 제3호, 1997.

- 강정인, 「기독교와 민주주의: 헌팅턴의 유럽중심주의 비판」, 『계간사상』 35, 1997.

- 강정인, 「기독교, 유교와 민주주의의 선택적 친화력?: 헌팅턴의 유럽중심주의 비판」, 『국가전략』 3, 1, 1997.

- 강정인, 「아시아적 가치와 미국식 자유주의」, 『신아세아』 제7권 제1호, 2000,

- 강정인, 「문명충돌론」, 『사상』 제15권 제1호, 2003,

- 최흥순, 「문명충돌론에 대한 비판적 고찰」, 『인문학논총』, 제1집, 2001.

- 한경구, 「문명의 충돌과 문화상대주의」, 『국제이해교육』, 2002.

- 강준만, 「사무엘 헌팅턴의 '문명충돌론' 비판」, 『인물과 사상』 제3호, 서울: 개마고원, 1997.

- 새뮤얼 헌팅턴, 「아시아의 민주주의」, 『국제문제』 261, 1992.

- Samuel P. Huntington, 「문명 충돌의 위험」, 『비평』, 2001.

- 사이드, 에드워드 W・김성곤, 「문화와 제국주의에 대한 성찰〈대담〉」, 『와국문학』 44, 1995.

- 김성곤, 「동양을 보는 서구인들의 편견에 대한 비판」, 『문학사상』 235, 1992.

- 김의수, 「문화 다원주의와 21세기 인류의 철학적 지향」, 『시대와 철학』 18, 1999.

- 유석진, 「21세기 질서를 보는 세 시각」, 『사상』 25, 1995.

- 양준희, 「냉전체제의 종식과 국제정치」, 『사회과학논총』 17, 1999.

- 양준희, 「비판적 시각에서 본 헌팅턴의 문명충돌론」, 『국제정치논총』 제42집 1호, 2002.

- 서유석, 「'문명의 충돌'과 인정투쟁」, 『대동철학』 제21집, 2003.

- 이희수, 「테러와 복수로 점철된 미국-아랍 50년 문명 충돌사」, 『월간중앙』 27권 10호, 2001.

- 이희수, 「대미 테러와 문명 충돌론 검토」, 『외교』 제60호, 2002.

- 양창민, 「문명 충돌과 빈부 충돌」, 『현상과 인식』 제26권 제3호, 2002.

- 윤이흠, 「문명충돌의 숙명을 넘어 이성적 대화의 길을 찾는다」, 『자유공론』, 2001.

- 박창호, 「근대성의 극복과 문명 공존」, 『현상과 인식』 제26권 제3호, 2002.

- 권삼윤, 「문명충돌의 비문명성을 고발한다」, 『월간조선』 209, 1997.

- 진덕규, 「글로벌리즘과 동아시아의 민족주의」, 『세계화와 국제주의』, 제5회 동아시아문화.

- 김중섭, 「중국위협론의 사상적 배경에 대한 고찰」, 『동아시아연구논총』 제13집, 2003.

- 김영식, 「과학문화에 대한 다각적 고찰」, 『과학문화연구센터연구논문집』, 2001.

- 엄정식 외, 「새로운 철학문화를 위하여〈좌담〉」, 『철학과 현실』 44, 2000.

- 구춘권, 「미국 헤게모니 이후의 세계질서」, 『진보평론』 제8호, 2001.

- 배종국, 「9월의 테러와 문명 충돌」, 『현상과 인식』 제26권 제3호, 2002.
- 부남철, 「문명충돌론과 유교문화」, 『행정사연구』 2, 1995.
- 히라노, 겐이치로우, 「문명의 충돌인가, 문화의 마찰인가?」, 『사회비평』 14, 1996.
- 김은남, 「새뮤얼 헌팅턴의 위험한 예언」, 『시사저널』, 2001.
- 강상중, 「지옥의 문이 열렸는가?!」, 『당대비평』 제6권 제1호, 2002.
- 홍성민, 「정체성과 국제정치」, 『국제정치논총』 제42집 1호, 2002.
- 구춘권, 「미국에 대한 테러와 21세기의 세계질서」, 『정치비평』, 2001.
- 김영경·김태현·최영진, 「문명을 넘어, 국가를 넘어〈토론〉」, 『동아시아 문화와 사상』 제7호, 2001.
- Alain Touraine. 함재봉 「왜, 문화인가〈대담〉」, 『전통과 현대』, 2001.
- 김기봉, 「동아시아 담론, 어디서 왔으며 어디로 가야하는가?」, 『세계화와 국제주의』, 제5회 동아시아문화포럼, 동아시아문화포럼, 2000.
- 최신한, 「예술철학과 예술종교」, 『동서문화연구』 제7집, 2002.
- 김영근, 「문화인간학에 대한 방법적 고찰」, 『매지논총』 제18집, 2001.
- 회슬레, 빗토리오·임석진, 「21세기 철학의 과제」, 『문학사상』 304, 1998.
- 윤평중, 「탈현대와 철학적 지평의 확대」, 『철학과 현실(9)』 1990.
- 이훈, 「현대 문화와 문화철학」, 『인문과학』 28, 1998.
- 이명현, 「새로운 철학 문화의 창조를 위한 서곡」, 『철학과 현실』 43, 1999.
- 신승환, 「문화철학의 해석학적 지평」, 『해석학연구』 제7집, 2000.
- 신승환, 「문화철학에 대한 존재-해석학적 연구」, 『해석학연구』

제11집, 2003.

- 이기흥, 「방법적 문화주의 철학」, 『대동철학』 제26집, 2004.

- 박병래, 「Max Scheler 지식사회학의 인식전제와 그 방법론적 의의」, 『사회과학연구』 1, 1992.

- 강수택, 「막스 쉘러의 지식사회학 이론에 관한 일 고찰」, 『경상대학교논문집』, 2003.

- 류근성, 「당군의의 문화철학」, 『범한철학』 21, 2000.

- 최향순, 「교육개혁사상가 량치차오(梁啓超)의 문화운동기(1919~1929) 철학 및 학리세계 고찰」, 『한국교육사학』 제22권 제2호, 2000.

- 송영배, 「서양사상의 충격과 중국현대철학의 생성과 발전의 문제」, 『동아문화』 28, 1990.

- 최홍식, 「양수명 문화철학의 이론체계에 관한 연구」, 『동양철학연구』 제33집, 2003.

- 문선영, 「복류로 흐르는 '또 하나의 5·4': 양수명의 문화론」, 『오늘의 문예비평』, 2001.

- 문선영, 「오사시기 '과학'에 대한 논의」, 『중국어문학논집』 제24호, 2003.

- 박낙규·김백균, 「현대신유학의 성립과 그 의의」, 『서울대학교인문론총』 제47집, 2002.

- 금장태·이용주, 「중국의 근대와 유교비판, 그리고 전통의 계승」, 『서울대학교인문론총』 제47집, 2002.

- 권영애, 「5·4시기 문화 보수주의의 담론구조 고찰」, 『중국어문논총』 18, 2000.

- 고영근, 「양수명과 1920년대 이후 유학 부흥운동」, 『아시아지역연

구』제2호, 1999.

- 김덕균, 「양수명의 유가철학 이해」, 『동양철학연구』제28집, 2002.

- 권용옥, 「양수명 동서문화관의 현대적 의의」, 『중국학연구』제21
  집, 2001.

- 권용옥, 「양수명의 文化三路向 說에 대한 연구」, 『중국학연구』제
  23집, 2002.

- 권용옥, 「현대신유가의 창시자 양수명」, 『동양학』제29집, 단국대
  학교 동양학연구소, 1999.

- 권용옥, 「양수명 향촌건설사상의 현대적 이해」, 『중한인문과학연
  구』제6집, 2001.

- 김원중, 「5·4신문화운동기에 있어서 전통에 대한 재해석」, 『중국
  어문논총』18, 2000.

- 양재혁, 「박종홍과 그의 皇國철학」, 『박종홍철학비판』, 비판철학
  회 제1회 학술발표 자료집, 서울, 비판철학회, 2002.

- 양재혁, 「황도유교비판 –유교의 宗敎化에 대하여–」, 『황도유교
  비판』, 비판철학회 제2회 학술발표 자료집, 서울, 비판철학회,
  2004.

- 김원열, 「皇道 儒敎의 사유체계와 방법론적 문제점에 대한 비판
  –관념적 사유체계와 형이상학적 방법을 중심으로–」, 『황도
  유교비판』, 비판철학회 제2회 학술발표 자료집, 서울, 비판철
  학회, 2004.

· 저자 ·

전홍석   · 약 력 ·

　　69년 대한민국 전남 영암에서 출생하였다. 2006년도 2월에 성균관대학
교 동양철학과에서 「주겸지 문화철학 연구」를 주제로 박사 학위를 취득
했다. 논문으로는 「북학파의 화이관 연구」, 「현대 문명패러다임 비판과
대안」, 「주겸지의 생애와 학문」 등이 있고, 번역서로는 『중국이 만든 유
럽의 근대』(주겸지 저), 『문화철학』(주겸지 저)이 있다.
　　현재 중국의 저명한 원로 학자 蒙培元 교수 지도 아래 한국학술진흥재
단 지원 중국사회과학원 철학연구소 방문학자로서 과제 「근대 유럽 계몽
주의에 대한 宋儒理學의 영향과 그 문화철학적 의미」를 중심으로 연구
중에 있다.

朱謙之 '文化哲學' 研究

－現代 '문명패러다임' 克服을 위한 東洋의 '文化哲學'的 摸索－

· 초판인쇄	2006년 9월 18일
· 초판발행	2006년 9월 18일
· 지 은 이	전홍석
· 펴 낸 이	채종준
· 펴 낸 곳	한국학술정보㈜
	경기도 파주시 교하읍 문발리 526-2
	파주출판문화정보산업단지
	전화 031)908-3181(대표) · 팩스 031)908-3189
	홈페이지 http://www.kstudy.com
	e-mail(출판사업부) publish@kstudy.com
· 등 록	제일산-115호(2000. 6. 19)
· 가 격	19,000원

ISBN　89-534-5664-9 93150 (Paper Book)
　　　　89-534-5665-7 98150 (e-Book)